BAC PRO | 1re - Tle



Programme 2020

# Prévention Santé Environnement


Sous la coordination de Michèle TERRET-BRANGÉ

Valérie GUÉRIN-CAPRIN

Jef GUILLAUD

Florence LOISELEUX

Michèle TERRET-BRANGÉ

Mathias VIUDES



DELAGRAVE

Suivez-nous
https://twitter.com/Ed_Delagrave

# SOMMAIRE

## Classe de Première

## Classe de Terminale

# Découvrez les ressources numériques

**Tout au long de la pochette, des liens et codes à flasher vous donnent accès aux ressources numériques.**

**72 vidéos** pour introduire les modules et animer vos séances

→ voir page 4

**12 sites** pour diversifier les sources d'information

**180 exercices interactifs** pour tester ses connaissances

**Vidéo**

L'accès à l'eau potable dans le monde

lienmini.fr/4607-b401

**Site**

Sida Info Service

lienmini.fr/4607-a604

**Exercices**

Tester ses connaissances en ligne

lienmini.fr/4607-a605

# Sommaire des vidéos

## Thématique A - L'individu responsable de son capital santé



## Thématique B - L'individu responsable dans son environnement



## Thématique C - L'individu acteur de prévention dans son milieu professionnel

# 1re

## Thématique A - L'individu responsable de son capital santé

Module **A.6**

# Les infections sexuellement transmissibles

**FINALITÉ** Adopter un comportement responsable pour prévenir les IST.

**Pour introduire le module**

**Les IST, c'est quoi ? (1'13)**
lienmini.fr/4607-a601

## SITUATION

Hugo, 20 ans, craint d'être contaminé par un micro-organisme responsable d'une IST car il vient d'avoir un rapport sexuel à risque. Sous l'emprise de l'alcool, il a oublié d'utiliser un préservatif. Sa partenaire, Sonia, n'est pas vaccinée contre l'hépatite B, a eu déjà plusieurs rapports sexuels à risque et n'a jamais fait de test de dépistage. Hugo a très récemment fait un test de dépistage qui s'est avéré négatif.

## ANALYSER LA SITUATION

**1** **Surligner** la problématique de cette situation.

**2** **Compléter** le diagramme « causes-effet » à l'aide des éléments soulignés dans la situation. Vous pouvez les reformuler pour que le diagramme soit plus synthétique.

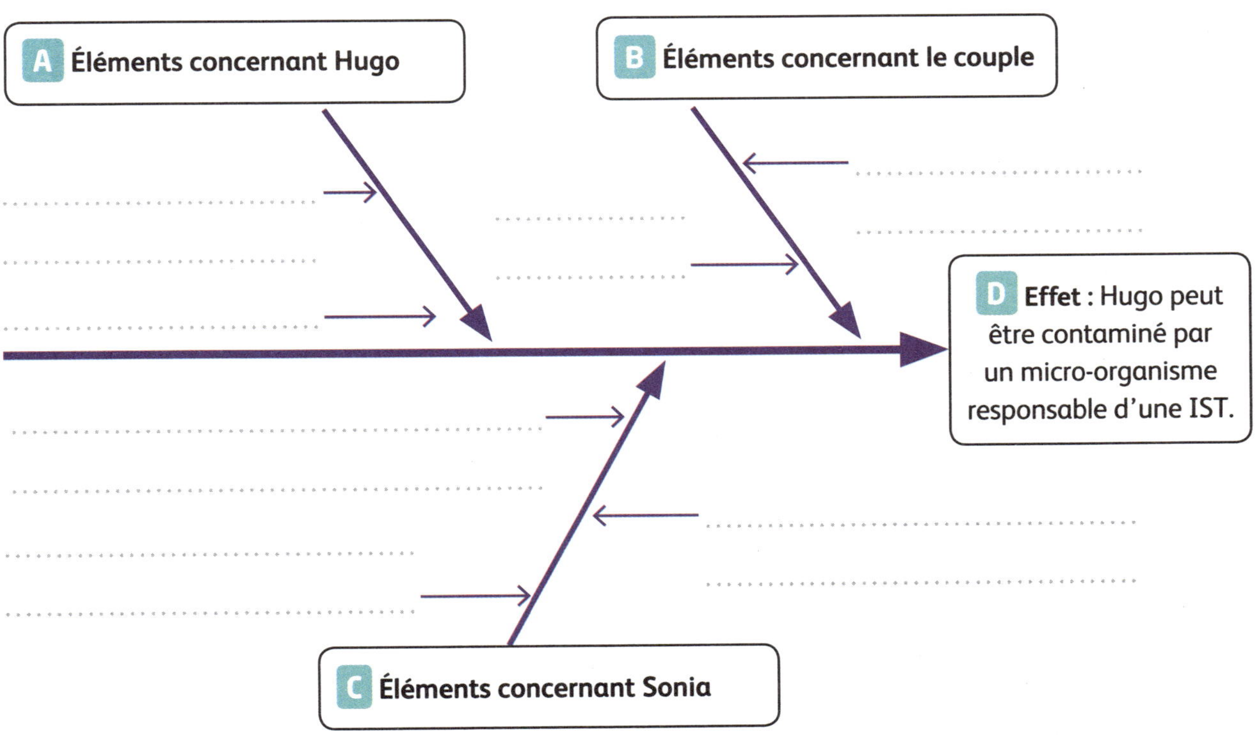

# ACTIVITÉ 1 Les IST en France

Objectif : comparer les données épidémiologiques des principales IST en France.

## DOC. 1 Retour en force des infections sexuellement transmissibles (IST)

L'intensification de la politique de prévention face à la recrudescence de certaines IST doit être une priorité. Entre 2009 et 2017, les cas de syphilis, d'infections à la chlamydia et à gonocoque ont été multipliés par trois. L'augmentation des conduites à risque, notamment chez les 15-29 ans, explique en partie ce chiffre. La seconde explication de cette augmentation est plus rassurante : le dépistage des IST est plus fréquent ces dernières années qu'il y a 10 ans.

**Cas de syphilis en France**

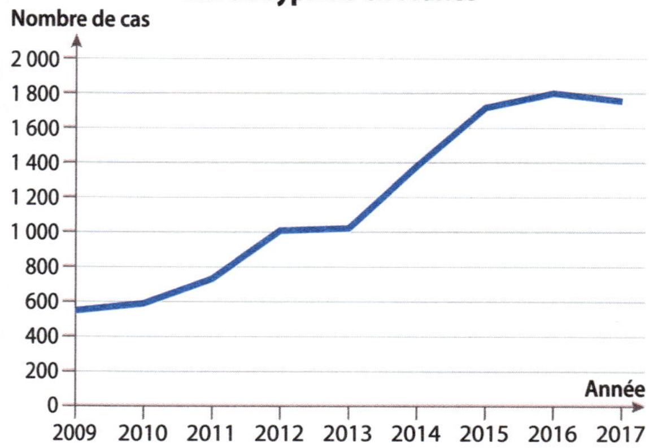


## DOC. 2 Quelques chiffres sur le virus de l'immunodéficience humaine (VIH)

En 2019, on comptait dans le monde plus de 37 millions de personnes vivant avec le VIH (séropositifs VIH), responsable du Sida. La France n'est pas épargnée par cette infection : plus de 170 000 personnes sont séropositives VIH. Le dépistage du VIH et des autres IST est gratuit et anonyme.

**Nouveaux cas de séropositivité VIH en France**

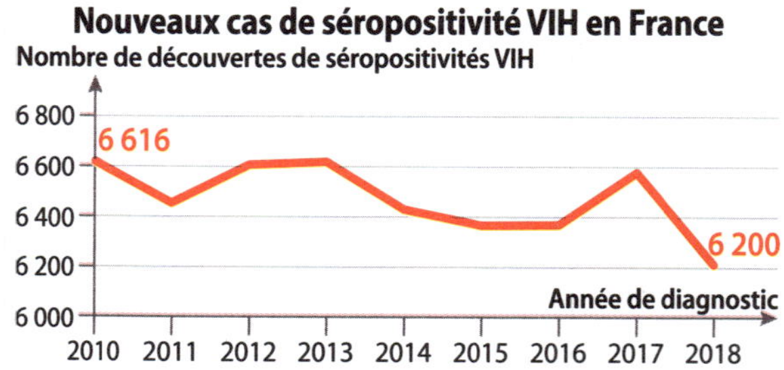


À l'aide de vos connaissances et des DOC. 1 et 2 :

**1** **Indiquer** l'évolution des nouveaux cas de séropositivité VIH en France depuis 2013.

..........................................................................................................................................

..........................................................................................................................................

**2** **Indiquer** l'évolution des nouveaux cas de syphilis en France depuis 2012.

..........................................................................................................................................

..........................................................................................................................................

..........................................................................................................................................

WWW À partir du site « Santé publique France » ci-contre :

**3** **Rechercher** le nombre de personnes diagnostiquées pour une infection à chlamydia en 2016.

.....................................................................................

**@ Site**
Santé publique France - Chlamidia
lienmini.fr/4607-a602

**4** **Indiquer** la catégorie de personnes la plus touchée en 2017.

..........................................................................................................................................

# ACTIVITÉ 2 Les caractéristiques des IST

**Objectif : dégager les caractéristiques d'une infection sexuellement transmissible à partir de sa description.**

## DOC. 3 Rappel sur les IST

Les IST sont des infections sexuellement transmissibles qui sont provoquées par un micro-organisme (bactérie, virus, parasite ou champignon) qui va pénétrer dans le corps : il y a alors contamination.
Une infection est liée à la présence d'un micro-organisme et n'est pas nécessairement accompagnée de symptômes apparents, ce qui retarde le dépistage et augmente les risques de contamination d'autres personnes.

On recense une trentaine d'IST.

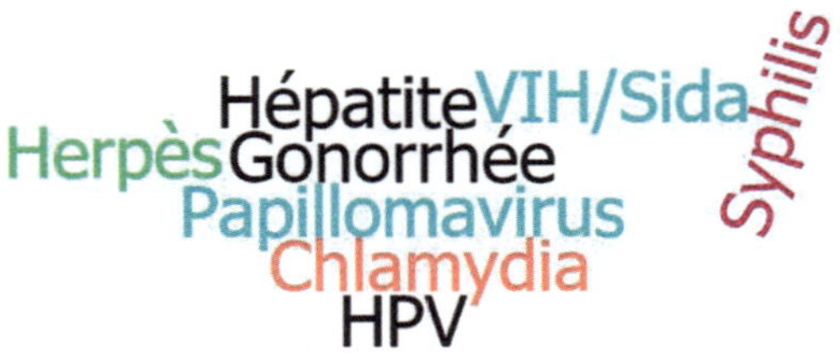


**Voies de transmission des IST**

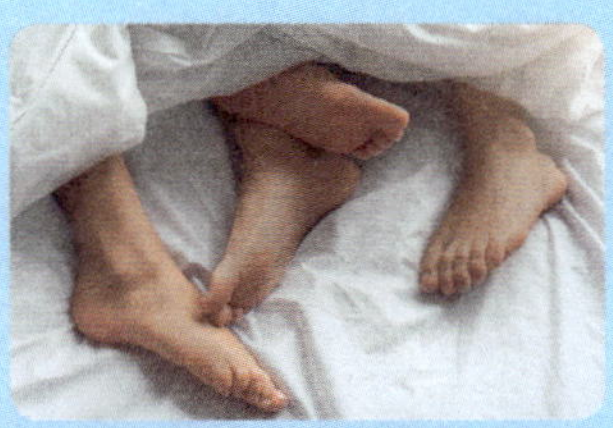

A ..................................

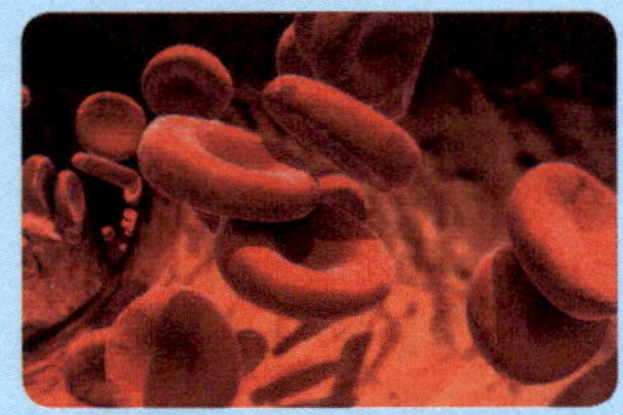

B ..................................

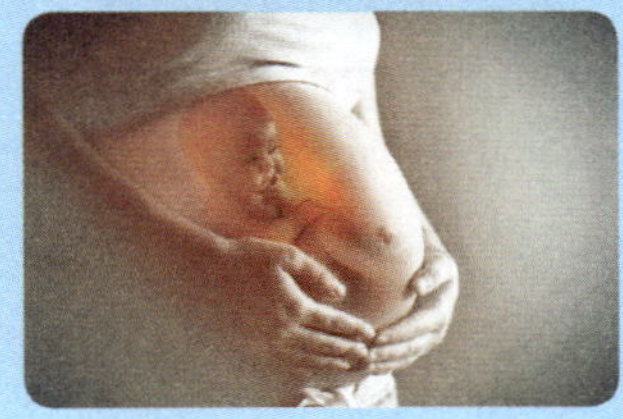

C ..................................

**1** **Définir** le sigle IST.

..................................................................................................

**2** **Inscrire** dans le **DOC. 3** la voie de transmission correspondant à chaque illustration.

**3** **Relever** dans le **DOC. 3** quatre familles de micro-organismes responsables d'IST.

..................................................................................................

**4** **Cocher**, pour chaque affirmation concernant les IST, la bonne réponse à l'aide de vos connaissances et du **DOC. 3**.

| | Vrai | Faux |
|---|---|---|
| 1. Toutes les IST se transmettent par voie sexuelle. | ☐ | ☐ |
| 2. Les IST sont liées à des contaminations par des micro-organismes. | ☐ | ☐ |
| 3. La gonorrhée n'est pas une IST. | ☐ | ☐ |
| 4. La plupart des IST ne se soignent pas. | ☐ | ☐ |

**5** **Expliquer**, à l'aide de vos connaissances et du **DOC. 3**, pourquoi il est fortement recommandé d'utiliser un préservatif lors d'un rapport sexuel même si le (ou la) partenaire n'a aucun symptôme d'une IST.

..................................................................................................

..................................................................................................

## DOC. 4 Présentation de quelques IST

### La syphilis

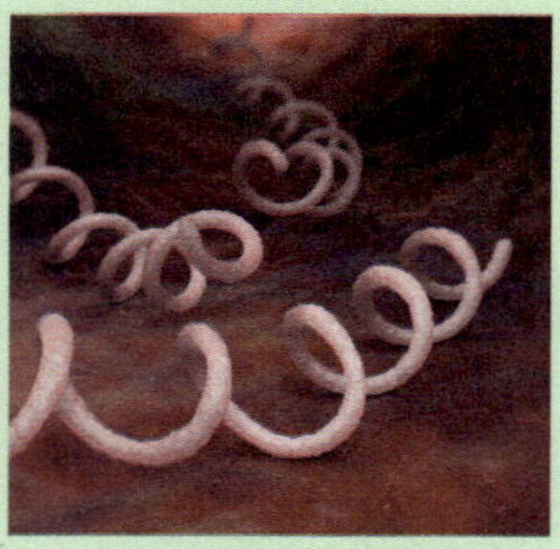

**Symptômes :**
– Apparaissent en général trois semaines après la contamination : plaies et/ou plaques rouges sur le sexe puis éruption cutanée sur le corps.
– Asymptomatique dans certains cas.
**Complications graves :** atteintes du cerveau, des nerfs, du cœur…
**Diagnostic :** prise de sang.
**Traitement :** curatif par antibiotiques.
**Agent infectieux :** tréponème pâle (contamination bactérienne).
**Contamination :** voie sexuelle et/ou sanguine, de la mère à l'enfant dans certains cas.

### La chlamydiose

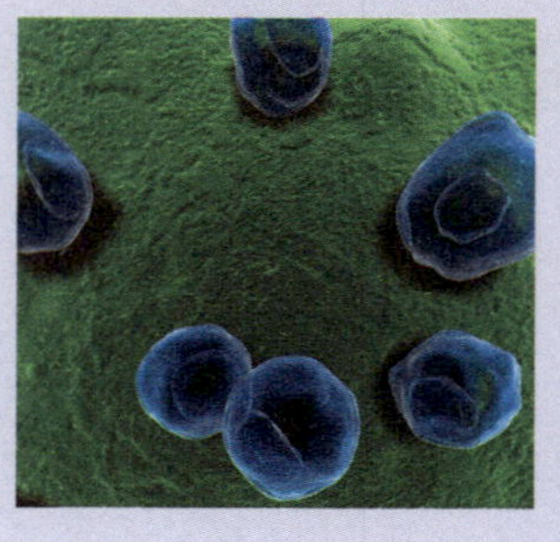

**Symptômes :**
– Apparaissent en général au bout d'une semaine après la contamination : douleurs au bas-ventre, brûlures en urinant, écoulement au niveau du sexe et fièvre.
– Asymptomatique la plupart des cas.
**Complication grave :** stérilité.
**Diagnostic :** test urinaire.
**Traitement :** curatif par antibiotiques.
**Agent infectieux :** chlamydia (origine bactérienne).
**Contamination :** voie sexuelle, de la mère à l'enfant.

### L'hépatite B

**Symptômes :**
Asymptomatique la plupart des cas, les signes (fièvre, fatigue…) passent souvent inaperçus et la personne guérit spontanément dans 90 % des cas.
**Conséquences possibles :** cirrhose, cancer du foie.
**Diagnostic :** prise de sang.
**Traitement :** incurable. Traitement antiviral pour ralentir l'évolution de la maladie. Un vaccin permet de s'en protéger.
**Agent infectieux :** virus de l'hépatite B – VHB (contamination virale).
**Contamination :** voie sexuelle, voie sanguine, de la mère à l'enfant et par la salive (rare).

**6** **Relever**, à l'aide du **DOC. 4**, deux caractéristiques communes aux IST.

..........................................................................................

**7** **Surligner**, dans le **DOC. 4**, trois symptômes pouvant faire penser à une contamination par une IST.

**8** **Souligner**, dans le **DOC. 4**, trois conséquences d'une IST non traitée.

**9** **Relier** chaque IST à son type de micro-organisme (MO) et à son traitement.

| MO | IST | TRAITEMENT |
| --- | --- | --- |
| A Virus | 1 Syphilis | a Antiviral qui permet de retarder l'évolution de la maladie mais qui ne soigne pas celle-ci. |
| B Bactérie | 2 Hépatite B | b Antibiotique qui élimine la maladie (curatif). Plus le traitement est pris tôt, plus il est efficace. |
| | 3 Chlamydiose | |

# ACTIVITÉ 3 Les caractéristiques du Sida

**Objectif : présenter les caractéristiques spécifiques du Sida.**

## DOC. 5 Le syndrome d'immunodéficience acquise (Sida)

Le Sida est une maladie provoquée par le VIH (virus de l'immunodéficience humaine).
La contamination peut se faire par voie sexuelle, sanguine et de la mère à l'enfant.

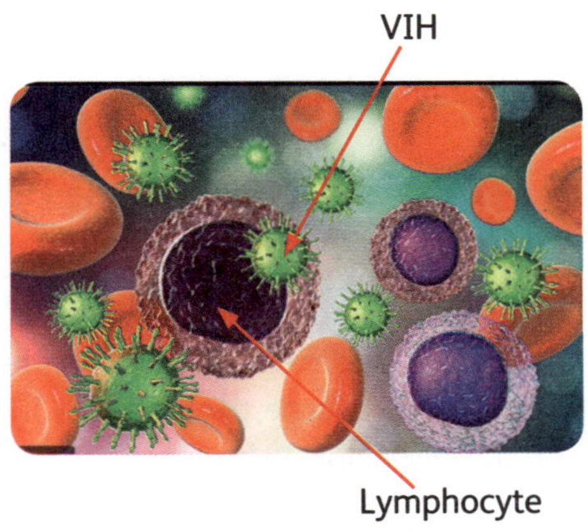


On distingue trois phases lors d'une infection par le virus du sida :

❶ **La phase primo-infection :** c'est l'invasion progressive du VIH dans le corps. La réponse immunitaire se met en place dans les deux mois. Cette phase est parfois symptomatique : fatigue, état grippal. La personne contaminée dispose encore d'une bonne immunité.

❷ **La phase asymptomatique :** le sujet ne présente pas de symptômes mais le VIH attaque et désorganise le système immunitaire (les lymphocytes T4). Cette phase peut durer des années.
Durant ces deux phases, l'individu est un porteur sain, il peut transmettre le virus mais ne présente aucun signe de maladie : on parle alors de séropositivité au VIH car l'individu présente dans son sang des anticorps anti-VIH prouvant sa contamination par ce virus.

❸ **La phase Sida :** au bout de quelques années, le VIH se sera multiplié et aura détruit la quasi-totalité des défenses immunitaires, ce qui favorisera le développement d'autres maladies infectieuses (dites opportunistes) et des cancers. Les traitements actuels (antiviraux) ralentissent l'évolution de la maladie mais ne la guérissent pas. Cette phase peut se déclarer très tardivement. Le Sida est incurable.

**1** **Différencier**, à l'aide du DOC. 5, une personne atteinte du Sida d'une personne séropositive.

.................................................................................................................

.................................................................................................................

.................................................................................................................

**2** **Définir**, à l'aide du DOC. 5, deux caractéristiques spécifiques du Sida.

.................................................................................................................

.................................................................................................................

**3** **Compléter**, à l'aide du DOC. 5, le graphique ci-dessous avec les stades suivants : phase Sida, phase asymptomatique, primo-infection.

**Évolution de la charge virale et des lymphocytes T lors d'une infection au VIH**

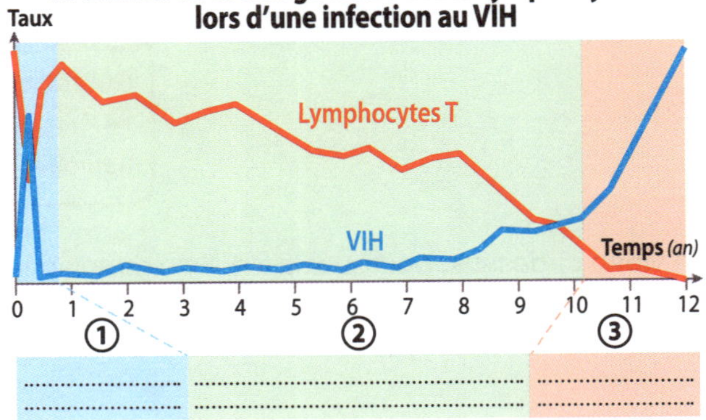

# ACTIVITÉ 4 La prévention des IST

Objectif : expliquer comment prévenir la transmission des IST.

## DOC. 6 Le préservatif

Féminin ou masculin, le préservatif est la base de la prévention. Il assure une protection contre toutes les IST. Depuis 2019, certaines marques sont même remboursées par la Sécurité sociale. Il faut penser à vérifier la date d'expiration et la présence de la marque CE ou NF, signes de qualité.

## DOC. 7 La vaccination contre le HPV

Le vaccin contre le papillomavirus humain (HPV) est très efficace. Il est conseillé aux femmes entre 11 et 14 ans afin d'éviter, notamment, le cancer du col de l'utérus. Des études récentes ont montré que le HPV était impliqué dans d'autres cancers (anus, bouche, pénis, vagin…). En France, la vaccination pourrait bientôt être conseillée aux hommes, comme c'est déjà le cas dans certains pays.

## DOC. 8 Le dépistage des IST

**Quand se faire dépister ?**

– Après un rapport sexuel à risque
– Après un contact éventuel avec du sang contaminé
– Lors de l'arrêt des préservatifs
– Pour se rassurer
– Après l'apparition de symptômes

Les méthodes

Prise de sang

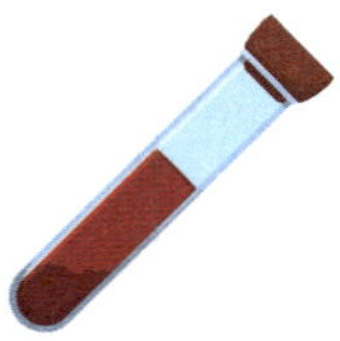

Prélèvement local

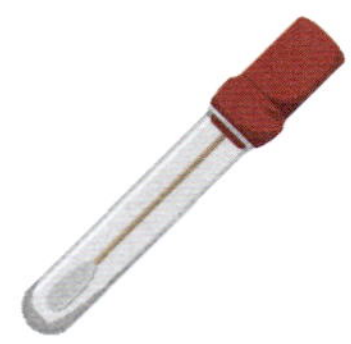

Échantillon d'urine

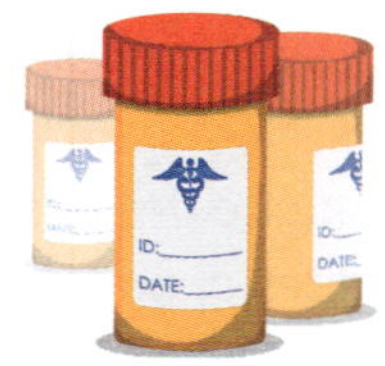


**1** **Indiquer** le moyen de prévention qui protège contre toutes les IST.

....................................................................................................

**2** **Justifier**, à l'aide du DOC. 7, l'utilité chez les jeunes filles du vaccin contre le papillomavirus.

....................................................................................................

....................................................................................................

**3** **Expliquer**, à l'aide du DOC. 8, en quoi le dépistage est un moyen de prévention à part entière.

....................................................................................................

....................................................................................................

WWW **4** **Définir**, à l'aide de la vidéo ci-contre, à qui s'adresse la prophylaxie pré-exposition (PrEP).

....................................................................

....................................................................

Vidéo
Qu'est-ce que la PrEP ? (2'22)
lienmini.fr/4607-a603

WWW **5** **Expliquer**, à l'aide de la vidéo ci-dessus, pourquoi la PrEP ne remplace pas l'usage du préservatif.

....................................................................................................

....................................................................................................

# ACTIVITÉ 5 La conduite à tenir en cas de prise de risque

**Objectif : indiquer la conduite à tenir à la suite d'un comportement à risque ou d'une contamination avérée.**

## DOC. 9 Les quatre actions à réaliser

Quel que soit le comportement à risque, il est impératif de réagir rapidement :

- se rendre chez un médecin ou un service de santé ;
- informer son partenaire ;
- se faire dépister ;
- suivre le traitement prescrit : dans le cas d'une IST d'origine bactérienne, des antibiotiques seront proposés, et dans le cas d'une IST virale, un médicament antiviral sera prescrit.

**STOP AUX IST**

Infections Sexuellement Transmissibles

PARLEZ-EN PROTÉGEZ-VOUS DÉPISTEZ-VOUS

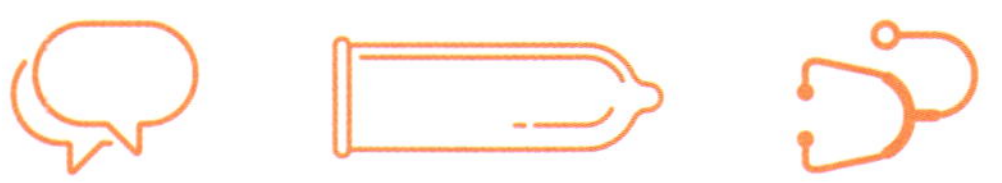

## DOC. 10 Le traitement post-exposition (TPE), ou traitement d'urgence au VIH

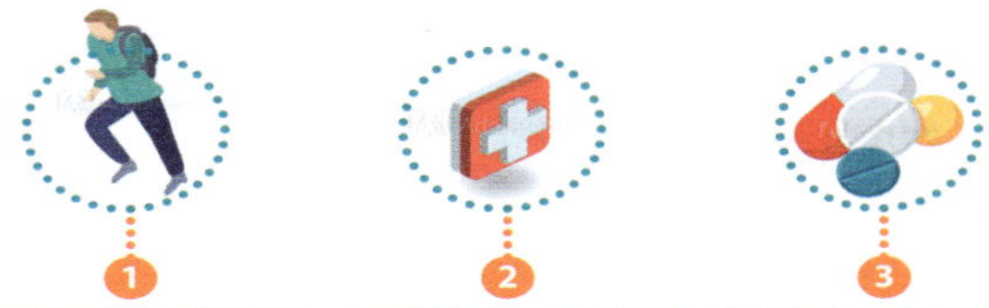

| 1 | 2 | 3 |
|---|---|---|
| **RÉAGISSEZ TRÈS VITE !** Dès les heures qui suivent, et en tout cas **moins de 48 heures après la prise de risque.** Passé ce délai, le traitement est inefficace. | Contactez l'**hôpital** le plus proche. **ALLEZ AUX URGENCES** et dîtes que vous venez pour un **accident d'exposition au VIH.** Si vous le pouvez, mieux vaut venir avec votre partenaire. | S'il y a réellement un risque de contamination, le médecin vous donnera un **TRAITEMENT** (une trithérapie) d'une durée de **quatre semaines**. |

Dans l'idéal, ce traitement doit être pris dans un délai de 4 heures après la prise de risque. Le TPE diminue le risque de contamination par le VIH mais il ne le supprime pas totalement.

**1** **Justifier**, à l'aide de vos connaissances et du DOC. 9, chaque action à réaliser lors d'une prise de risque ou d'une contamination.

- Se rendre chez un médecin ou un service de santé : ..........

..........

- Informer son partenaire : ..........

..........

- Se faire dépister : ..........
- Suivre le traitement prescrit : ..........

..........

**2** **Relever**, dans le DOC. 10, la signification du sigle « TPE ».

..........

**3** **Expliquer**, à l'aide du DOC. 10, pourquoi la prise en charge d'un risque de VIH doit être la plus rapide possible.

..........

..........

**4** **Cocher** et **justifier**, à l'aide de vos connaissances, la nature du traitement proposé dans le cas du TPE.

☐ Traitement par trithérapie antibiotique. ☐ Traitement par trithérapie antivirale.

Justification : ..........

..........

# ACTIVITÉ 6 Les structures d'accompagnement

**Objectif : identifier les missions des structures d'accompagnement.**

**1** **Relier** chaque situation à la (ou les) structure(s) d'accueil, d'aide et de soutien la (ou les) plus pertinente(s).

**A** Je veux réaliser un dépistage d'IST de façon anonyme et gratuite.

**B** J'ai eu un rapport sexuel à risque hier soir et je veux me procurer le traitement post-exposition au VIH.

**C** Je veux m'informer sur la vaccination contre le papillomavirus et je veux en parler avec un professionnel qui me connaît bien.

**D** Je suis en vacances, j'ai besoin d'informations sur les IST mais il n'y a pas de structure près de chez moi.

**1** **Le centre de planification ou d'éducation familiale :** au CPEF, les informations et les consultations par un médecin sont gratuites et anonymes pour les mineurs, tout comme les dépistages d'IST.

CPEF — Centre de planification ou d'éducation familiale

**2** **Urgences** : service assurant la délivrance de traitement contre les IST lors de prise de risque.

**3** **Médecin de famille et gynécologue :** expert qui informe et conseille sur les IST. Il prescrit des dépistages et des traitements.

**4** **Infirmière du lycée :** elle a un rôle dans la prévention, l'information et l'écoute. Elle délivre des préservatifs.

**5** **CeGIDD :** centre gratuit d'information, de dépistage et de diagnostic des infections à VIH, des hépatites virales et des IST.

CeGIDD — Centre Gratuit d'Information, de Dépistage et de Diagnostic

**6** **Sida Info Service :** numéro de téléphone gratuit, pour répondre aux questions liées au VIH et autres IST, et apporter un soutien.

Sida Info Service.org — 0 800 840 800 — Appel confidentiel, anonyme et gratuit

**2** **Rechercher** et **inscrire** les coordonnées du CeGIDD le plus proche de son domicile à partir du site ci-contre.

.....................................................................

.....................................................................

**@ Site**
Sida Info Service
lienmini.fr/4607-a604

## PROPOSER DES SOLUTIONS

**1** **Indiquer** où le couple peut s'informer pour traiter le problème.

.....................................................................

.....................................................................

**2** **Préciser** les mesures qui seront mises en œuvre pour traiter le risque immédiat.

.....................................................................

.....................................................................

**3** **Proposer** à Hugo un conseil afin que ce problème ne se renouvelle pas.

.....................................................................

## Activité de synthèse

**NOTIONS CLÉS ASSOCIÉES ET MOTS-CLÉS**

- Antibiotique
- Antiviral
- Asymptomatiques
- Bactériennes
- Comportement à risque
- Conséquences
- Contamination
- Dépistage
- Immunité
- Infection
- IST
- Lymphocytes
- Micro-organisme
- Porteurs sains
- Préservatif
- Prévention
- Protection
- Recrudescence
- Séropositivité
- Symptomatiques
- Symptômes
- Vaccin
- Virales

**Compléter le texte avec les notions clés ou les mots-clés ci-dessus.**

### Principales caractéristiques des IST

Il existe une trentaine d'infections sexuellement transmissibles, ou .................. ; la .................. .................. se fait par voie sexuelle mais est aussi possible par voies sanguine ou materno-fœtale. Les IST, qu'elles soient .......................... (syphilis, chlamydiose...) ou .................. (hépatite B, Sida), peuvent être ..................................... (brûlures en urinant, fièvre, boutons sur les organes génitaux...) ou passer inaperçues, elles sont alors dites .............................., comme dans le cas des ......................... Certaines IST, comme la syphilis ou la chlamydiose, sont en ......................... Une IST non traitée peut avoir des .................... graves, comme des risques de stérilité ou de cancers. Le Sida est une ............ par le virus de l'immunodéficience humaine (VIH). La ................. au VIH d'une personne est reconnue lorsqu'on détecte dans son sang des anticorps anti-VIH. Elle est contaminée par le VIH sans présenter obligatoirement de ................., mais elle peut le transmettre. Au bout de quelques années, l'............. est déficiente car le VIH a détruit certaines cellules de défenses, les ................... Le sujet développe alors des maladies opportunistes, c'est le Sida déclaré qui est incurable.

### Conduites à tenir suite à une prise de risque

À la suite d'un .................................... lors d'un rapport sexuel (sans préservatif), il faut consulter dans un délai n'excédant pas plusieurs heures, si possible avec le partenaire, un service d'urgence ou encore une structure spécialisée dans la ...........................

Dès que les résultats du ..................... sont connus, le traitement repose en général sur un traitement ....................... (bactéries) ou .................. (virus) en fonction de la nature du ..........................

### Prévention et informations sur les IST

La meilleure ................ contre toutes les IST est le ................. Il existe également un ........ contre le papillomavirus et contre l'hépatite B. Pour s'informer sur les IST, il est possible de s'adresser au CeGIDD, au CPEF ou auprès des médecins, pharmaciens, infirmiers scolaires.

## L'essentiel en image

### INFECTION SEXUELLEMENT TRANSMISSIBLE (IST)

**Exemples d'IST bactériennes**

Chlamydiose

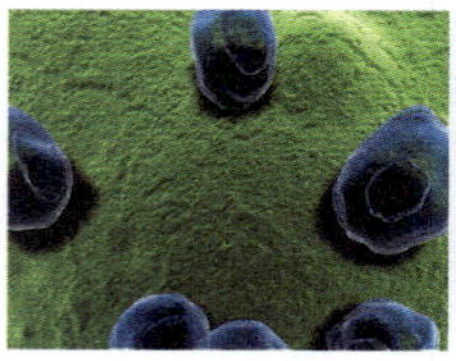

Syphilis

- **Brûlures en urinant**
- **Boutons**
- **Pertes**

Stérilité
Atteinte des organes profonds

Traitement efficace par antibiotiques

**Exemples d'IST virales**

Sida

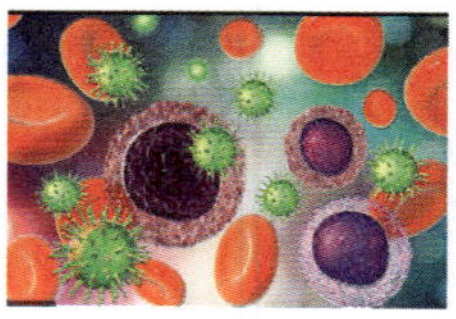

**Aucun signe détectable**
**Baisse de l'immunité**

Infections opportunistes

Antiviral qui ralentit l'évolution

Hépatite B

**Aucun signe détectable**

Risque de cirrhose et de cancer du foie

Vaccin préventif

Papillomavirus

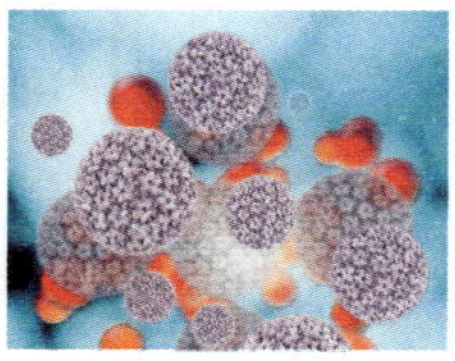

**Petites verrues**

Risque de cancer du col de l'utérus

Vaccin préventif

### Rapport non protégé (sans préservatif) + Partenaire contaminé(e)

=

### RISQUE D'IST (infection sexuellement transmissible)

**PRISE DE RISQUE**

La plupart des IST se transmettent aussi de la mère infectée au fœtus, et parfois par le sang.

**CONDUITES À TENIR LORS D'UNE PRISE DE RISQUE**

- En parler à son partenaire.
- Se faire dépister.

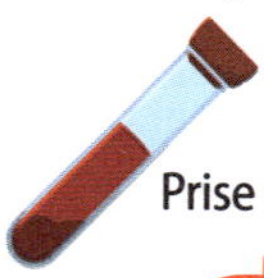

Prise de sang

Prélèvement local

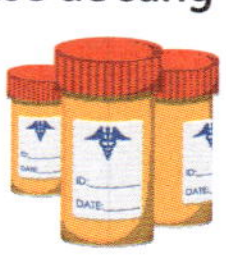

Échantillon d'urine

- Suivre le traitement prescrit par les médecins.
- Se protéger lors de futurs rapports sexuels.

**PRÉVENTION ET INFORMATION**

**Préservatif = Prévention universelle**

**Pour s'informer :**

- CeGIDD (centre gratuit d'information, de dépistage et de diagnostic)
- AIDES (association de lutte contre le VIH et les hépatites virales)
- CPEF (centres de planification et d'éducation familiale)

**Exercices**

**Tester ses connaissances en ligne**

lienmini.fr/4607-a605

**Approfondir**

**Vidéo : Les bons réflexes pour se protéger du VIH/Sida et des IST (1'45)**

lienmini.fr/4607-a606

Nom ..............................................................................

Prénom .................................... Date ........................

# Maîtriser le Module A.6

## SITUATION

Laura, 18 ans, a eu un rapport sexuel avec son nouvel ami il y a 24 heures. Le préservatif s'est déchiré. Elle n'est pas vaccinée contre l'hépatite B ni contre le papillomavirus. Elle utilise un patch contraceptif. Son ami n'a jamais fait de dépistage et a déjà eu des relations sexuelles auparavant. Elle comprend qu'elle a pris un risque de contamination par une IST.

## ANALYSER LA SITUATION

**1** **Surligner**, dans la situation, la problématique de Laura. ...../1 pt

**2** **Identifier** les éléments de la situation. ...../2,5 pts

**Quoi ?** Quelle est l'origine du problème ? ..........................................

**Qui ?** Qui est concerné ? ..........................................

**Quand ?** À quel moment le problème a-t-il été mis en évidence ? ..........................................

**Comment ?** Quels comportements ont favorisé l'apparition du problème ?

..........................................

..........................................

**Pourquoi ?** Quelle est la conséquence du problème posé ?

..........................................

## MOBILISER DES CONNAISSANCES UTILES

**3** **Donner** la signification du sigle « IST ». ...../1 pt

..........................................

**4** **Citer** le mode de transmission des IST dans cette situation. ...../1 pt

..........................................

**5** **Indiquer** deux autres modes de transmission possibles des IST. ...../1 pt

– ..........................................

– ..........................................

**6** **Indiquer** la conduite à tenir dans le cas de cette situation à risque (4 réponses attendues). ...../4 pts

..........................................

..........................................

..........................................

## DOC. 1 L'autotest VIH

Les autotests de dépistage de l'infection par le VIH sont des TROD (Tests rapides d'orientation diagnostique) utilisables par toute personne souhaitant se dépister seule à domicile.

**Comment ça marche ?**

❶ Désinfecter le bout du doigt et piquer.

❷ Prélever la goutte de sang avec le test et le placer sur le support qui détecte les anticorps anti-VIH.

❸ Résultats après 15 minutes d'attente : une barre si c'est négatif, deux barres si c'est positif.

❹ En cas de résultat positif, contacter sans attendre son médecin traitant ou la plateforme anonyme et gratuite de Sida Info Service au 0800 840 800.

- Efficacité limitée en cas d'infection récente (quelques semaines après le VIH).
- Tout résultat positif doit être confirmé par une prise de sang au laboratoire.

**7** **Relever** dans le DOC. 1 deux avantages des autotests. ...... /2 pts

– ..................................................................................

– ..................................................................................

**8** **Indiquer** et **justifier** si l'autotest est une solution de dépistage dans le cas de la situation de Laura. ...... /2 pts

..................................................................................

..................................................................................

..................................................................................

**9** **Citer** trois structures ou personnes pouvant délivrer des conseils face à cette situation à risque. ...... /1,5 pt

..................................................................................

..................................................................................

**10** **Expliquer** pourquoi le couple doit se rendre « au plus vite » dans une de ces structures. ...... /1 pt

..................................................................................

..................................................................................

## PROPOSER DES SOLUTIONS

**11** **Proposer** trois conseils qui seront donnés à Laura pour éviter tout risque d'IST à l'avenir. ...... /3 pts

– ..................................................................................

– ..................................................................................

– ..................................................................................

Module

# A.7

# Les pratiques alimentaires

**FINALITÉ** Appréhender les enjeux de l'alimentation afin d'effectuer des choix raisonnés et de se maintenir en bonne santé.

**Pour introduire le module**

**Alimentation : quelles sont les nouvelles habitudes des Français ? (1'51)**

lienmini.fr/4607-a701

## SITUATION

Camille, 18 ans, a trouvé un emploi loin de sa famille après son baccalauréat professionnel. Elle vient de prendre un appartement et doit notamment organiser ses repas. Soucieuse de sa santé, elle souhaite une alimentation qui lui assure du bien-être et en accord avec ses convictions. Ainsi, elle veille à son <u>équilibre alimentaire</u> mais doit se conformer aux exigences du <u>régime sans gluten</u> qui lui a été prescrit. Soucieuse de la planète, elle souhaite une consommation écoresponsable, notamment en <u>évitant tout gaspillage alimentaire</u>, en <u>réduisant sa consommation de viande</u>, et en consommant des <u>produits bio</u>. Comme elle apporte son déjeuner au travail, ses menus doivent être adaptés à une <u>consommation extérieure</u>.

## ANALYSER LA SITUATION

**1** **Surligner** le problème soulevé dans la situation.

**2** **Reporter** les éléments soulignés de la situation dans le diagramme « causes-effet » ci-dessous.

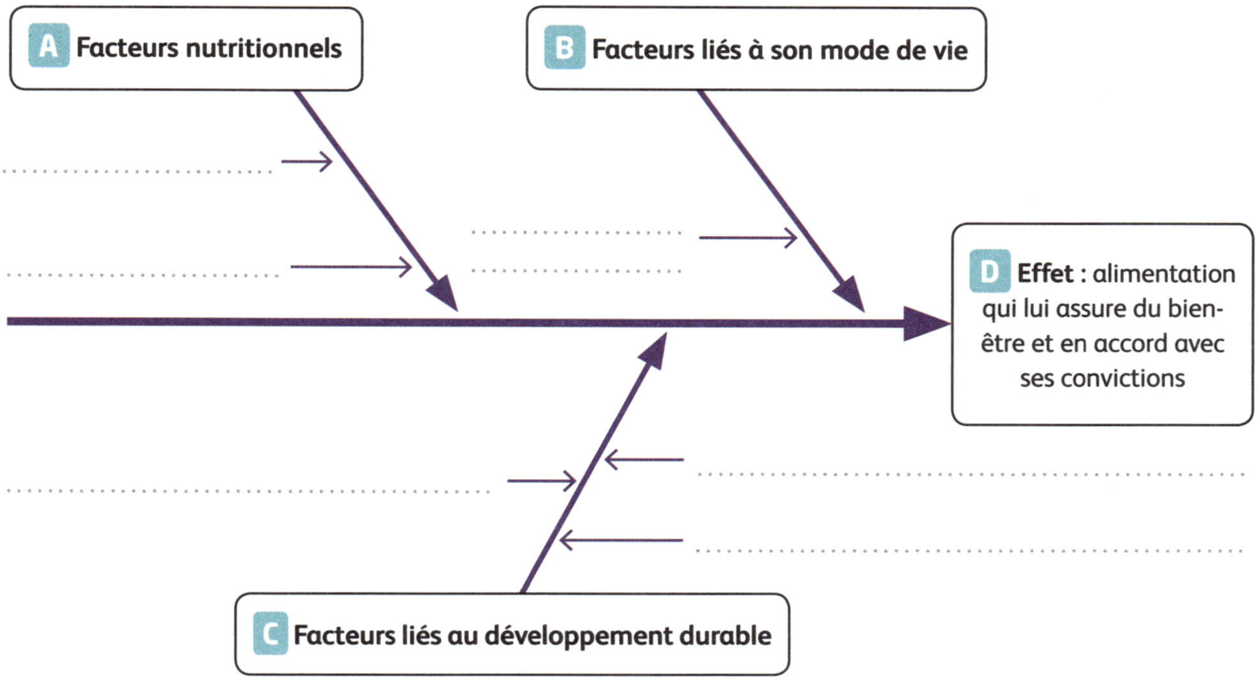

## ACTIVITÉ 1 Le devenir des aliments dans le tube digestif

Objectif : expliquer le devenir des aliments de leur consommation jusqu'au passage des nutriments dans le sang.

### DOC. 1 Le rôle et le mécanisme de la digestion

La digestion est la simplification des constituants alimentaires présents dans les aliments en molécules plus simples appelées nutriments qui vont passer dans le sang. Elle résulte de :
– l'action mécanique des différents muscles de l'appareil digestif lors de la mastication, de la déglutition, du brassage ;
– et de l'action chimique des enzymes présents dans les sucs digestifs qui vont simplifier les molécules des constituants alimentaires.

Vidéo
La digestion (2'41)
lienmini.fr/4607-a702

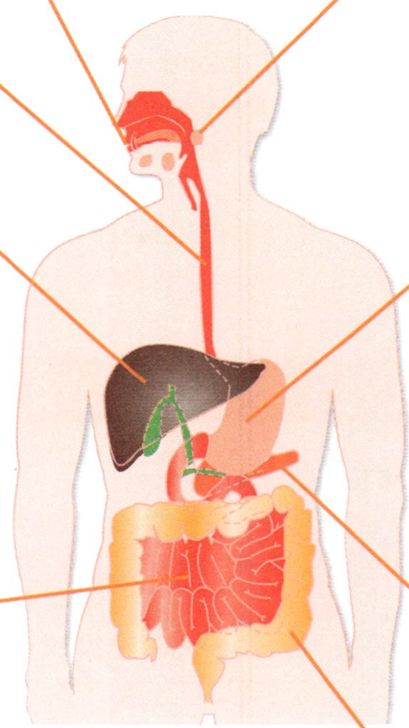

❶ Bouche
Action ........................ :
les aliments sont broyés.

❷ ..............................
Action ........................ :
la salive commence à découper l'amidon en glucose.

❸ ..............................
Action ........................ :
les aliments sont transportés vers l'estomac.

❹ ..............................
Action ........................ :
les aliments sont broyés, malaxés et mélangés (bol alimentaire).
Action ........................ :
les sucs gastriques et l'acide chlorhydrique commencent à découper les protéines en acides aminés.

❺ ..............................
Produit la bile qui se déverse dans l'intestin grêle.

❻ ..............................
Produit le suc pancréatique qui se déverse dans l'intestin grêle.

❼ ..............................
Action ........................ :
suc intestinal, suc pancréatique et bile finissent de scinder les molécules de constituants alimentaires (lipides en acides gras et glycérol notamment).
Action ........................ :
les substances non assimilées (déchets) sont transportées vers le gros intestin.

❽ ..............................
Action ........................ :
les déchets sont transportés vers l'anus.

À l'aide de vos connaissances, du DOC. 1 et de la vidéo :

**1** **Souligner** la définition de la digestion.

**2** **Indiquer** le nom des organes numérotés de ❶ à ❽ constituant l'appareil digestif.

**3** **Entourer** le nom des organes où les aliments ne passent pas.

**4** **Indiquer** pour chaque type d'organe le (ou les) type(s) d'actions qui le caractérise(nt) : action chimique et/ou action mécanique.

**5** **Expliquer** le rôle des enzymes dans la digestion.

........................................................................................................................

**6** **Relier** chaque constituant alimentaire aux molécules obtenues à la fin de la digestion.

| CONSTITUANTS ALIMENTAIRES | NUTRIMENTS EN FIN DE DIGESTION |
|---|---|
| A Amidon | 1 Acides gras + glycérol |
| B Lipides | 2 Acides aminés |
| C Protides | 3 Eau, vitamines, minéraux |
| D Eau, vitamines, minéraux | 4 Glucose |

## DOC. 2 L'absorption intestinale

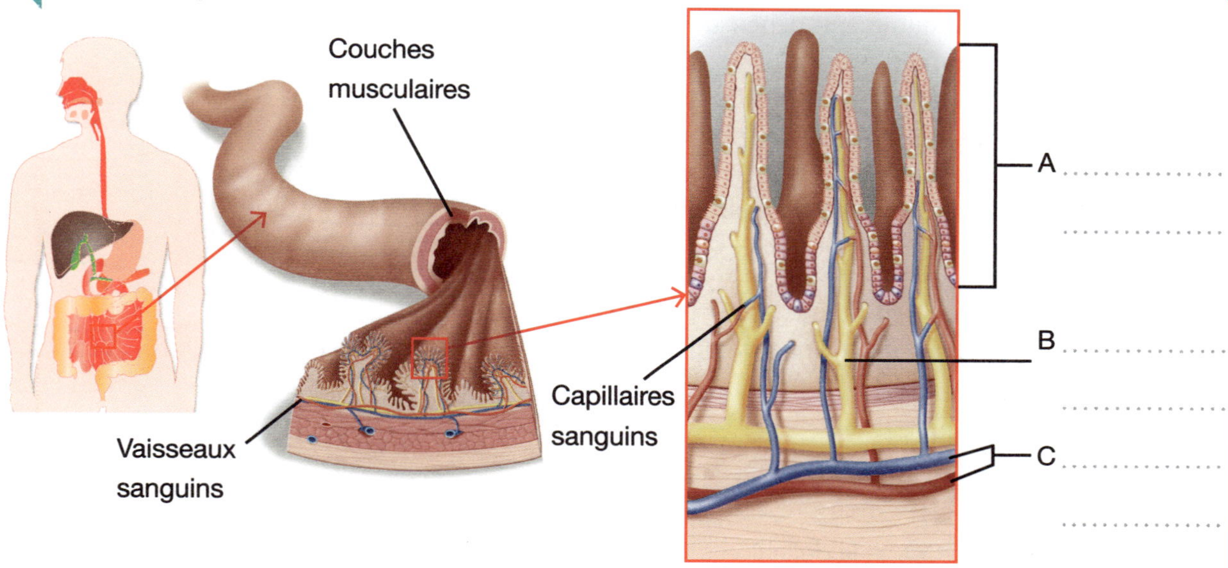


L'absorption intestinale est le passage des nutriments résultant de la digestion à travers la paroi de l'intestin grêle. Ce dernier est un cylindre dont la paroi interne forme de très nombreux replis, hérissés de nombreuses **villosités intestinales** d'environ 1 mm de haut qui augmentent la surface d'échange et facilitent l'absorption.

Après avoir traversé ces villosités, les nutriments empruntent :

– la **voie lymphatique** : les lipides sous forme d'acides gras, et les vitamines liposolubles (ou solubles dans les lipides) ; ces vaisseaux lymphatiques se déversent ensuite dans le sang ;

– la **voie sanguine** pour les autres nutriments.

Les nutriments iront alimenter les cellules du corps humain.

À l'aide de vos connaissances et du DOC. 2 :

**7** **Surligner** la définition de l'absorption intestinale.

**8** **Annoter** le schéma de la villosité intestinale à l'aide des termes en gras du DOC. 2.

**9** **Tracer** sur le schéma deux flèches au niveau de la villosité qui symbolisent le trajet des nutriments suivants :

– en rouge le glucose ;

– en vert les acides gras.

# ACTIVITÉ 2 Les enjeux des pratiques alimentaires

**Objectif : analyser les enjeux pour la santé et pour l'environnement d'une pratique alimentaire.**

## DOC. 3 Le plan national nutrition santé (PNNS)

La nutrition est un déterminant majeur de santé. Dans une perspective de santé publique, elle intègre l'alimentation et l'activité physique. Les deux principaux objectifs du PNNS sont la préservation d'un bon état de santé et la prévention de certaines maladies (par exemple le diabète, l'obésité, les maladies cardio-vasculaires…).

## DOC. 4 L'équilibre alimentaire

Un régime alimentaire équilibré fournit en quantité adaptée, sans excès ni carence, les divers nutriments nécessaires à l'organisme pour être en bonne santé. En effet, un manque de nutriments génère des carences nutritionnelles, entraînant des troubles. Des excès alimentaires génèrent aussi des pathologies.
Les quantités de nutriments nécessaires à un adulte ayant une activité moyenne pour être en bonne santé sont définies comme besoins nutritionnels moyens.

**1** **Indiquer**, à l'aide du DOC. 3, les deux enjeux de l'alimentation tels que les définit le PNNS.

– ...........................................................................

– ...........................................................................

**2** **Surligner**, dans le DOC. 4, la définition d'un régime alimentaire équilibré et **entourer** la définition du besoin nutritionnel moyen.

**3** **Indiquer**, à l'aide des DOC. 3 et 4, les dangers d'une alimentation déséquilibrée.

...........................................................................

...........................................................................

...........................................................................

**4** **Indiquer**, à l'aide du DOC. 3, les trois axes du PNNS 4.

– ...........................................................................

– ...........................................................................

– ...........................................................................

**5** **Entourer** sur l'affiche du DOC. 3 quatre recommandations du PNNS 4 qui protègent aussi l'environnement.

## DOC. 5 Les différentes pratiques alimentaires choisies ou subies

Certains régimes relèvent d'une prescription médicale liée à une pathologie ou à une allergie alimentaire ; outre ces pratiques alimentaires subies, il y a des pratiques alimentaires choisies parfois liées à des considérations sanitaires ou éthiques ou à un souci de leur impact environnemental.

**Vidéo**
Des Français flexitariens (1'33)
lienmini.fr/4607-a703

### Pourcentage de Français déclarant suivre un régime spécial limitant ou interdisant certains aliments ou ingrédients

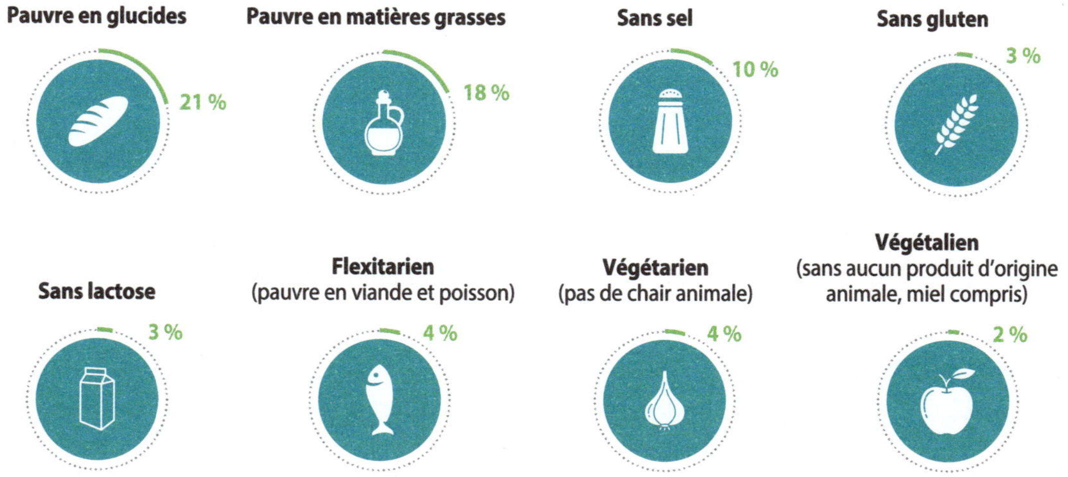


## DOC. 6 L'impact des pratiques alimentaires sur l'environnement

Chaque aliment produit a émis du $CO_2$, principal gaz à effet de serre (GES). Les pratiques alimentaires modifient donc l'impact environnemental de chaque individu.

**Effet de serre selon différents types d'alimentation par personne et par an**
(présenté en kilomètres de voiture)

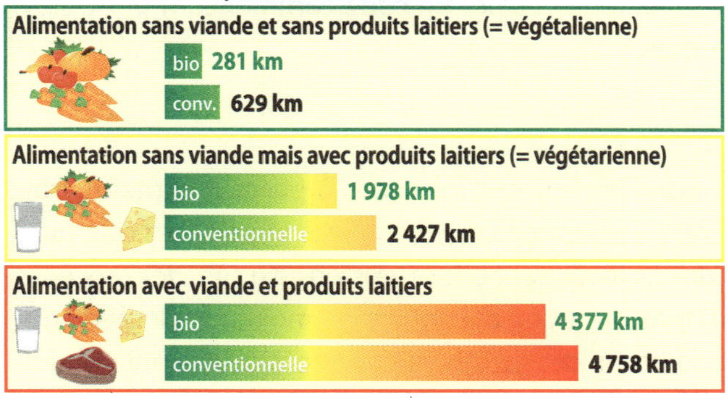


La production intensive de certains végétaux utilisés directement dans les produits alimentaires (huile de palme) ou indirectement pour produire de la viande (comme le soja pour l'élevage) a des conséquences désastreuses : baisse de la biodiversité, déforestation…

**6** **Surligner** dans le DOC. 5 les pratiques alimentaires généralement choisies (ne relevant pas de prescriptions médicales).

**7** **Indiquer**, à l'aide des DOC. 5 et 6, les raisons qui peuvent conduire à ces choix alimentaires.

.................................................................................................................

.................................................................................................................

.................................................................................................................

**8** **Indiquer** les précautions à prendre lors de ces pratiques alimentaires pour ne pas mettre en péril sa santé.

.................................................................................................................

# ACTIVITÉ 3 Le choix d'un produit alimentaire

Objectif : choisir un produit alimentaire à partir de l'analyse d'une étiquette dans une situation donnée.

## DOC. 7 Quelques critères de choix d'un produit alimentaire

Valeur énergétique, origine ou provenance du produit, liste des ingrédients, présence d'allergènes, quantité nette du produit… Autant d'informations qui figurent sur les étiquettes des produits alimentaires préemballés. Certains repères visuels peuvent facilement orienter le consommateur afin de choisir le meilleur produit.

**Vidéo**
**Le dispositif Nutri-Score (1'43)**
lienmini.fr/4607-a704

### ❶ L'étiquette Nutri-Score

L'indice Nutri-Score informe sur la qualité nutritionnelle de l'aliment et pas uniquement sur sa valeur énergétique. Plus il est riche en matières grasses, sucres, sel et additifs, plus le score est faible (D ou E). Plus il contient de fibres, minéraux et vitamines (légumes), plus il est élevé (A ou B).

### ❷ La valeur nutritionnelle

| Valeurs nutritionnelles moyennes | Pour 100 g |
|---|---|
| Valeur énergétique | 530 kcal (2215 kJ) |
| Protéines | 6,8 g |
| Glucides<br>*dont sucres* | 56 g<br>55 g |
| Lipides<br>*dont acides gras saturés* | 31 g<br>1,3 g |
| Fibres | 4 g |
| Sodium | 0,03 g |

L'étiquette indique la quantité des principaux nutriments et la valeur énergétique. Pour comparer deux produits, il faut vérifier les quantités présentes pour 100 g.

### ❸ Les additifs alimentaires

Les additifs sont des substances chimiques utilisées en très petites quantités comme conservateur, colorant, arôme, gélifiant… Ils sont en général indiqués par un code commençant par E suivi de 3 ou 4 chiffres.

### ❹ Le type d'aliments consommés

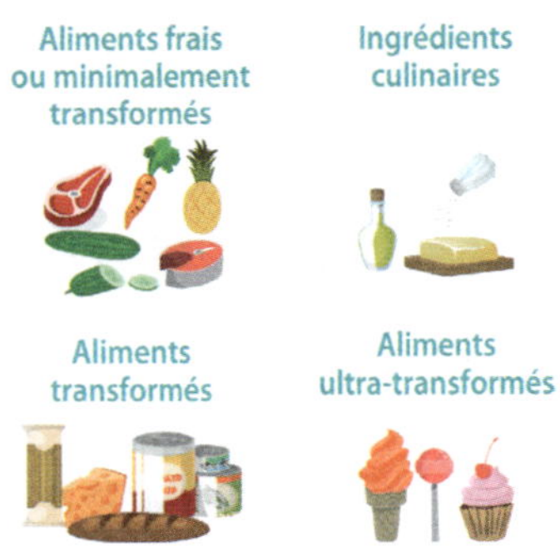


Les aliments transformés sont fabriqués à partir d'aliments frais ou peu transformés auxquels on a ajouté des ingrédients culinaires (sel, huile, beurre). Un aliment ultra-transformé a subi des procédés industriels de transformation et contient au moins cinq ingrédients, comme des additifs ou des substances non communément utilisées en cuisine à la maison (caséine, huile hydrogénée…).

**1** **Cocher** la bonne colonne à l'aide de vos connaissances et du DOC. 7.

| | Vrai | Faux |
|---|---|---|
| **1.** Les additifs alimentaires sont souvent présents dans les aliments frais. | ☐ | ☐ |
| **2.** Plus l'indice Nutri-Score est élevé, plus la valeur énergétique est importante. | ☐ | ☐ |
| **3.** La valeur énergétique d'un produit est obligatoirement inscrite sur son emballage. | ☐ | ☐ |
| **4.** La présence des principaux allergènes est obligatoirement inscrite sur l'étiquette. | ☐ | ☐ |

## DOC. 8 Choisir sa pizza

**Pizza 1**

**Composition :** farine blé, eau, huile arachide et palme, levure, sel, emmental, parmesan, oignon, tomate poivrons, aubergine, ail, E330, E412.

**Allergènes :** céréales, gluten, lait de vache, arachide.

| | Pour 100 g |
|---|---|
| **Énergie** | 934 kJ/222 kcal |
| **Glucides** | 29 g |
| **Lipides** | 5,5 g |
| **Protéines** | 12 g |
| **Sel** | 1,1 g |
| **Fibres** | 3,7 g |

Traces de fruits à coques

**Pizza 2**

**Composition :** farine blé, eau, huile olive, levure, sel, sucre, mozzarella, purée de tomates, viande bœuf (origine Chili), oignon, ail, huile de palme, antioxydant.

**Allergènes :** céréales, gluten, lait de vache.

| | Pour 100 g |
|---|---|
| **Énergie** | 825 kJ/195 kcal |
| **Glucides** | 26 g |
| **Lipides** | 6,3 g |
| **Protéines** | 8,5 g |
| **Sel** | 1,5 g |
| **Fibres** | 2,2 g |

**Pizza 3**

**Composition :** farine blé, eau, huile olive et colza, levure, sel, sucre, mozzarella, oignon, emmental, purée de tomates (AB), viande bœuf (origine France), ail, thym.

**Allergènes :** céréales, gluten, lait de vache, crustacés.

| | Pour 100 g |
|---|---|
| **Énergie** | 1 048 kJ/251 kcal |
| **Glucides** | 23 g |
| **Lipides** | 13 g |
| **Protéines** | 10 g |
| **Sel** | 1,8 g |
| **Fibres** | 1,7 g |

Traces de crustacés

**2** **Entourer** dans le DOC. 8 la pizza qui a la valeur énergétique la plus faible.

**3** **Surligner** dans le DOC. 8 deux ingrédients utilisés qui n'entrent pas naturellement dans la composition d'une pizza.

**4** **Indiquer**, à l'aide de vos connaissances et du DOC. 8, la pizza qui correspond le mieux à chaque situation. **Justifier** votre choix.

**A** Sarah, 18 ans, mange peu de produits industriels, elle privilégie les produits qui ont un faible impact sur la nature (effet de serre, déforestation) et évite les additifs alimentaires.

**B** Théo, 20 ans, adore la pizza mozzarella avec de la viande de bœuf. Il a une allergie sévère aux crevettes et au crabe.

**C** Camille, 18 ans, est une grande sportive. Elle désire une pizza la moins énergétique possible. Elle est végétarienne.

| A | B | C |
|---|---|---|
| Choix : ........ | Choix : ........ | Choix : ........ |
| Justification : ........ | Justification : ........ | Justification : ........ |

**DOC. 9** Deux caddies de courses pour un montant total de 150 €

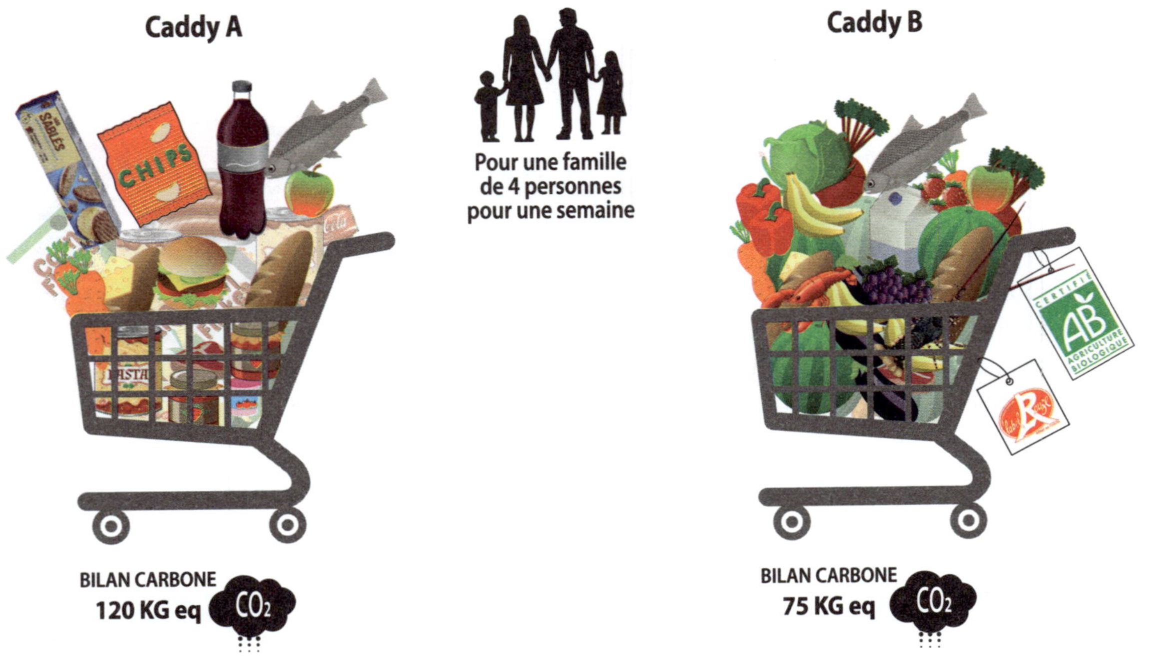


**5** **Entourer** dans le DOC. 9 les aliments ultra-transformés.

**6** **Indiquer**, à l'aide des DOC. 4, 6 et 7, le caddy de courses à privilégier pour assurer un régime alimentaire équilibré et écoresponsable. **Justifier** votre choix par deux arguments.

..............................................................................................................................

..............................................................................................................................

..............................................................................................................................

## PROPOSER DES SOLUTIONS

Pour la situation présentée page 19, **indiquer** à Camille :

- les précautions à prendre en compte lors de l'achat de produits alimentaires pour respecter son régime sans gluten : ..............

..............................................................................

..............................................................................

- comment respecter l'équilibre alimentaire en réduisant sa consommation de viande : ....................

..............................................................................................................................

..............................................................................................................................

- comment organiser ses déjeuners à l'extérieur afin de respecter ses contraintes alimentaires et l'environnement : ..........................................................................................

..............................................................................................................................

..............................................................................................................................

## Activité de synthèse

**NOTIONS CLÉS ASSOCIÉES ET MOTS-CLÉS**

- Absorption intestinale
- Action chimique
- Action mécanique
- Additifs
- Aliments
- Aliment ultra-transformé
- Allergènes
- Appareil digestif
- Besoins nutritionnels moyens
- Carences nutritionnelles
- Digestion
- Excès alimentaires
- Impact environnemental
- Ingrédients
- Nutriments
- Pratiques alimentaires choisies
- Pratiques alimentaires subies
- Provenance
- Valeur énergétique

**Compléter le texte avec les notions clés ou mots-clés ci-dessus.**

### Devenir des aliments dans le tube digestif

L'............................ est l'appareil dans lequel se déroule la digestion. La .................. résulte de l'................................. des muscles (mastication, brassage) et de l'............................ des sucs digestifs (salive, suc gastrique, bile, suc pancréatique et suc intestinal).

Les grosses molécules présentes dans les .................. consommés sont fractionnées en molécules plus simples appelées ..........................., dont la petite taille permet le passage de l'intestin grêle vers le sang ou la lymphe au cours de l'.............................................. .

### Les enjeux des pratiques alimentaires

Une alimentation équilibrée permet de maintenir l'individu en bonne santé. En effet, un manque de nutriments génère des ..................................... se manifestant par des troubles (anémie en cas de manque de fer par exemple). Des ................................. génèrent aussi des pathologies (diabète par exemple). Les quantités de nutriments nécessaires au maintien en bonne santé d'un adulte ayant une activité moyenne sont définies comme les ........................................... ou besoins de référence. Certains régimes relèvent d'une prescription médicale liée à une pathologie ou à une allergie : ce sont des ............................................ Il y a aussi des ......................................... liées à des considérations sanitaires (bien-être) ou éthiques ou à un souci d'......................................... .

### Le choix des produits alimentaires

Les étiquettes des produits alimentaires en indiquent explicitement la composition en précisant les ......................... présents ainsi que les ....................., facilitant la conservation ou améliorant l'aspect ou la texture. Un ............................................... a subi des procédés industriels de transformations et contient un grand nombre d'additifs.

Les étiquettes apportent d'autres informations utiles pour un choix éclairé telles que la ........ .................... pour un consommateur soucieux de son poids, la présence d'.................. pour celui ayant des allergies, ou encore la .................. pour qui se soucie de consommer des produits locaux.

# L'essentiel en image

## DIGESTION

ALIMENTS

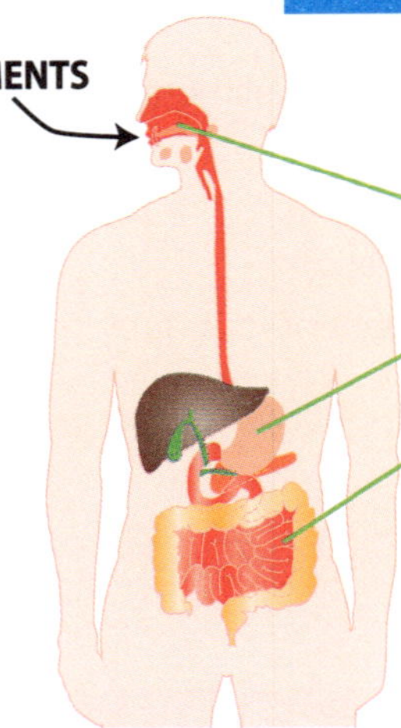

| ACTION MÉCANIQUE | ACTION CHIMIQUE |
|---|---|
| Mastication | Salive |
| Brassage | Suc gastrique |
| Transport par contraction musculaire (péristaltisme) | Suc intestinal |
| | Suc pancréatique issu du pancréas<br>Bile issue du foie |

DÉCHETS → gros intestin

NUTRIMENTS

absorption intestinale

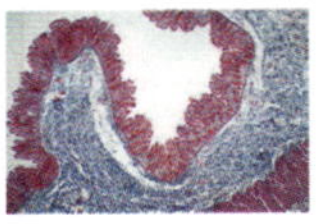

sang et lymphe

cellules

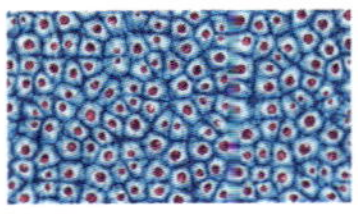

## ÉQUILIBRE ALIMENTAIRE

Pas d'excès — Pas de carences

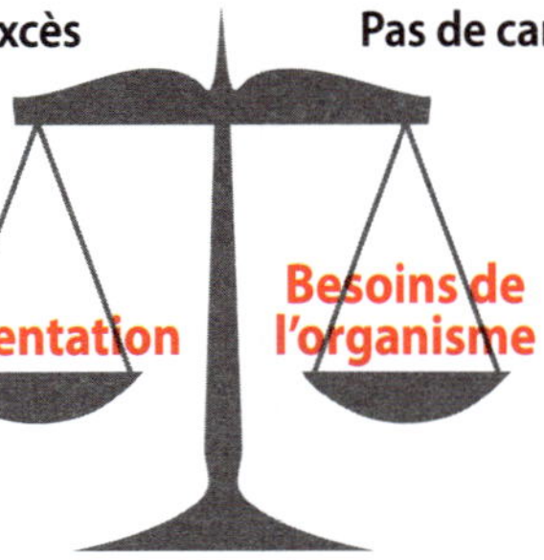


Impact environnemental

**Pratiques alimentaires subies**

Régime sans sel — Régime sans gluten — Régime sans lactose

Régime consécutif à une allergie

**Pratiques alimentaires choisies**

Flexitarien — Végétarien — Végétalien…

**Précautions nécessaires**

## IMPORTANCE DES INFORMATIONS DE L'ÉTIQUETTE

pour un choix raisonné selon ses besoins et ses convictions

**Composition**

**Saucisses de volaille**
INGRÉDIENTS : Viande de poulet (69 %), eau, sirop de glucose, fibre de blé, sel, arômes, stabilisants : E450-E451, antioxydants : E300-E316, saccharoe, conservateur : E250, dextrose.
Traces de gluten, lait, œuf, soja.

**Indice carbone**

$CO_2$

**Nutri-score**

NUTRI-SCORE A B C D E

**Labels** (bio, rouge…)

CERTIFIÉ AB AGRICULTURE BIOLOGIQUE — Label Rouge

**Exercices**

Tester ses connaissances en ligne

lienmini.fr/4607-a705

**Approfondir**

Vidéo : Décrypter les étiquettes de nos produits (14'47)

lienmini.fr/4607-a706

Nom ..................................................................................

Prénom .................................... Date ..........................

# Maîtriser le Module A.7

## SITUATION

Paul, titulaire du Bac pro Gestion Administration, apporte son déjeuner tous les jours car il n'y a aucune possibilité de restauration sur son lieu de travail. Il ne prend pas le temps de cuisiner et ne se soucie ni de son équilibre alimentaire, ni de sa digestion parfois difficile. Il achète le plus souvent des plats cuisinés bio car il est sensible à la protection de l'environnement.
Un reportage télévisé sur les aliments ultra-transformés lui a fait prendre conscience des risques sanitaires encourus par une consommation excessive de ces produits. Il décide donc de modifier ses pratiques alimentaires et d'être plus vigilant quant au choix des denrées alimentaires.

## ANALYSER LA SITUATION

**1** **Surligner** le problème soulevé dans la situation. ..... /1 pt

**2** **Identifier** les éléments de la situation. ..... /3 pts

**Quoi ?** Quelle est l'origine du problème ? ..........................................................................

**Qui ?** Qui est concerné ? ..........................................................................

**Comment ?** Quel comportement a favorisé l'apparition du problème ? ..........................................

..........................................................................................................

**Pourquoi ?** Quelle est la conséquence du problème ? ..........................................................

..........................................................................................................

## MOBILISER DES CONNAISSANCES UTILES

**3** **Donner** une définition simple de la digestion. ..... /1,5 pt

..........................................................................................................

**4** **Nommer** les organes de l'appareil digestif correspondant à la description. ..... /1,5 pt

**a)** Il assure le brassage et le mélange des aliments et produit le suc gastrique : ..............................

**b)** Il fait suite à l'estomac et occupe la plus grande partie de la cavité abdominale : ..........................

**c)** Il participe à la digestion en produisant de la bile : ..............................

**5** **Proposer** une définition de l'équilibre alimentaire en utilisant notamment les termes suivants : *besoin nutritionnel*, *carence nutritionnelle*, *excès alimentaires*, *nutriments*. ..... /2 pts

..........................................................................................................

..........................................................................................................

..........................................................................................................

**6** **Indiquer**, parmi les recommandations du PNNS 4, un constituant alimentaire à réduire pouvant être à l'origine de la digestion difficile de Paul. ...../1 pt

..........................................................................................................................................

**7** **Justifier** cette recommandation en indiquant deux risques encourus pour la santé d'une consommation excessive de ce constituant alimentaire. ...../1 pt

..........................................................................................................................................

## DOC. 1 Deux propositions de formules pour le dîner dans une brasserie

| Menu 1 | Menu 2 |
| --- | --- |
| Salade piémontaise (pommes de terre, saucisses, mayonnaise)<br>+ Rumsteck, salade, frites<br>+ Assiette de fromage<br>→ **Total : 4 979 g eq $CO_2$ et 876 kcal (ou 3 660 kJ)** | Velouté de légumes<br>+ Omelette aux légumes<br>+ Salade de fruits<br>→ **Total : 517 g eq $CO_2$ et 776 kcal (ou 3 243 kJ)** |

**8** **Justifier** le menu que Paul doit choisir sachant qu'il se préoccupe avant tout de l'environnement. ...../2 pts

..........................................................................................................................................

**9** **Expliquer** la différence d'impact environnemental entre les menus 1 et 2. ...../2 pts

..........................................................................................................................................

..........................................................................................................................................

**10** **Justifier** pourquoi l'étiquette présentée dans le DOC. 2 correspond à un produit ultra-transformé. ...../2 pts

..........................................................................

..........................................................................

**11** **Expliquer** pourquoi Paul ne peut choisir un tel produit, contraire à ses convictions. ...../1 pt

..........................................................................

..........................................................................

## DOC. 2 Une étiquette d'aliment

**Saucisses de volaille**

INGRÉDIENTS : Viande de poulet (69 %), eau, peau de poulet, gras de poulet, sirop de glucose, fibre de pois, fibre de **blé**, sel, arômes, arômes de fumée, fumée liquide, stabilisants : E450-E451, antioxydants : E300-E316, acidifiant : E575, protéines de pois, correcteur d'acidité : E331, épices, saccharose, conservateur : E250, dextrose. <u>Traces</u> de gluten, lait, œuf, soja.

## PROPOSER DES SOLUTIONS

**12** **Proposer** deux conseils à Paul pour éviter d'acheter des produits ultra-transformés. ...../1 pt

..........................................................................................................................................

**13** **Proposer** deux conseils à Paul concernant l'achat de produits alimentaires qui auront un faible impact environnemental. ...../1 pt

..........................................................................................................................................

Module
A.8

# Le stress au quotidien

**FINALITÉ** Appréhender le mécanisme physiologique du stress pour mieux s'en protéger.

**Pour introduire le module**

**Qu'est-ce que le stress ? (2'09)**

lienmini.fr/4607-a801

## SITUATION

Léa, 20 ans, est d'un naturel anxieux ① et a toujours le souci de bien faire ②. Titulaire d'un Bac Pro, elle a trouvé un emploi à Paris mais réside en banlieue avec son ami ; elle vit mal les tensions dans son couple ③. Éloignée de son lieu de travail ④, elle prend le train puis le métro chaque matin pour s'y rendre, malgré leur niveau sonore élevé ⑤ qu'elle a du mal à supporter. Elle a constaté des retards fréquents des transports en commun ⑥, or la ponctualité ⑦ est de rigueur dans son entreprise. Son travail l'expose à une charge mentale très forte, d'une part la charge mentale cognitive ⑧ (traitement de données, responsabilités) et d'autre part la charge mentale affective ⑨ (pression de sa hiérarchie, agressivité de certains clients…). Elle a l'impression que son rythme cardiaque est anormalement accéléré et se sent oppressée ; elle a du mal à trouver le sommeil. Son médecin lui explique qu'elle souffre de stress chronique lié à son mode de vie et précise qu'il peut évoluer vers la phase d'épuisement.

## ANALYSER LA SITUATION

**1** **Surligner** la problématique dans la situation.

**2** **Compléter** le diagramme causes-effet avec les éléments soulignés dans la situation ou avec les numéros correspondants.

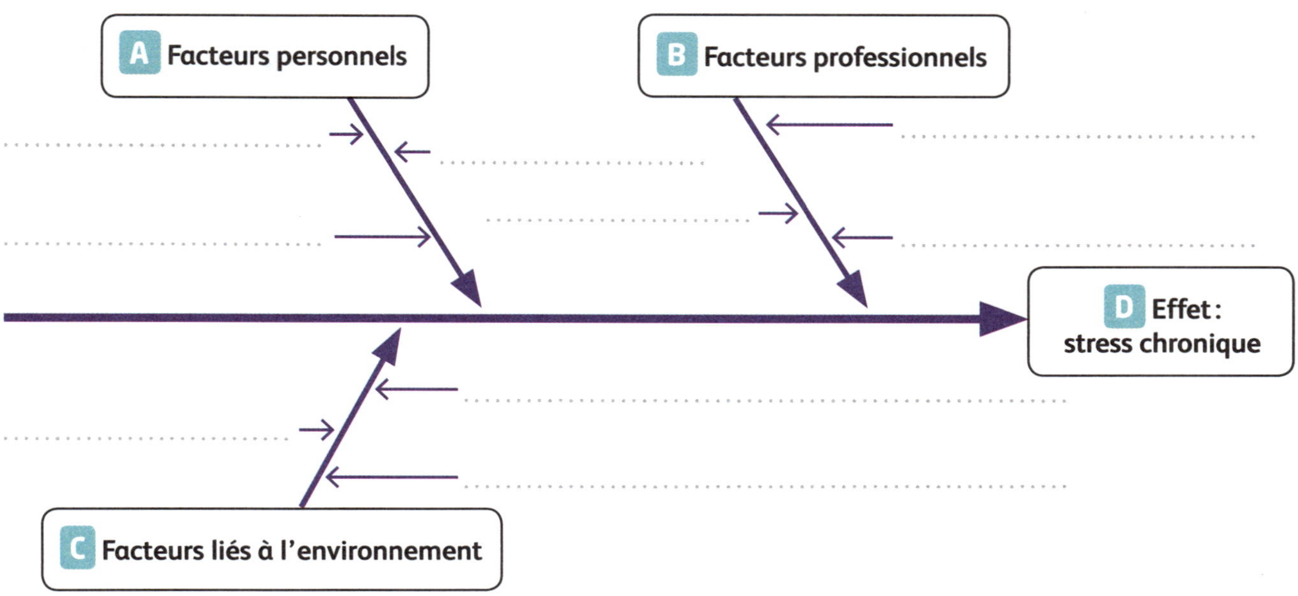

## MOBILISER LES CONNAISSANCES UTILES

## ACTIVITÉ 1 Les causes du stress

**Objectif : présenter les caractéristiques du stress, lister les facteurs de stress dans la vie quotidienne.**

### DOC. 1 La nature du stress

Le stress est une adaptation de l'organisme pour faire face à un danger, un changement d'environnement ou une urgence ; il est parfois appelé syndrome général d'adaptation. Un ensemble de réactions physiologiques mobilisent toutes les capacités physiques et intellectuelles disponibles pour faire face à la situation.
La sensibilité au stress diffère selon la vulnérabilité (fragilité) des personnes ; ainsi une même situation peut paraître stressante à certaines et pas à d'autres. Le stress se distingue de l'angoisse qui, elle, est purement psychologique même si elle lui est souvent associée.

**1** **Proposer**, à l'aide du DOC. 1, une définition simple du stress.

.................................................................................................

.................................................................................................

### DOC. 2 Les facteurs de stress

Sont considérés comme stressants : les contraintes liées à l'environnement, le danger, le décalage entre la tâche à accomplir et la perception de ses possibilités, la perte de contrôle de la situation, l'imprévisibilité, la nouveauté.
Les facteurs de stress, ou agents agresseurs, peuvent être classés en fonction de leur nature :

- Familiale : relation dans la famille, remboursement de crédit, scolarité des enfants…
- Environnementale : bruit, absence de lumière, espaces réduits, transports en commun…
- Personnelle : image de soi, isolement, maladie, perte d'autonomie, comportements à risque…
- Professionnelle : responsabilités, chômage, monotonie de la tâche, charge mentale élevée (comprend la charge mentale cognitive ou l'ensemble des opérations intellectuelles à mener pour réaliser une tâche et la charge mentale affective provoquée par l'anxiété et la pression, y compris hors travail).

Ces agents agresseurs sont en interaction permanente les uns avec les autres.

**2** **Indiquer**, à l'aide du DOC. 2 et de vos connaissances, le facteur de stress représenté par chaque illustration.

**A** ........................

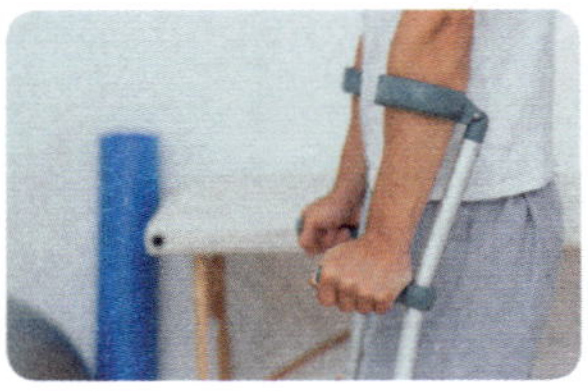

**B** ........................

**C** ........................

**D** ........................

**3** **Citer** deux facteurs de stress dans la vie quotidienne d'un lycéen et **préciser** leur particularité à l'aide du premier paragraphe du DOC. 2.

.................................................................................................

.................................................................................................

# ACTIVITÉ 2 Le mécanisme physiologique du stress

**Objectif : expliquer le mécanisme physiologique du stress par l'action de l'adrénaline et du cortisol.**

## DOC. 3 Les différentes phases du stress

La réaction de l'organisme face à un agent agresseur se décompose en trois phases.

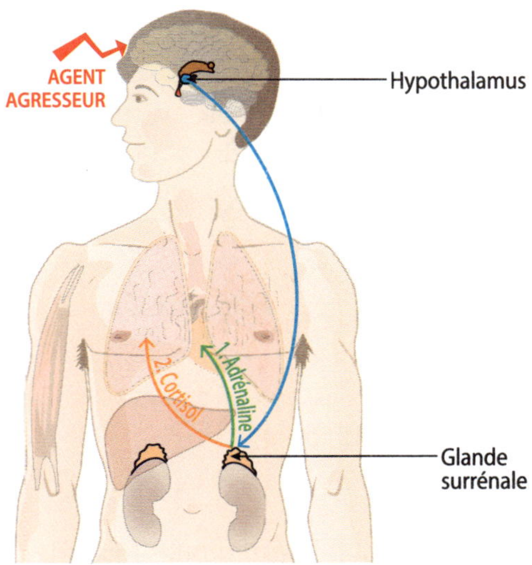


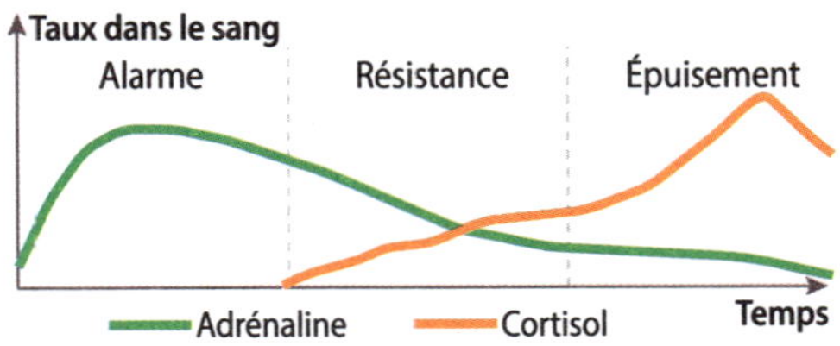


**A Phase d'alarme ou réaction d'alarme (< 1 heure)**
L'agent agresseur stimule l'hypothalamus qui active les glandes surrénales par le biais de nerfs. Ces glandes libèrent dans le sang une hormone appelée adrénaline qui agit sur des organes cibles, en provoquant par exemple une augmentation des rythmes cardio-respiratoires. Muscles et cerveau sont fortement sollicités afin de répondre à l'agression de l'organisme par les facteurs de stress.

**B Phase de résistance (< 1 mois)**
Si la situation dure, les glandes surrénales libèrent le cortisol. Cette hormone passe dans le sang et favorise la libération de glucose qui sera utilisé par les muscles et le cerveau comme énergie afin de résister à la phase de stress qui persiste.

**C Phase d'épuisement**
Si la situation stressante se prolonge ou s'intensifie, les capacités de l'organisme sont dépassées. Il y a apparition de pathologies au niveau des organes fatigués par un fonctionnement accéléré.

**1** **Souligner**, dans le DOC. 3, le nom de l'organe fabricant les hormones liées au mécanisme du stress.

WWW **2** À partir du DOC. 3 et de la vidéo ci-contre :

a. **Numéroter** dans l'ordre d'apparition les trois phases du stress.

b. **Relier** chaque phase aux hormones qui interviennent.

c. **Relier** chaque phase aux phénomènes qui se passent dans l'organisme.

**Vidéo**
Les mécanismes du stress au travail (2'23)
lienmini.fr/4607-a802

**HORMONES**

- A Adrénaline
- B Adrénaline + cortisol

**PHASES DU STRESS**

- 1 N° . . . : phase d'épuisement
- 2 N° . . . : phase d'alarme
- 3 N° . . . : phase de résistance

**ACTIONS SUR L'ORGANISME**

- a Rythmes cardiaque et respiratoire augmentés pour un meilleur approvisionnement cellulaire : on court plus vite, on réfléchit mieux.
- b Forte élévation de la teneur en glucose dans le sang pour apporter l'énergie nécessaire aux muscles et au cerveau sursollicités.
- c Apparition de pathologies liées à la fatigue des organes trop sollicités.

# ACTIVITÉ 3 Les effets du stress aigu et du stress chronique

**Objectif : différencier les effets du stress aigu et du stress chronique sur la santé.**

## DOC. 4 Stress aigu, stress chronique

En fonction de la durée et de la fréquence d'exposition aux agents agresseurs, on distinguera deux types de stress avec des effets différents sur la santé.

**Stress aigu ou positif**
Présent lors de la phase d'alarme, il entraîne des effets immédiats sur l'organisme et permet une mobilisation intellectuelle et physique optimale.

**Stress chronique ou négatif**
Présent en partie lors de la phase de résistance puis d'épuisement, il entraîne des altérations sur la santé (conséquences pathologiques).

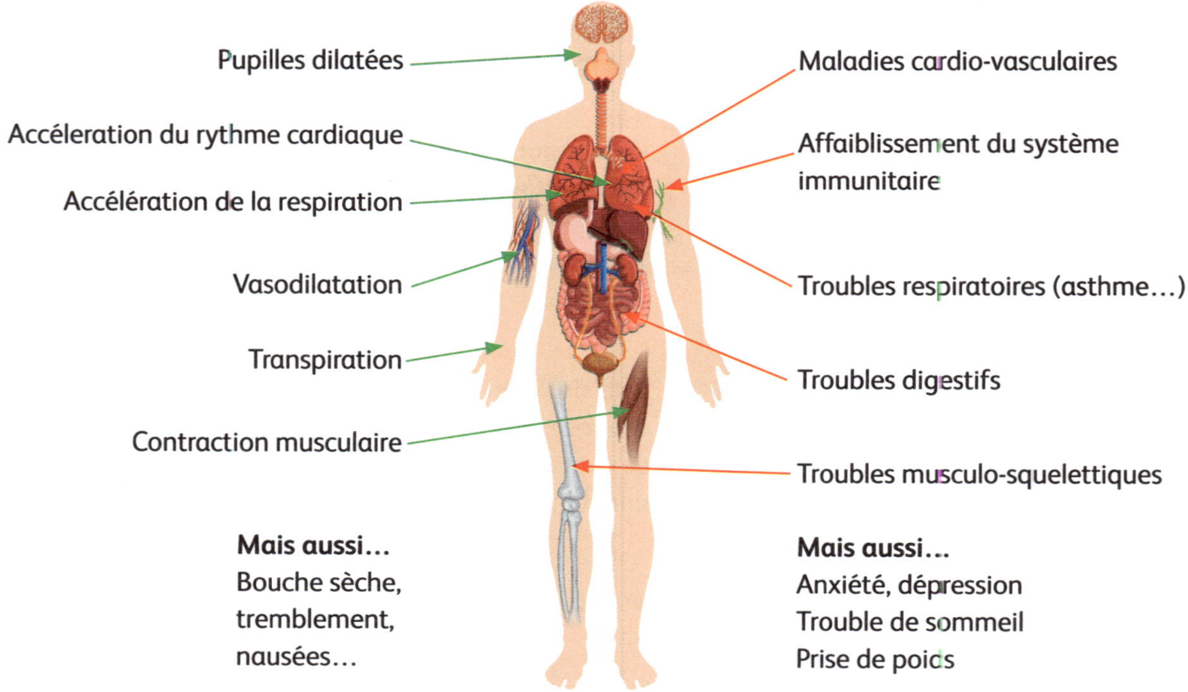


À partir du **DOC. 4** :

**1** **Expliquer** pourquoi le stress aigu est parfois appelé stress positif.

……………………………………………………………………………………………

**2** **Expliquer** pourquoi le stress aigu est perçu comme une source d'inconfort.

……………………………………………………………………………………………

**3** **Justifier** pourquoi le stress chronique est appelé stress négatif.

……………………………………………………………………………………………

……………………………………………………………………………………………

**4** **Justifier** les pathologies résultant du stress négatif.

- Troubles musculo-squelettiques : ……………………………………
- Maladies cardio-vasculaires : ……………………………………
- Troubles du sommeil, dépression : ……………………………………

## DOC. 5 Du stress chronique au burn-out

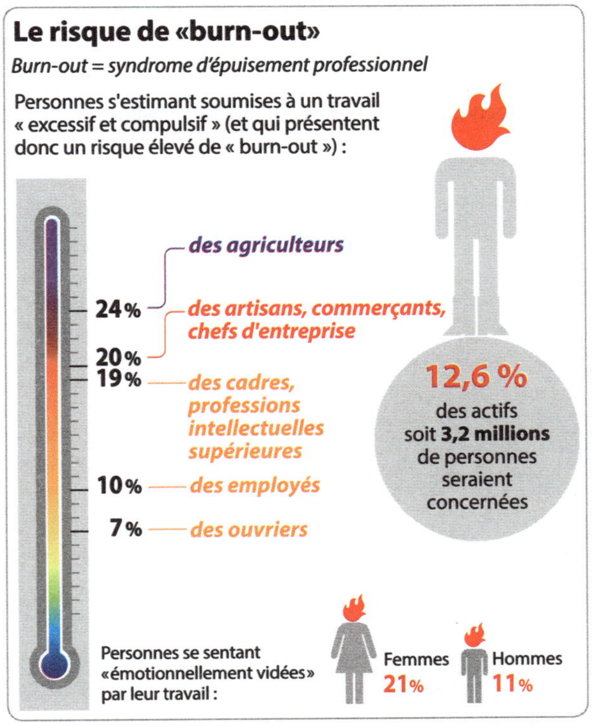

Source : Technologia

Le burn-out, ou syndrome de l'épuisement professionnel, menace les travailleurs soumis à une pression importante et à un stress permanent.
Le travail gagne peu à peu l'ensemble de leur vie personnelle, sociale et affective ; il n'y a plus de place pour autre chose.
Face à ce surmenage, divers troubles apparaissent progressivement : fatigue chronique, troubles du sommeil, irritabilité, migraines, maux de dos, perte de mémoire, symptômes d'angoisse ou de panique et enfin état dépressif pouvant conduire au suicide.
Lorsque l'épuisement est trop important, il faut plusieurs mois, voire plusieurs années, pour guérir.
Selon la classification internationale des maladies de l'OMS mise à jour en mai 2019, le burn-out est considéré comme un « phénomène lié au travail » et est ainsi défini :
« Le burn-out, ou épuisement professionnel, est un syndrome […] résultant d'un stress chronique au travail qui n'a pas été correctement géré. Trois dimensions le caractérisent :
- un sentiment de manque d'énergie ou d'épuisement ;
- un retrait vis-à-vis du travail ou des sentiments de négativisme ou de cynisme liés au travail ;
- une perte d'efficacité professionnelle.

Le terme de burn-out ou d'épuisement professionnel désigne spécifiquement des phénomènes relatifs au contexte professionnel et ne doit pas être utilisé pour décrire des expériences dans d'autres domaines de la vie. »

À partir du **DOC. 5** :

WWW **5** **Indiquer**, à l'aide de la vidéo, comment se manifestent les signes du burn-out.

..............................................................................

..............................................................................

**Vidéo**
**Comment reconnaître les signes du burn-out (2'44)**
lienmini.fr/4607-a803

**6** **Surligner** la définition du burn-out selon l'OMS.

**7** **Souligner** les troubles, signes du burn-out et **entourer** sur le schéma les personnes les plus exposées.

**8** **Expliquer** pourquoi le burn-out constitue une maladie extrêmement grave.

..............................................................................

..............................................................................

**9** **Déduire** pourquoi le stress chronique représente un danger important pour tout individu.

..............................................................................

..............................................................................

# ACTIVITÉ 4 La prévention du stress

Objectif : proposer des actions visant à gérer le stress au quotidien.

**1** **Associer** chaque mesure individuelle visant à prévenir ou à diminuer le stress au quotidien à sa justification.

**MESURES INDIVIDUELLES DE PRÉVENTION**

A 
Pratiquer du sport régulièrement. ●

B 
Comprendre ce qui provoque son stress. ●

C 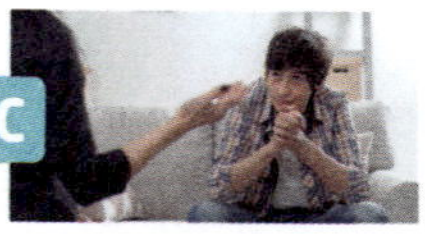
Parler de ses problèmes, se faire aider. ●

D 
Se réserver un temps de repos et de loisirs. ●

E 
Se relaxer (yoga et activités similaires). ●

F 
Diminuer la consommation d'excitants (café…). ●

G 
Dormir suffisamment. ●

**JUSTIFICATIONS**

● 1 Doit permettre d'agir sur les agents agresseurs identifiés.

● 2 Peut provoquer un sentiment de libération et apporter des solutions.

● 3 Permet d'évacuer les tensions liées au stress en créant une fatigue physique saine.

● 4 Favorise la détente physique et mentale.

● 5 Permet d'éliminer une partie de la fatigue liée au stress.

● 6 Ces produits amplifient la sensation de tension liée au stress.

## PROPOSER DES SOLUTIONS

Pour la situation présentée page 31, **proposer** à Léa des solutions pouvant agir :

- sur le stress en général : ……………………………………………………
……………………………………………………………………………
- sur les facteurs de stress personnels : ……………………………………………
……………………………………………………………………………
- sur les facteurs de stress liés à l'environnement : ………………………………
……………………………………………………………………………
……………………………………………………………………………
- sur les facteurs de stress professionnel : …………………………………………
……………………………………………………………………………

# Activité de synthèse

**NOTIONS CLÉS ASSOCIÉES ET MOTS-CLÉS**

- Adaptation
- Burn-out
- Charge mentale
- Conséquences pathologiques
- Facteurs de stress
- Hormones
- Mesures individuelles
- Phases
- Stress
- Stress aigu
- Stress chronique
- Vulnérabilité

**Compléter le texte avec les notions clés ou mots-clés ci-dessus.**

## Origine et effets du stress sur l'organisme

Le stress est une réaction d'.......................... de l'organisme en présence de ...................... tels que les contraintes liées à l'environnement, le danger, le décalage entre la tâche à accomplir et la perception de ses possibilités, la perte de contrôle de la situation, l'imprévisibilité, la nouveauté et la ........................... L'apparition du stress dépend aussi de la ....................... de chacun.

Le .................. est une réaction physiologique qui vise à mobiliser les défenses de l'organisme pour mieux faire face à l'agression supposée mais qui s'accompagne toutefois de sensations inconfortables (sueur, gorge nouée, nausées…).

Le stress résulte de l'action des ....................... sécrétées par les glandes surrénales activées par l'hypothalamus (cerveau) ; il comporte jusqu'à trois .................. :

- La **phase d'alarme** ou réaction d'alarme : l'adrénaline active les appareils circulatoire et respiratoire générant des effets immédiats en décuplant la force musculaire et l'intellect pour mieux gérer l'agression. On parle de ......................... ou de stress positif ;
- La **phase de résistance** : le cortisol augmente la libération de glucose pour alimenter les organes sursollicités ;
- La **phase d'épuisement** : diminution de l'adrénaline, pic de cortisol puis chute ; fatigue des organes.

Pour ces deux dernières phases, on parle de ......................... ou de stress négatif. En fonction de leur durée les .................................................. sont plus ou moins importantes et s'installent progressivement des troubles divers et des maladies liées à la sursollicitation des appareils. En milieu professionnel, le stress chronique peut évoluer en ....................... ou épuisement professionnel.

## La prévention du stress

La prévention du stress passe par une série de ................................... (yoga et activités de relaxation, réflexion sur les causes, meilleure gestion du temps…) et par une prise en charge médicale en cas de stress chronique.

## L'essentiel en image

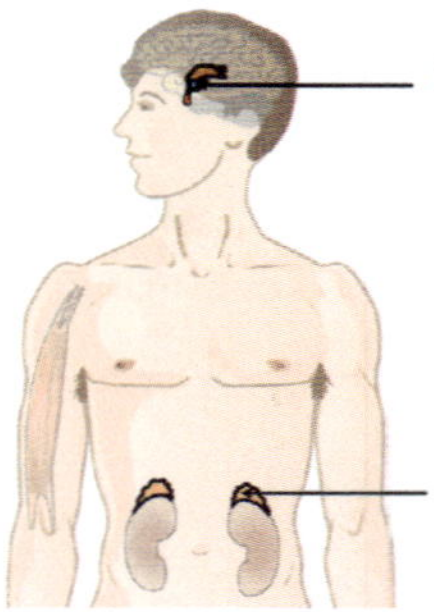


**Agression de l'organisme par des agents agresseurs**

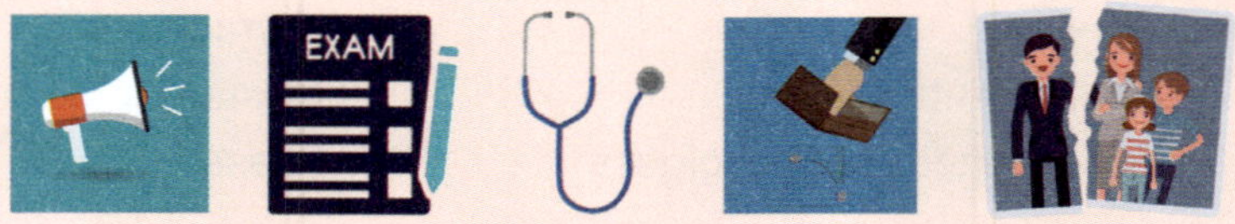


**Réactions physiologiques au stress**

### Phase d'alarme

- ➔ Réaction immédiate
- ➔ Sécrétion d'**adrénaline**
- ➔ Activation des appareils circulatoire et respiratoire
- ➔ Transpiration, gorge nouée, muscles tendus

Stress positif
Stress aigu

Mobilisation maximale de l'intellect et de la force musculaire pour réagir à l'agression

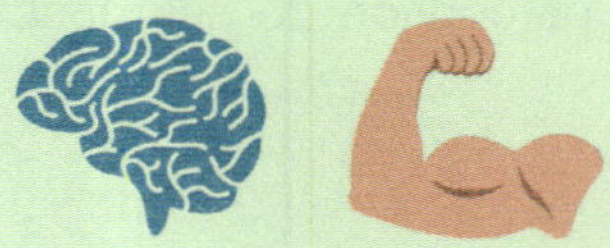

### Phase de résistance

- ➔ Sécrétion d'adrénaline et **cortisol**
- ➔ Organes sursollicités
- ➔ Inconfort

Stress négatif
Stress chronique

**STRESS**

### Phase d'épuisement

- ➔ Fatigue des organes
- ➔ Apparition de pathologies (troubles du système nerveux, maladies cardiovasculaires)

En milieu professionnel
Épuisement professionnel ou burn-out

### MESURES INDIVIDUELLES DE PRÉVENTION

**Exercices**

Tester ses connaissances en ligne
lienmini.fr/4607-a804

**Approfondir**

Vidéo : Prévenir le burn-out en détectant les premiers symptômes (3'23)
lienmini.fr/4607-a805

Nom ....................................................................................

Prénom .................................... Date ........................

## SITUATION

Franck, 17 ans, est un élève de Terminale Bac Pro soucieux de réussir et de satisfaire ses parents. Il souhaite réussir l'ensemble de ses contrôles afin d'avoir un bon dossier scolaire pour accéder à une classe de technicien supérieur. Il ne réussit qu'avec un travail important, or l'internat est bruyant et il a parfois du mal à se concentrer et à réviser. Malgré cela, il trouve des ressources insoupçonnées et réussit la plupart du temps ses évaluations. Mais parfois il est tendu et crispé, il transpire et a la gorge nouée, si bien qu'il perd tous ses moyens. Le médecin lui indique qu'il souffre de stress aigu.

## ANALYSER LA SITUATION

**1** **Identifier** le problème posé. ...../1 pt

..........................................................................................................

**2** **Identifier** les éléments de la situation. ...../2,5 pts

**Q**ui ? Qui est concerné ? ..........................................................

**Q**uoi ? Que ressent-il ? ..........................................................

**O**u ? Où le problème apparaît-il ? ..........................................................

**Q**uand ? À quel moment le problème apparaît-il ? ..........................................................

**P**ourquoi ? Quels motifs déclenchent cette réaction ?

..........................................................................................................

..........................................................................................................

## MOBILISER DES CONNAISSANCES UTILES

**3** **Proposer** une définition simple du stress. ...../1,5 pt

..........................................................................................................

..........................................................................................................

**4** **Nommer**, à l'aide du DOC. 1, la phase du stress dans laquelle se situe le stress aigu et **indiquer** les phénomènes mis en œuvre. ...../2 pts

..........................................................................................................

..........................................................................................................

## DOC. 1 Les phases du stress dans le temps

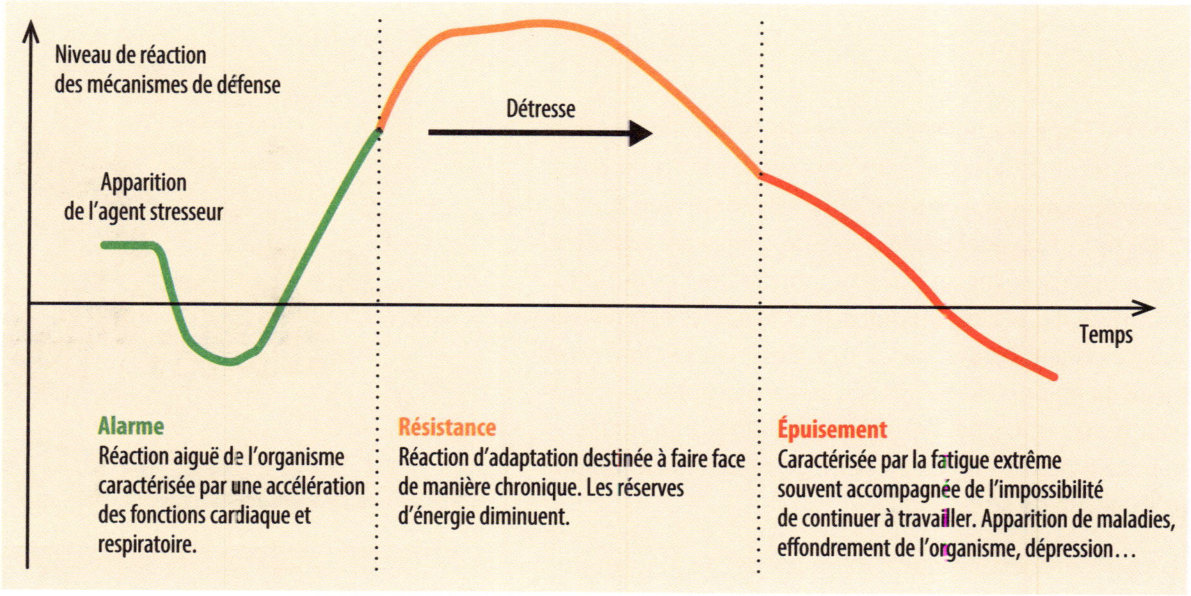


**5** **Nommer** l'hormone intervenant dans le stress aigu et **indiquer** sa provenance. ...../2 pts

..................................................................................................................

**6** **Expliquer**, en vous appuyant sur le mécanisme du stress, pourquoi Franck trouve des ressources insoupçonnées et réussit la plupart du temps ses évaluations. ...../2 pts

..................................................................................................................

..................................................................................................................

**7** **Expliquer** pourquoi Franck peut s'exposer au stress chronique. ...../2 pts

..................................................................................................................

..................................................................................................................

**8** **Nommer** les deux phases du stress correspondant au stress chronique. ...../2 pts

..................................................................................................................

**9** **Indiquer** deux conséquences du stress chronique sur la santé. ...../2 pts

..................................................................................................................

..................................................................................................................

## PROPOSER DES SOLUTIONS

**10** **Indiquer** trois conseils que le médecin pourrait donner à Frank pour vaincre son stress. ...../3 pts

– ..................................................................................................................

– ..................................................................................................................

– ..................................................................................................................

Module B.3

# Le bruit au quotidien

**FINALITÉ** Mesurer l'incidence du bruit sur la santé et la vie sociale pour agir en citoyen responsable.

**Pour introduire le module**

**Pollution sonore : des conséquences parfois graves sur la santé (1'44)**
lienmini.fr/4607-b301

## SITUATION

Loïc, 16 ans, est amateur de musique, qu'il écoute des heures durant à un niveau sonore élevé. De plus, l'environnement de son appartement est bruyant : la voisine de gauche joue de la batterie tous les soirs pendant deux heures, le chien du voisin du dessus aboie souvent, quant au voisin de droite, il met en marche sa machine à laver, modèle très ancien particulièrement bruyant, souvent tard le soir pour faire des économies. Lorsqu'il ouvre ses fenêtres, il est gêné par le bruit de la circulation dans la rue. Depuis quelques mois, il entend moins bien, a du mal à s'endormir et à se concentrer pour travailler. Il consulte son médecin traitant qui diagnostique une surdité de transmission.

## ANALYSER LA SITUATION

**1** **Surligner** la problématique dans cette situation.

**2** **Compléter** le diagramme « causes-effet » avec les éléments soulignés de la situation. Vous pouvez les reformuler pour que le diagramme soit plus synthétique.

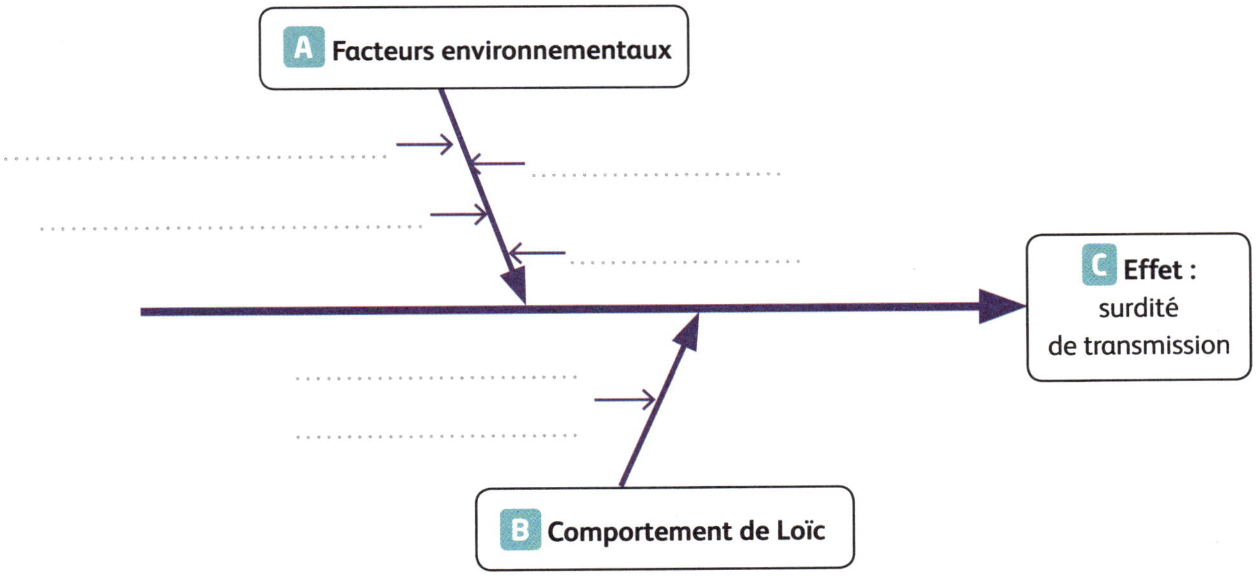

# MOBILISER LES CONNAISSANCES UTILES

## ACTIVITÉ 1 Les caractéristiques physiques du son

Objectif : indiquer les caractéristiques physiques du son.

### DOC. 1 Les sources de bruit

La législation considère que les nuisances sonores subies dans la vie quotidienne résultent de trois sources principales :

– les **transports** (pour 54 % des Français, elle est la principale source de nuisance) ;

– les **bruits de voisinage** (principale source de nuisance pour 21 % des Français) ; ils comportent :

- les bruits liés au comportement d'une personne, d'une chose dont elle a la garde ou d'un animal placé sous sa responsabilité ;
- les bruits provenant de chantiers ;
- les bruits provenant des entreprises ou des activités sportives, culturelles ou de loisirs, organisées de façon habituelle.

– l'**activité professionnelle.**

On classe aussi les bruits en quatre catégories :

**1** **Indiquer**, à partir du DOC. 1 et de vos connaissances, deux exemples pour chacune des sources de bruit.

– Bruits aériens extérieurs : ........................................

– Bruits aériens intérieurs : ........................................

– Bruits de chocs (ou d'impacts) : ........................................

– Bruits d'équipements : ........................................

**2** **Entourer**, dans le DOC. 1 :

– En rouge les bruits de voisinage.

– En vert les bruits liés aux transports.

## DOC. 2 Les caractéristiques physiques du son

Un son est une vibration mécanique (onde sonore) se déplaçant de proche en proche dans tous les milieux ambiants, dont l'air. Il entraîne des variations de pression du milieu traversé auxquelles l'appareil auditif est sensible. Le son devient bruit lorsque la sensation auditive créée devient désagréable ou gênante pour la personne qui le perçoit.

**Grandeurs physiques qui caractérisent le son**

- **L'intensité** sonore correspond à l'amplitude de la vibration, plus celle-ci est importante, plus le son est fort.
On mesure l'intensité sonore à l'aide d'un sonomètre.
Elle s'exprime en décibels : dB(A).

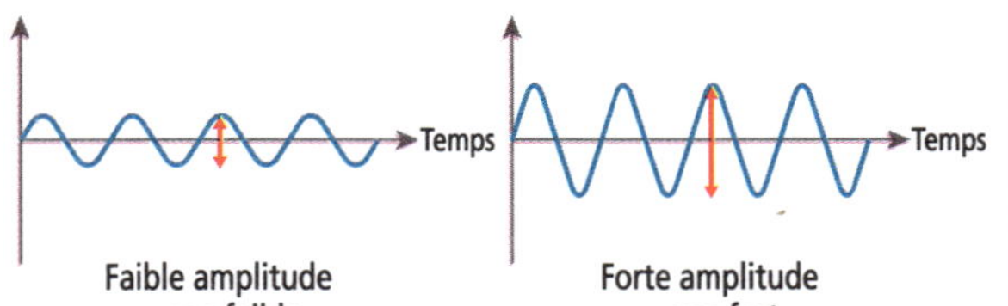


Faible amplitude = son faible — Forte amplitude = son fort

- **La fréquence** correspond au nombre de vibrations reçues par le tympan durant 1 seconde.
Elle s'exprime en hertz (Hz)*.
L'oreille humaine perçoit uniquement les sons compris entre 20 Hz et 20 000 Hz.

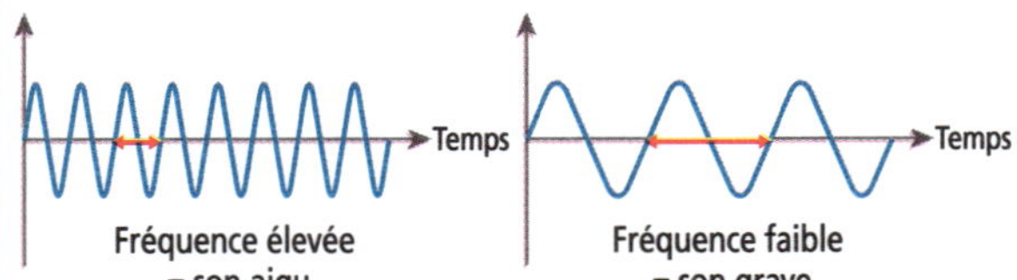


Fréquence élevée = son aigu (2 000 Hz < fréquence < 20 000 Hz) — Fréquence faible = son grave (20 Hz < fréquence < 200 Hz)

* 1 Hz = 1 oscillation par seconde.

À partir du DOC. 2 et de la vidéo ci-contre :

**Vidéo**
Qu'est-ce qu'un son ? (2'11)
lienmini.fr/4607-b302

**3** **Préciser** la différence entre un son et un bruit.

| SON | BRUIT |
|---|---|
| .................................................... | .................................................... |
| .................................................... | .................................................... |

**4** **Expliquer** pourquoi le bruit est une notion subjective.

..........................................................................................................................

**5** **Relier** chaque grandeur physique qui caractérise le son à ses caractéristiques et à l'unité de mesure.

| GRANDEURS PHYSIQUES | CARACTÉRISTIQUES | UNITÉS |
|---|---|---|
| A Intensité ● | ● 1 Grave ● | ● a Hertz (Hz) |
| B Fréquence ● | ● 2 Faible ● | ● b Décibels (dBA) |
| | ● 3 Fort ● | |
| | ● 4 Aigu ● | |

**6** **Caractériser** chacune des quatre courbes d'ondes acoustiques ci-dessous à l'aide de la liste suivante :

fort et aigu / faible et aigu / faible et grave / fort et grave

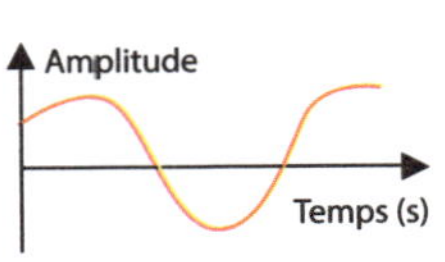


A : ....................

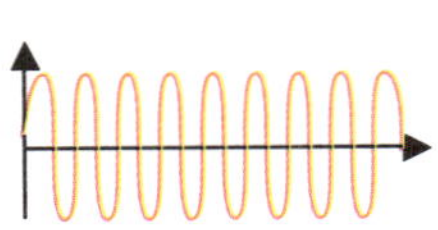

B : ....................

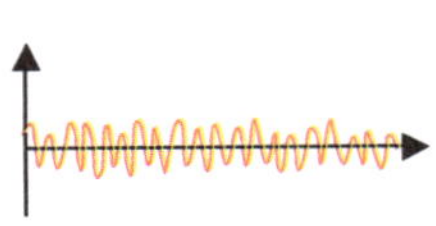

C : ....................

D : ....................

# ACTIVITÉ 2 Seuils sonores et dangerosité

**Objectif : identifier les paramètres de dangerosité du son.**

## DOC. 3 L'échelle des bruits

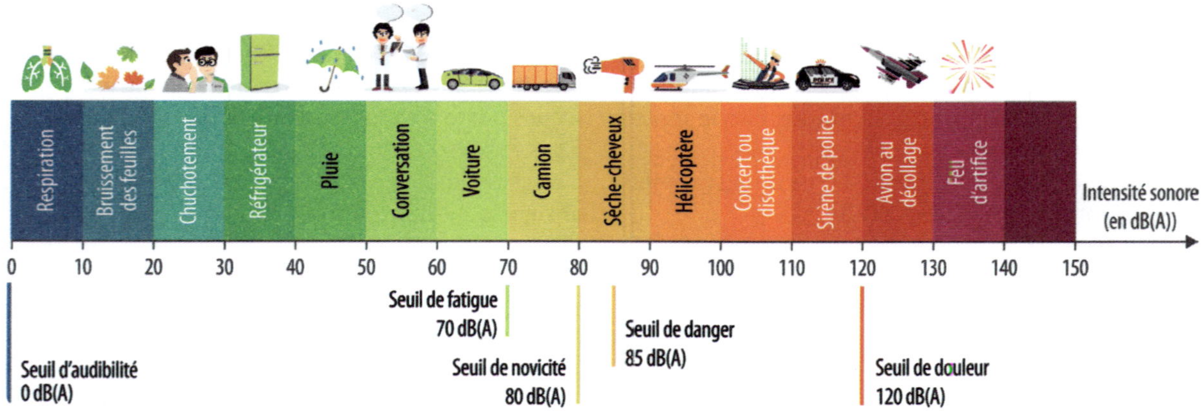


**Remarque** : 3 décibels supplémentaires correspondent à un doublement du niveau sonore, et 10 décibels multiplient celui-ci par 10. De même, les décibels ne s'additionnent pas : 2 machines à laver de niveau sonore de 60 décibels ne font pas un bruit de 120 décibels mais de 63 décibels.

**1** **Indiquer** à partir du **DOC. 3** à quel niveau sonore, exprimé en dB(A), correspond chaque seuil, puis **relier** celui-ci par des flèches à sa définition.

**A** Seuil d'audibilité : ....... dB(A)

**B** Seuil de danger : ........ dB(A)

**C** Seuil de douleur : ........ dB(A)

**1** Niveau sonore pouvant générer des dommages selon l'agence régionale de santé.

**2** Niveau sonore provoquant une sensation douloureuse au niveau de l'appareil auditif.

**3** Niveau sonore le plus faible perçu par l'oreille humaine.

**2** **Entourer** sur le **DOC. 3** le niveau sonore d'un concert et le **comparer** au seuil de danger.

..........................................................................................................

**3** **Retrouver**, à partir du **DOC. 4** et de vos connaissances, les deux paramètres qui conditionnent la dangerosité d'un bruit.

– ..........................................

– ..........................................

**4** **Indiquer** un troisième paramètre.

..........................................

..........................................

## DOC. 4 La durée d'exposition

**Durée d'exposition maximale en milieu professionnel en fonction du niveau sonore.**

| Intensité en dB(A) | Durée d'exposition maximale |
|---|---|
| 80 | 8 h |
| 83 | 4 h |
| 86 | 2 h |
| 89 | 1 h |
| 92 | 30 min |

*Remarque : 80 dB(A) pendant 8 heures correspondent au seuil de nocivité (INRS).*

# ACTIVITÉ 3 Le mécanisme de perception auditive

Objectif : décrire le mécanisme de perception auditive.

## DOC. 5 Le mécanisme de la perception auditive

Le système auditif comporte l'oreille **externe**, l'oreille **moyenne** et l'oreille **interne**.

- L'oreille externe capte les ondes mécaniques sonores par le **pavillon**, qui sont amplifiées par le **conduit auditif externe** et canalisées jusqu'au **tympan** (fine membrane entre l'oreille externe et l'oreille moyenne) qui va réagir en vibrant.
- L'oreille moyenne reçoit les vibrations du tympan qui les amplifie pour les transmettre aux osselets : le **marteau**, l'**enclume** et l'**étrier**. Ce dernier joue le rôle d'un piston en comprimant le liquide contenu dans la cochlée et lui transmet ses vibrations. Jusqu'ici le son est transmis par vibrations mécaniques.
- L'oreille interne renferme l'organe de l'équilibre (le vestibule et ses trois canaux semi-circulaires) et l'organe de l'audition, la **cochlée** (limaçon) remplie de liquide entourant des **cellules ciliées** (cellules sensorielles qui ne se renouvellent pas). Les vibrations liquidiennes font alors bouger les cils de ces cellules et déclenchent un influx nerveux transmis au **nerf auditif** placé à la base de ces cellules. L'influx nerveux est transmis au cerveau pour y être décodé.

## DOC. 6 Schéma de l'oreille

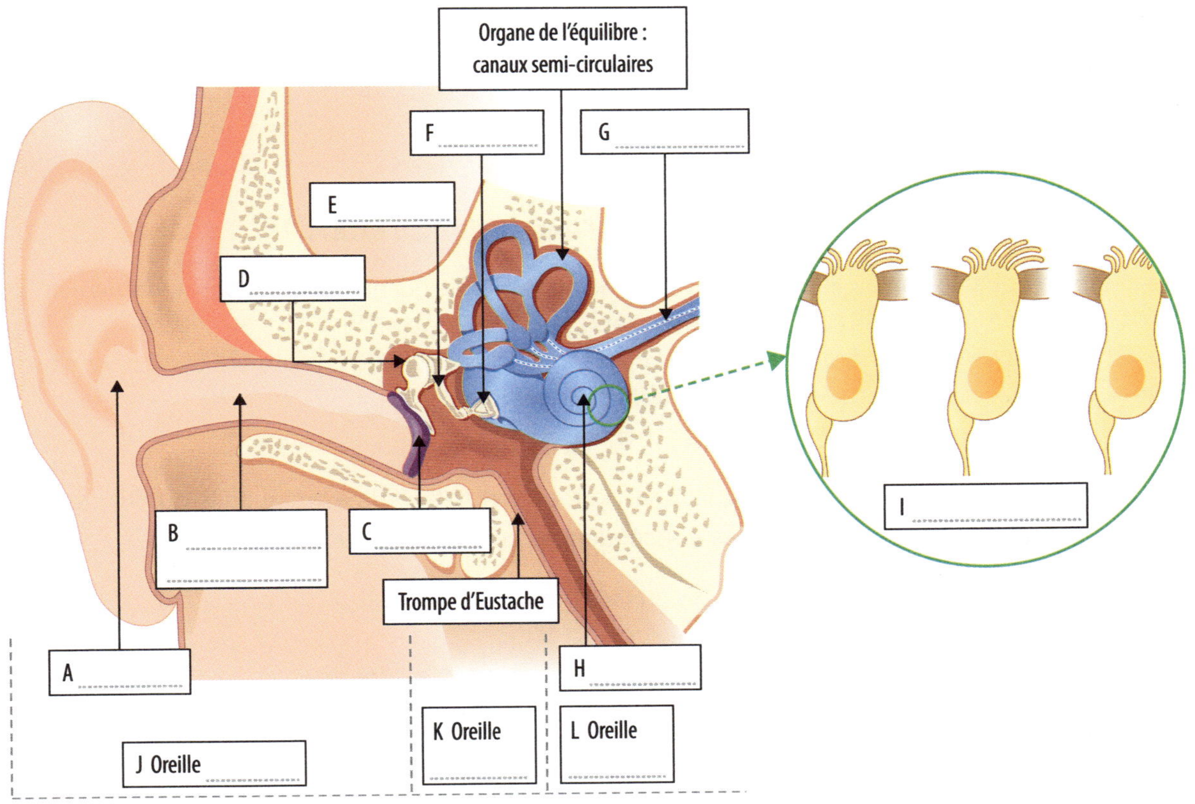


**1** **Replacer** chaque terme en gras du DOC. 5 sur le schéma de l'oreille du DOC. 6 en vous aidant si nécessaire de la vidéo ci-contre.

Vidéo
Audition – L'oreille (1'44)
lienmini.fr/4607-b303

**2** **Indiquer** le rôle-clé des cellules ciliées dans la perception auditive.

..........

..........

..........

# ACTIVITÉ 4 Les conséquences du bruit sur la santé et la vie sociale

Objectif : identifier les conséquences du bruit sur la santé et sur la vie sociale.

## DOC. 7 Les effets auditifs et extra-auditifs du bruit sur la santé de l'individu

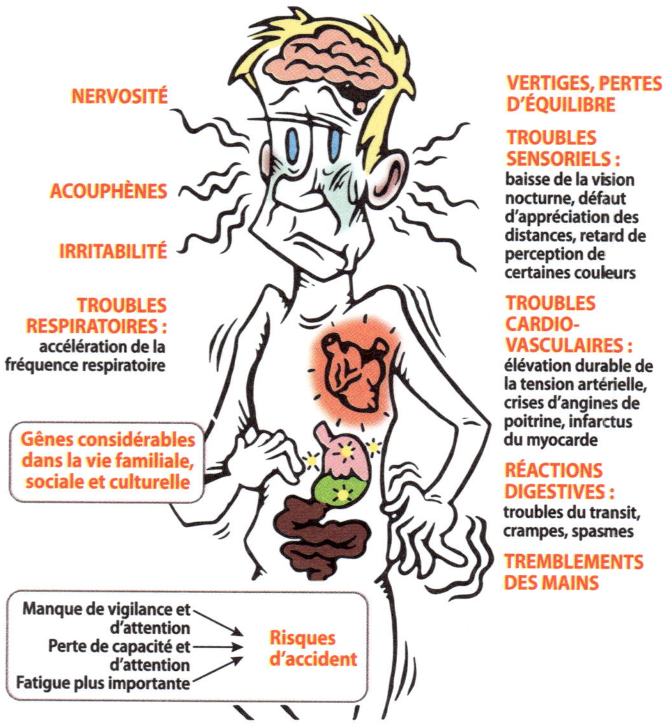


Le bruit a des effets nocifs sur l'oreille et sur l'audition (effets auditifs), tels que fatigue auditive, surdités et des effets sur les autres appareils (effets extra-auditifs). Les troubles du sommeil, l'irritabilité, voire l'agressivité qu'il peut générer peuvent être à l'origine de conflits.

**Vidéo**
L'impact du bruit sur notre santé (5'40)
lienmini.fr/4607-b304

## DOC. 8 Les deux types de surdité causés par l'exposition au bruit

La surdité de transmission est due à l'oreille externe ou moyenne qui ne transmet pas normalement les vibrations de l'air (atteinte du tympan, des osselets…). Elle est réversible.
La surdité de perception est due à une atteinte des cellules ciliées qui ne transforment plus l'onde sonore en influx nerveux ou à une atteinte du nerf auditif. Elle est irréversible.

**1** **Souligner** sur le DOC. 7 les effets auditifs du bruit en vert, les effets extra auditifs du bruit au niveau des appareils en rouge et **entourer** les conséquences sociales du bruit.

**2** **Compléter** le tableau ci-dessous à l'aide du DOC. 8.

A

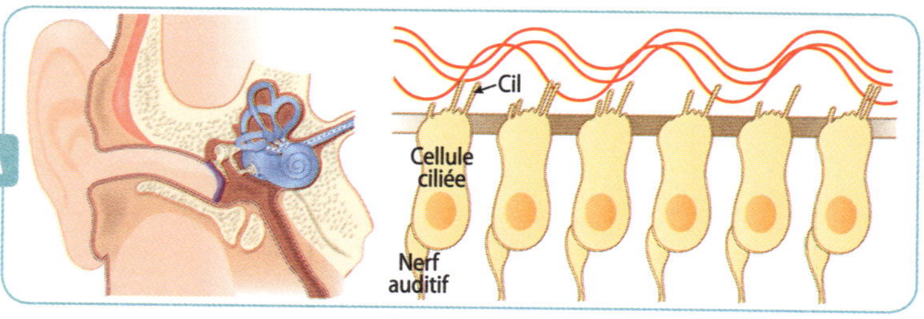


Surdité de ..............................

Justification : ..............................

..............................

..............................

..............................

B

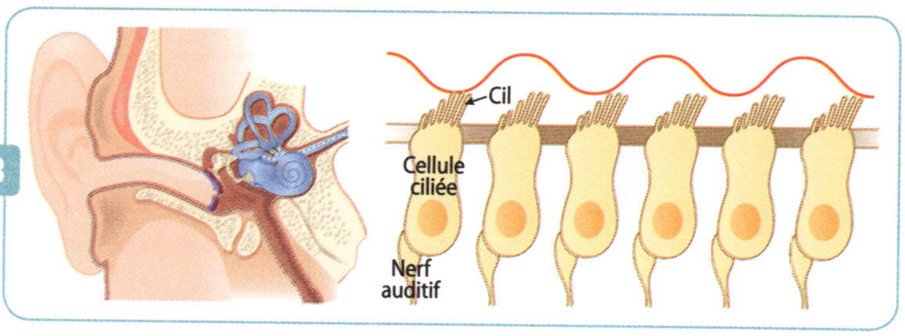


Surdité de ..............................

Justification : ..............................

..............................

..............................

# ACTIVITÉ 5 Les mesures collectives contre les nuisances sonores

Objectif : repérer au niveau collectif les mesures mises en œuvre pour lutter contre les nuisances sonores.

## DOC. 9 Quelques exemples d'une abondante réglementation

- Il existe des normes acoustiques pour les logements récents. Sous certaines conditions, des aides sont attribuées pour réaliser l'isolation phonique des logements anciens. Les locaux publics bénéficient de la même vigilance. À l'extérieur, les murs anti-bruit protègent les bâtiments proches de grands axes routiers.
- Des décrets précisent le niveau sonore maximal d'un certain nombre d'appareils tels que les appareils électroménagers, le matériel de bricolage, le matériel professionnel. L'acheteur doit être informé de ce niveau sonore par un étiquetage spécifique.
- Les auteurs de nuisances sonores s'exposent à des sanctions :
  - Article R623-2 du Code pénal : les bruits ou tapages injurieux ou nocturnes troublant la tranquillité d'autrui sont punis par une amende prévue pour les contraventions de troisième classe (amende pouvant aller jusqu'à 450 euros).
  - Article 222-16 du Code pénal : sont punis d'une peine d'un an de prison et de 15 000 € d'amende les appels téléphoniques malveillants réitérés ou les agressions sonores en vue de troubler la tranquillité d'autrui.

**1** **Cocher** le tableau ci-dessous à l'aide du DOC. 9.

| Affirmations | Vrai | Faux |
|---|---|---|
| **1.** On peut bénéficier d'aides pour l'isolation phonique d'un logement ancien. | ☐ | ☐ |
| **2.** Il existe des normes acoustiques pour les bâtiments. | ☐ | ☐ |
| **3.** Écouter fort de la musique en dérangeant ses voisins est puni seulement si c'est le soir. | ☐ | ☐ |
| **4.** Une étiquette informe du niveau sonore d'un appareil. | ☐ | ☐ |
| **5.** Le tapage nocturne peut coûter jusqu'à 450 euros. | ☐ | ☐ |
| **6.** On peut utiliser son klaxon sans aucune réserve. | ☐ | ☐ |

## DOC. 10 Les campagnes de prévention

Chaque mois de novembre depuis 2003, sous l'autorité de plusieurs ministères, débute la campagne « Hein ?! » dans plus de 1 000 lieux musicaux. Elle vise à prévenir des effets de la musique écoutée à trop forte intensité lors des concerts ou en discothèque.

Divers supports sont téléchargeables sur le site https://agi-son.org/.

Vidéo
Agi-Son présente la campagne Hein ?! (1'05)
lienmini.fr/4607-b305

**2** **Indiquer**, à partir du DOC. 10, l'objectif de la campagne « Hein ?! ».

.................................................................................................................

**3** **Citer**, à l'aide du site ou de la vidéo, trois préconisations de la campagne de prévention.

– .................................................................................................................

– .................................................................................................................

– .................................................................................................................

# ACTIVITÉ 6 Les mesures individuelles de prévention et de protection

Objectif : proposer des mesures de prévention et de protection contre le bruit.

## DOC. 11 Mesures de prévention individuelles

**Vous êtes discret ? Respect !**

DE JOUR
COMME DE NUIT

Si vous faites la fête, prévenez vos voisins

Attention aux cris, talons sur le parquet, chants, instruments de musique, chaîne hi-fi…

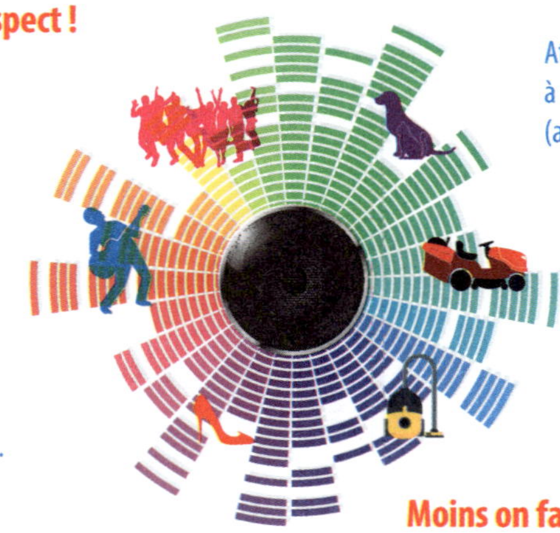

Attention aussi à vos animaux (aboiements…)

… à la tondeuse ou tout autre outil de bricolage, pétard et feu d'artifice, pompe à chaleur, éolienne, électroménager…

**Moins on fait de bruit, mieux on s'entend !**

Adopter des comportements qui ne sont pas sources de bruit relève de la prévention individuelle. C'est aussi un comportement civique car cela revient à agir en bon citoyen en respectant la tranquillité des autres, leur bien-être et leur santé.
La protection individuelle contre les bruits de voisinage et les bruits liés au transport passe aussi par l'isolation phonique des locaux (fenêtre à double vitrages, isolation des parois…).

1 **Souligner** dans le DOC. 11 la définition d'un comportement civique vis-à-vis du bruit.

2 **Proposer** à partir de vos connaissances et du DOC. 11, pour chaque illustration ci-dessous, un moyen de prévention pour limiter les bruits de voisinage.

A 

……………………………
……………………………
……………………………

B 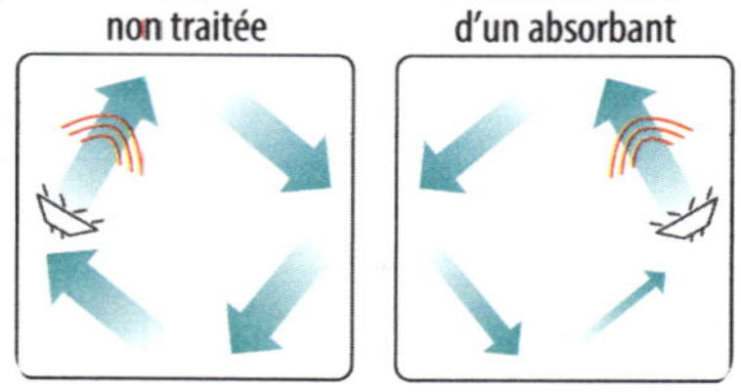


……………………………
……………………………
……………………………

C 

……………………………
……………………………

D 

……………………………
……………………………
……………………………

## PROPOSER DES SOLUTIONS

**Proposer** des solutions à Loïc afin que les troubles liés au bruit cessent.

– Au niveau de son comportement : ……………………………
……………………………

– Au niveau des bruits de voisinage : ……………………………
……………………………

# Activité de synthèse

**NOTIONS CLÉS ASSOCIÉES ET MOTS-CLÉS**

- Bruit
- Comportement civique
- Durée d'exposition
- Effets auditifs
- Effets extra-auditifs
- Fréquence
- Influx nerveux
- Intensité
- Onde mécanique
- Onde sonore
- Prévention
- Protection individuelle
- Réglementation
- Sanctions
- Seuil
- Son
- Sources de bruit
- Surdité de perception
- Surdité de transmission
- Système auditif

**Compléter le texte avec les notions clés ou mots-clés ci-dessus.**

## Caractéristiques du son et mécanisme de perception auditive

Le ........ est une vibration ou .......................... qui se propage de proche en proche de sa source dans toutes les directions et milieux ambiants. Cette onde est perçue par le .............................. où elle est transmise par un .............................. au cerveau qui l'analyse.

Cette ............................ est caractérisée par son ................ (faible ou forte selon l'amplitude de la vibration exprimée en décibel) et sa .................. (grave ou aiguë selon le nombre de vibrations reçues par l'oreille en une seconde, exprimée en Hertz).

Physiologiquement, un son devient .......... lorsqu'il est perçu désagréablement ; bruits de voisinage, bruits liés aux transports ou aux activités sont les principales .................................. .

## Conséquences du bruit

Selon le niveau sonore atteint (............ de danger), la fréquence et la .................................., le bruit peut avoir des ...................... tels que la .................................. qui touche l'oreille externe et moyenne et la ................................ qui touche l'oreille interne, notamment au niveau des cellules ciliées. Le bruit peut aussi avoir des .................................... tels que des troubles physiques touchant des organes autres que les oreilles, et la perturbation de la vie sociale.

## Mesures de prévention contre le bruit

La prévention collective relève de la ........................., notamment au niveau des locaux, du matériel bruyant (normes acoustiques). Les bruits de voisinage et le tapage nocturne peuvent faire l'objet de ................ prévues par le Code pénal. Des campagnes de ................. alertent sur les atteintes liées au bruit et informent sur les moyens de s'en protéger.

La prévention individuelle relève des comportements individuels. Chacun doit donc adopter un .............................................. en veillant à ne pas être source de gêne pour les voisins.

La .................................... contre le bruit passe aussi par l'isolation phonique des locaux.

## L'essentiel en image

### BRUIT = son provoquant une sensation gênante

Émission → Propagation → Réception

**Émission**

**Source**

Bruits de transport

Bruits de voisinage

Bruits professionnels

**Propagation**

**Nature**
**Transmission**

Son = onde sonore caractérisée par :
– l'intensité avec pour unité le décibel dB(A) ;

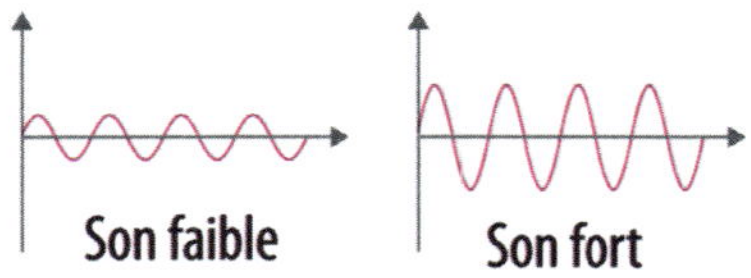


– la fréquence avec pour unité le hertz (Hz)

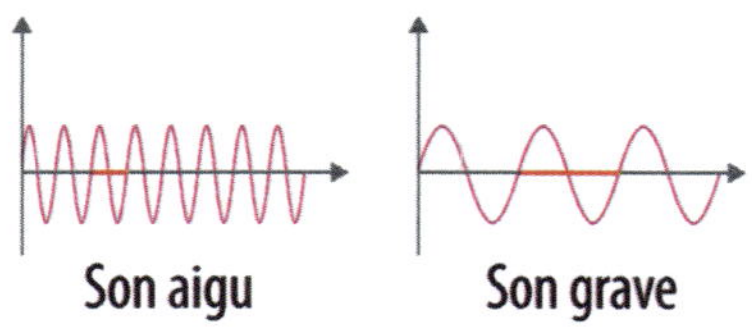


**Réception**

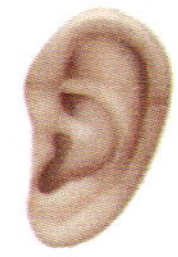

**Perception**

L'onde sonore parvient aux cellules ciliées qui déclenchent un influx nerveux en direction du cerveau.

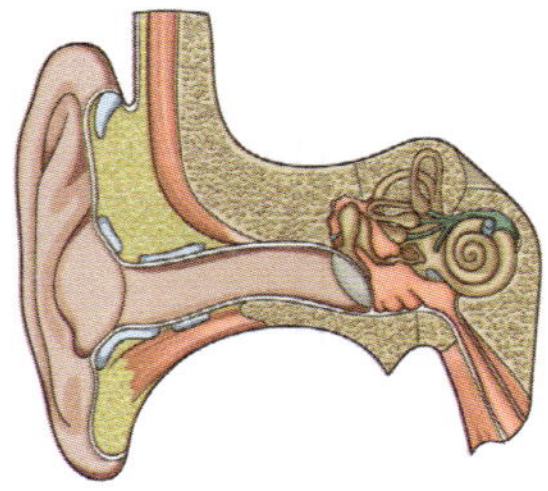

Le niveau sonore, ou sensation acoustique, se mesure en dB(A).
- Seuil de l'audition = 0 dB(A)
- Seuil de danger = 85 dB(A)
- Seuil de douleur = 120 dB(A)

**Paramètres de dangerosité**
- intensité
- durée d'exposition
- fréquence d'exposition

→

**Conséquences d'une exposition répétitive à des niveaux sonores élevés**
- Atteinte de l'appareil auditif, surdité de perception ou de transmission
- Troubles physiologiques et psychologiques
- Conséquences sociales (violences, accidents…)

### Mesures de prévention

**Actions sur la source**
- Conception des locaux
- Réglementation, sanctions
- Comportement civique

**Actions sur la transmission**
- Isolation phonique
- Murs anti-bruit

**Actions sur la réception**
- Port de bouchons d'oreilles
- En concert, s'éloigner des enceintes, faire des pauses

**Exercices**

Tester ses connaissances en ligne
lienmini.fr/4607-b306

**Approfondir**

Vidéo : Le bruit et les jeunes (2'36)
lienmini.fr/4607-b307

Nom ........................................................................................................

Prénom ........................................ Date ..............................

## SITUATION

Chloé, 18 ans, passionnée de musique, passe de nombreuses soirées en boîte de nuit. Quand elle n'est pas au mixage avec le DJ, elle aime être à proximité des enceintes pour mieux profiter de la musique. Le niveau sonore très élevé est d'environ 107 dB(A). Par ailleurs, elle écoute de la musique dans sa chambre ou s'initie au mixage, toujours à un niveau sonore élevé et quand elle va au lycée, c'est en écoutant encore de la musique.

Elle est fatiguée et énervée ; elle n'entend pas très bien les cours et lors de conversations elle demande parfois de répéter. Elle décide d'aller voir son médecin traitant qui l'oriente vers un médecin ORL. Celui-ci lui fait un audiogramme qui révèle une surdité de transmission.

## ANALYSER LA SITUATION

**1** **Surligner** le problème posé par la situation. ..... /2 pts

**2** **Identifier** les éléments de la situation. ..... /3 pts

**Qui ?** Qui est concerné ? ..........................................................................

**Quoi ?** Quelle est l'origine du problème ? ..........................................................

**Où ?** Dans quels lieux se situe l'origine du problème ?

..........................................................................................................

**Comment ?** Quelle est la particularité de l'origine du problème ?

..........................................................................................................

**Pourquoi ?** Pourquoi Chloé écoute-t-elle la musique à un niveau sonore élevé ?

..........................................................................................................

## MOBILISER DES CONNAISSANCES UTILES

**3** **Définir** le bruit. ..... /1 pt

..........................................................................................................

**4** **Nommer** deux grandeurs physiques qui caractérisent le son et **indiquer** les adjectifs utilisés pour les qualifier. ..... /3 pts

– ........................................................................................................

– ........................................................................................................

**5** **Indiquer**, d'après la situation, trois paramètres de dangerosité du bruit. ..... /1,5 pt

..........................................................................................................

## DOC. 3 Anatomie de l'oreille

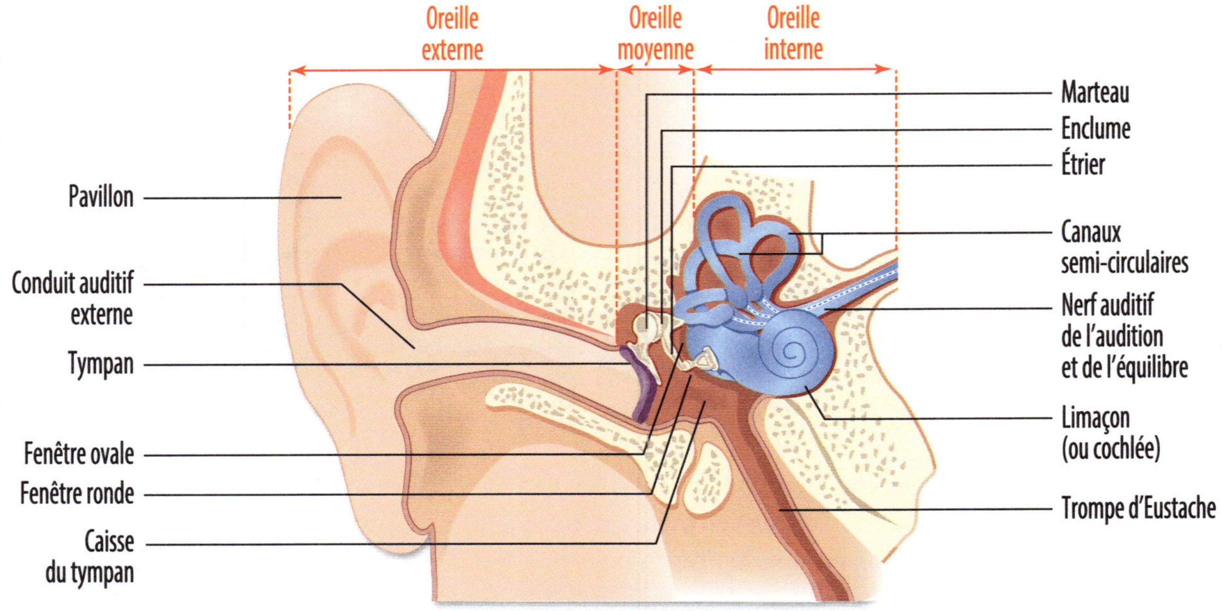


**6** **Expliquer** à partir du schéma de l'oreille le mécanisme de la perception auditive. ...../2 pts

..........................................................................................................

..........................................................................................................

**7** **Expliquer** la particularité d'une surdité de transmission. ...../1,5 pt

..........................................................................................................

..........................................................................................................

**8** **Indiquer**, à partir de la situation et de vos connaissances, les différents effets du bruit. ...../4 pts

| Effets sur l'appareil auditif | Effets sur les autres organes | Conséquences sociales |
|---|---|---|
| – .................................... | – .................................... | – .................................... |
| – .................................... | – .................................... | – .................................... |
| – .................................... | – .................................... | |

## PROPOSER DES SOLUTIONS

**9** **Donner** quatre conseils utiles à Chloé que pourrait lui donner le médecin ORL. ...../2 pts

– ..........................................................................................................

– ..........................................................................................................

– ..........................................................................................................

– ..........................................................................................................

# L'eau et le développement durable

Module **B.4**

**FINALITÉ** Adopter un comportement écoresponsable afin de préserver les ressources en eau.

**Pour introduire le module**

**L'accès à l'eau potable dans le monde (0'53)**

lienmini.fr/4607-b401

## SITUATION

Selon de nouveaux chiffres du World Resources Institute (WRI), les habitants de près de 400 régions du monde ont un besoin en eau très largement supérieur aux ressources disponibles. Cela représente 25 % de la population mondiale. L'exploitation des ressources mondiales en eau est au maximum, que ce soit en termes de quantité (consommation) ou de qualité (pollution). Les conséquences sont multiples : décès, insécurité alimentaire, conflits, migrations, instabilité financière… Préserver la ressource en eau est un enjeu majeur pour le monde entier.

## ANALYSER LA SITUATION

**1** **Surligner** la problématique de cette situation.

**2** **Identifier** les éléments de la situation.

**Qui ?** Qui est concerné ?

..........................................................................................

**Quoi ?** Quelle est l'origine du problème ?

..........................................................................................

**Où ?** Où se déroule le problème ?

..........................................................................................

**Comment ?** Comment le problème est-il apparu ?

..........................................................................................

**Pourquoi ?** Quelles sont les conséquences du problème posé ?

..........................................................................................

# MOBILISER LES CONNAISSANCES UTILES

## ACTIVITÉ 1 Les ressources en eau

**Objectif : analyser la diversité des ressources en eau.**

**1** **Annoter** le DOC. 1 à l'aide de vos connaissances et des termes suivants : glace, eau douce, eau salée.

**2** **Expliquer** pourquoi la majorité de l'eau douce sur Terre est peu disponible.

...............................................

...............................................

...............................................

### DOC. 1 La répartition de l'eau sur Terre

3 % ............ { 0,1 % eau de surface / 0,9 % eau souterraine / 2 % ..............

97 % ..................

### DOC. 2 La pénurie d'eau dans le monde

25 % de la population mondiale est en situation de stress hydrique grave, c'est-à-dire que la ressource en eau est insuffisante pour répondre aux activités humaines et au besoin environnemental.

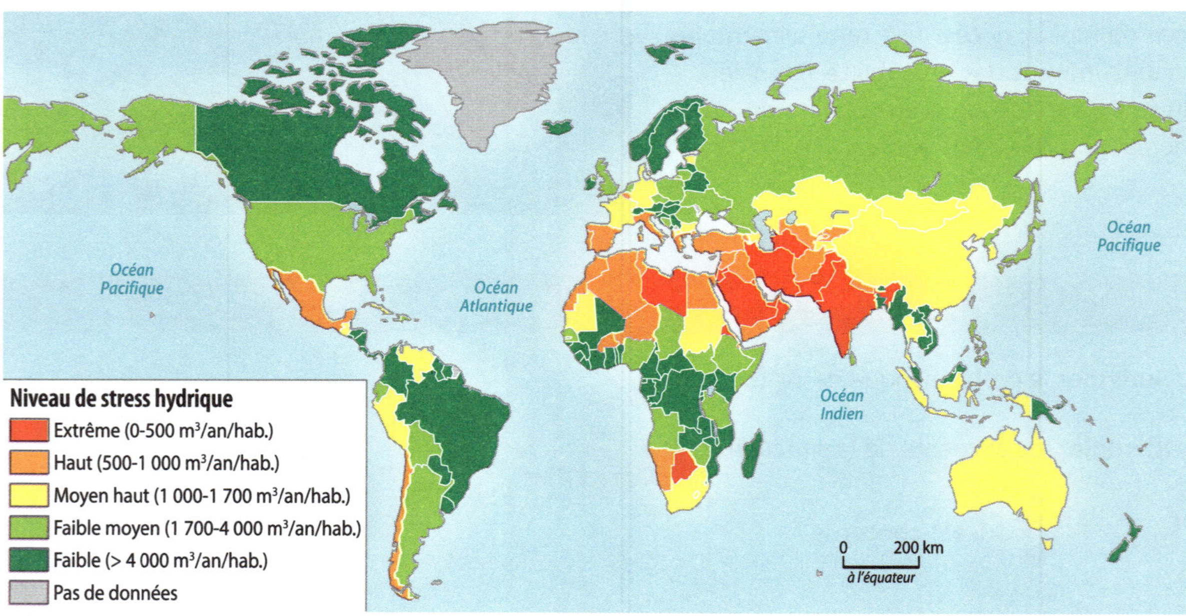


**3** **Indiquer**, à l'aide de vos connaissances et de la vidéo ci-contre, trois causes du stress hydrique.

...............................................

...............................................

...............................................

**Vidéo**
**Un quart de la population mondiale manque d'eau (2'00)**
lienmini.fr/4607-b402

**4** **Citer**, à l'aide du DOC. 2, deux zones géographiques ayant un niveau élevé de stress hydrique.

...............................................

## ACTIVITÉ 2 Le traitement de l'eau

**Objectifs : expliquer l'intérêt de traiter l'eau pour sa consommation, expliquer l'intérêt d'assainir l'eau avant son rejet dans l'environnement.**

### DOC. 3 L'accès à l'eau sûre dans le monde

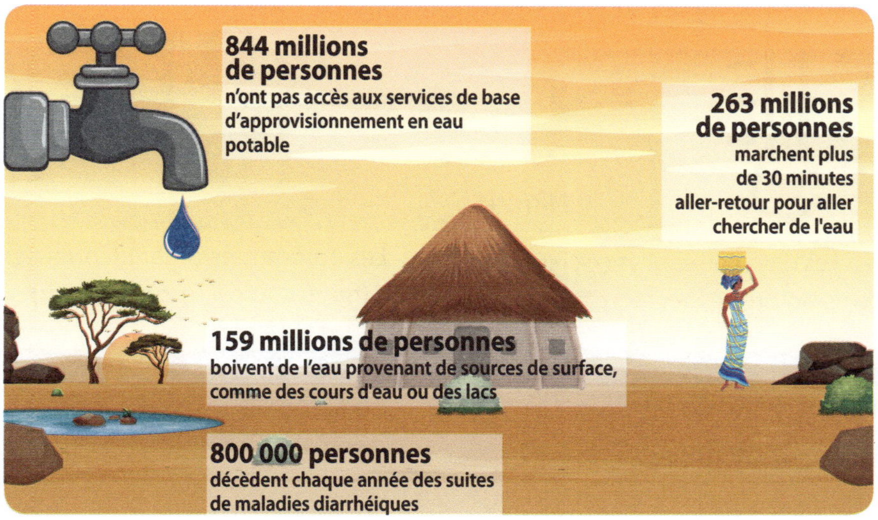


**Vidéo**
Eau potable : un défi mondial à l'horizon 2030 (1'35)
lienmini.fr/4607-b403

**1** **Justifier**, à l'aide du **DOC. 3**, un intérêt d'avoir accès à une eau traitée pour sa consommation quotidienne.

...........................................................................................................

...........................................................................................................

### DOC. 4 Le circuit urbain de l'eau

L'eau, prélevée dans la nature, est acheminée dans une station de potabilisation qui rend l'eau potable. Cette eau est ensuite transportée vers les logements et les industries. Une fois utilisée, cette eau chargée en pollution est appelée eau usée. Elle passe dans une station d'épuration (traitement des eaux usées) avant de rejoindre le milieu naturel.

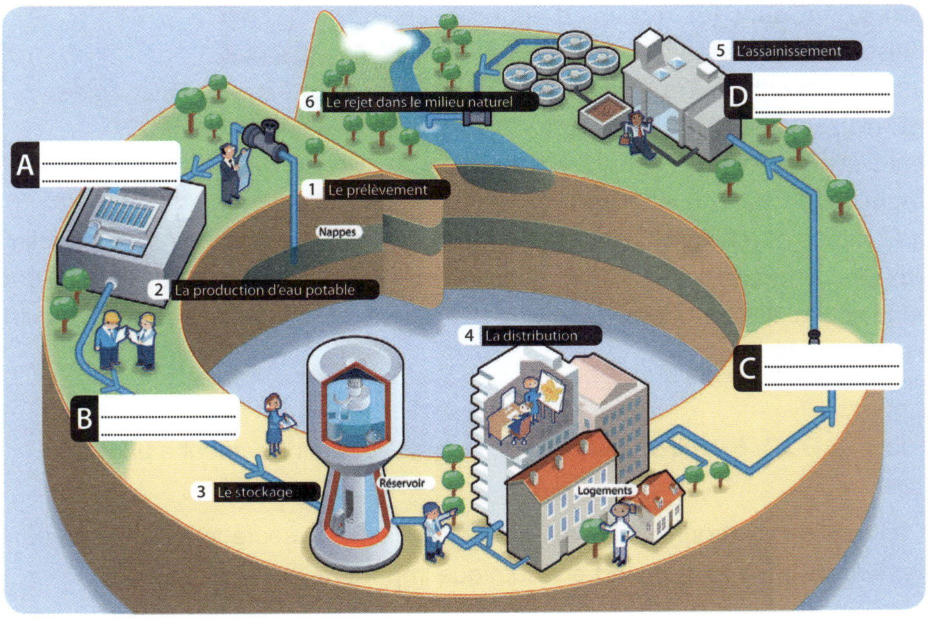


**2** **Compléter** l'illustration du **DOC. 4** avec les termes soulignés dans le texte.

## DOC. 5 La potabilité de l'eau

Une eau potable peut être bue sans danger pour l'organisme. C'est l'aliment le plus contrôlé en France, 70 critères permettent de définir une eau potable. Ainsi, certains paramètres d'analyse ne doivent pas dépasser un certain seuil (limite de qualité), autrement l'eau sera déclarée non potable et donc impropre à la consommation humaine.

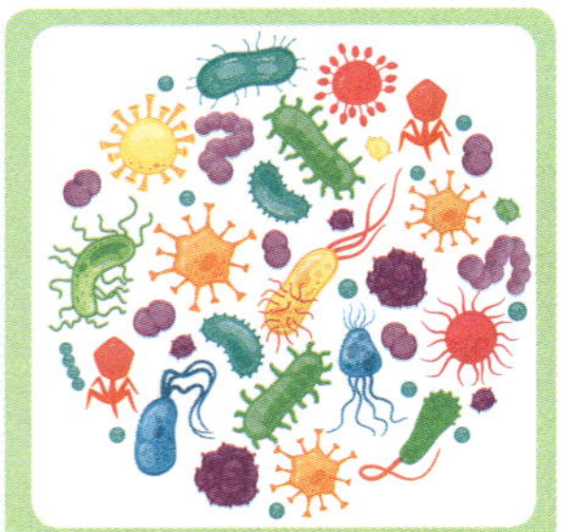
Les paramètres microbiologiques

Les paramètres physico-chimiques (température, tenneur en plomb, nitrate…)

Les paramètres organoleptiques (goût, couleur, aspect, odeur)

| Paramètre | Valeur | Limite de qualité |
|---|---|---|
| **1.** Entérocoques/100 mL-MS | 95 n/100 mL | ≤ 0 n/100 mL |
| **2.** Escherichia coli/100 mL-MF | 55 n/100 mL | ≤ 0 n/100 mL |
| **3.** Odeur (qualitatif) | 0 | |
| **4.** Saveur (qualitatif) | 0 | |
| **5.** Température de l'eau | 14,4 °C | |
| **6.** pH | 7,30 unité pH | |

**3** **Entourer** dans l'extrait d'une analyse d'eau du **DOC. 5**:
- en vert les paramètres organoleptiques;
- en rouge les paramètres microbiologiques;
- en bleu les paramètres physico-chimiques.

**4** **Expliquer** pourquoi cette eau d'alimentation n'est pas potable.

..........................................................................................

## DOC. 6 L'assainissement : quels bénéfices ?

La dépollution se fait dans les stations d'épuration. Celles-ci réduisent entre autres les rejets en micro-organismes et en polluants divers (savons, détergents, médicaments, micropolluants…). L'impact sanitaire, environnemental et économique est positif. Par exemple, l'assainissement réduit la teneur de certains germes provoquant des maladies (choléra, diarrhée…). L'OMS estime que l'absence d'assainissement dans de trop nombreux pays entraîne des centaines de milliers de décès dans le monde chaque année. Ainsi, la biodiversité et la qualité des ressources du sol et de l'eau sont préservées, ce qui favorise aussi le tourisme, l'agriculture et l'industrie.

**Vidéo**
**La collecte et le traitement des eaux usées (2'14)**
lienmini.fr/4607-b404

**5** **Surligner** dans le **DOC. 6** les trois niveaux sur lesquels l'assainissement a un effet.

**6** **Proposer**, à l'aide de vos connaissances, un exemple dans le secteur du tourisme où l'assainissement de l'eau a un impact économique important.

..........................................................................................

..........................................................................................

# ACTIVITÉ 3 La consommation d'eau

**Objectif : analyser la consommation en eau d'un ménage.**

## DOC. 7 La consommation directe de l'eau

Le prix moyen de l'eau est d'environ 4,2 €/m$^3$ (1 m$^3$ = 1 000 litres). Ce prix correspond à la potabilisation, à l'acheminement dans les logements et à l'assainissement par les stations d'épuration des eaux usées.

Au niveau des ménages, chaque Français consomme directement 143 L d'eau potable par jour. Seulement 1 % de cette eau est utilisé pour la boisson.

**Répartition de la consommation d'eau par poste**

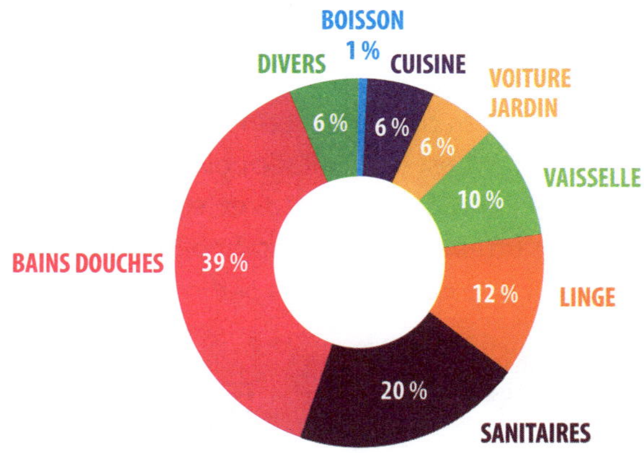


**1** **Relever**, dans le DOC. 7, la consommation quotidienne moyenne d'un Français en eau.

........................................................................................................................

**2** **Indiquer**, à l'aide du DOC. 7, le poste le plus consommateur d'eau au niveau des ménages.

........................................................................................................................

**3** **Calculer**, à l'aide du DOC. 7 et de vos connaissances, la quantité d'eau utilisée pour les sanitaires chaque jour par une personne.

........................................................................................................................

**4** **Citer** un poste de consommation d'eau variant grandement d'une famille à une autre. **Justifier** par un exemple concret.

........................................................................................................................

........................................................................................................................

## DOC. 8 Les écarts de consommation d'eau

Selon l'OMS, chaque personne a besoin, chaque jour, de 20 à 50 litres d'eau potable pour boire et satisfaire ses besoins d'hygiène.

**Canada**
250 litres par jour

**France**
143 litres par jour

**Sénégal**
50 litres par jour

**5** **Proposer**, à l'aide de vos connaissances et du DOC. 8, deux explications relatives à la différence de consommation d'eau au quotidien entre ces pays.

........................................................................................................................

........................................................................................................................

## DOC. 9 La consommation indirecte de l'eau : l'empreinte eau

La consommation personnelle d'eau comprend une consommation d'eau directe (boisson, toilette…) et une consommation indirecte.

Cette consommation indirecte est liée à l'empreinte eau. En effet, chaque produit ou service utilisé a nécessité une certaine quantité d'eau dans sa conception et/ou son usage. L'empreinte eau est ainsi utilisée pour calculer notre consommation totale (directe et indirecte). Elle atteint 1 875 m³/an/habitant en France, soit plus de 5 000 litres par jour.

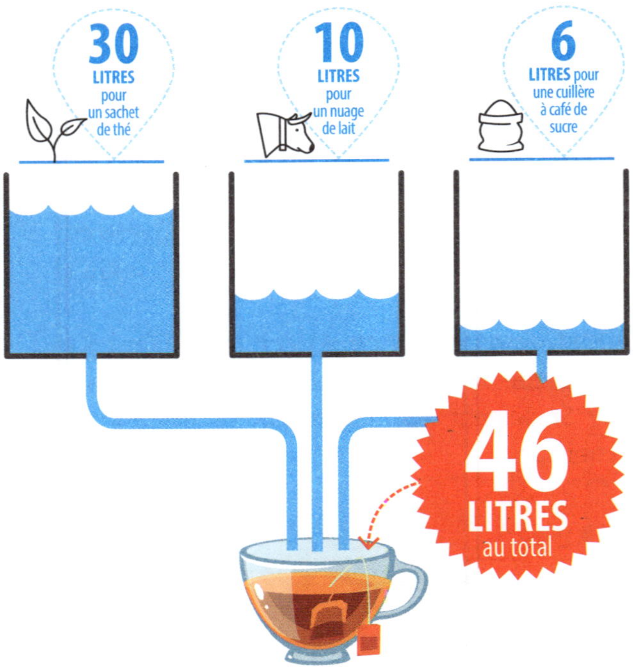


**Vidéo**
**Connaissez-vous votre empreinte en eau ? (0'54)**
lienmini.fr/4607-b405

## DOC. 10 L'empreinte eau de certains produits

| 1 jean | 1 voiture | 1 smartphone |
|---|---|---|
|  |  |  |
| 11 000 litres | 30 000 litres | 12 000 litres |

À l'aide des DOC. 9 et 10 et de vos connaissances :

**6** **Cocher** pour chaque affirmation suivante la bonne réponse.

| Affirmation | Vrai | Faux |
|---|---|---|
| 1. La consommation directe en eau est plus importante que la consommation indirecte en eau. | ☐ | ☐ |
| 2. L'empreinte eau d'un produit calcule le volume total d'eau utilisé pour produire, transporter et utiliser un produit jusqu'à son élimination. | ☐ | ☐ |
| 3. Un même type de produit peut avoir une empreinte eau différente en fonction de son mode de production (par exemple un jean). | ☐ | ☐ |

**7** **Proposer** une étape qui a nécessité de l'eau dans la fabrication d'un smartphone.

……………………………………………………………………………………………

**8** **Expliquer** comment notre comportement de consommateur peut réduire notre empreinte en eau.

……………………………………………………………………………………………

……………………………………………………………………………………………

# ACTIVITÉ 4 Les mesures pour préserver l'eau

**Objectif : citer des mesures permettant de préserver l'eau.**

## DOC. 11 Les mesures individuelles pour préserver la ressource en eau

Préserver la ressource en eau, c'est adopter des **mesures individuelles** pour réduire la consommation mais aussi pour limiter la pollution au quotidien.

**Vidéo**
**Économisons l'eau (2'27)**
lienmini.fr/4607-b406

| | | | |
|---|---|---|---|
|  | ☐ a) ..................... |  | ☐ b) ..................... |
| 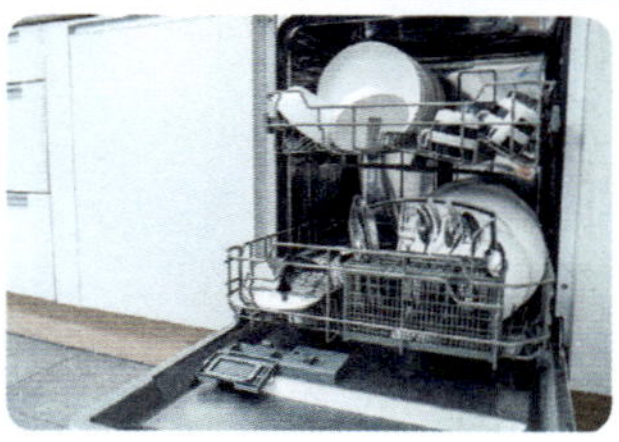 | ☐ c) ..................... |  | ☐ d) ..................... |
|  | ☐ e) ..................... |  | ☐ f) ..................... |
|  | ☐ g) ..................... |  | ☐ h) ..................... |
|  | ☐ i) L'empreinte eau de nos produits est importante, j'en ai conscience et je choisis en conséquence. | EU Ecolabel www.ecolabel.eu | ☐ j) Acheter un produit certifié « éco label » réduit l'impact de celui-ci sur l'environnement tout au long de son cycle de vie. |

À l'aide de vos connaissances et de la vidéo du **DOC. 11** :

**1** **Indiquer**, pour chaque illustration du **DOC. 11**, les gestes écocitoyens préservant l'eau.

**2** **Cocher** dans le **DOC. 11** les gestes qui préservent la ressource en eau en réduisant notre pollution.

## DOC. 12 Les mesures collectives pour préserver la ressource en eau

L'activité humaine (secteurs industriel, agricole et domestique) a un impact important sur la qualité et la quantité de l'eau.
Au niveau national, la loi sur l'eau et les milieux aquatiques (LEMA) doit permettre de garantir une eau de qualité aux consommateurs, d'économiser et de mieux partager l'eau, et de préserver les rivières et les milieux humides contre la pollution et leur assèchement.
Cette loi, basée sur le principe de « pollueur-payeur », implique que toute activité ou personne qui utilise de l'eau et qui la pollue doit payer une taxe qui permettra, entre autres, de la dépolluer. Cette taxe est présente sur la facture d'eau des ménages ; elle permet de financer les stations d'épuration qui dépolluent l'eau utilisée.

À partir du **DOC. 12** et de vos connaissances :

**3** **Proposer** pour chaque secteur cité un exemple de polluant de l'eau :

– Agricole : ..........

– Industriel : ..........

– Domestique : ..........

**4** **Surligner** le principe sur lequel repose la loi sur l'eau et les milieux aquatiques.

## DOC. 13 La restriction d'eau : une mesure pour gérer la ressource eau

Le préfet peut prendre une série de mesures collectives qui touchent les particuliers, les entreprises ou les communes afin de limiter l'utilisation d'eau en cas de sécheresse.

**5** **Indiquer** sous chaque illustration du **DOC. 13** la mesure que peut prendre un préfet pour gérer la ressource en eau en cas de sécheresse.

## PROPOSER DES SOLUTIONS

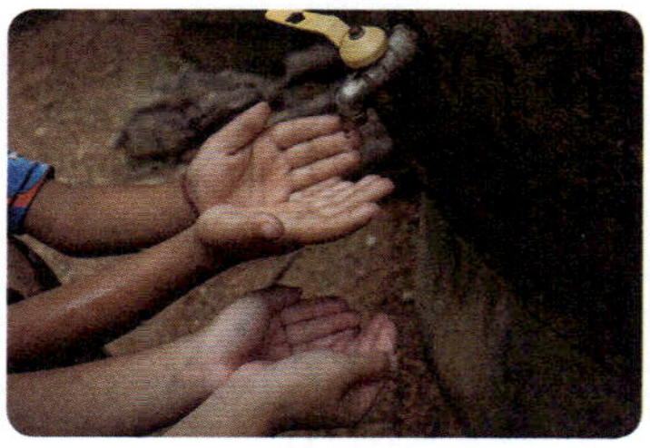

**1** **Proposer** une mesure individuelle permettant de réduire la pression sur les ressources mondiales en eau.

..........

**2** **Indiquer** une mesure collective à l'échelle planétaire qui pourrait réduire la pollution des eaux de surface (rivières, lacs) due à des rejets d'eau polluée.

..........

..........

## Activité de synthèse

**NOTIONS CLÉS ASSOCIÉES ET MOTS-CLÉS**

- Circuit urbain de l'eau
- Consommation directe
- Consommation indirecte
- Dépollution
- Eau douce
- Eau potable
- Eau salée
- Eau usée
- Empreinte eau
- Épuration
- Mesure collective
- Mesure individuelle
- Pénurie
- Pollution
- Stress hydrique

**Compléter le texte avec les notions clés ou les mots-clés ci-dessus.**

### Les ressources en eau

L'.................... représente 97 % de l'eau sur Terre, le reste étant de l'...................... , stockée en majeure partie sous forme de glace. La répartition de l'eau sur Terre est inégale et certains pays ont une demande en eau qui dépasse leur quantité disponible durant une certaine période : on parle alors de ........................... et, dans le pire des cas, de ................... lorsque le niveau d'eau disponible pour l'Homme est au plus bas.

### Le circuit urbain de l'eau

L'eau captée dans la nature va passer dans une usine de traitement qui la rendra propre à la consommation, c'est-à-dire sans risque pour la santé. Cette ........................... ne contient aucun micro-organisme ni aucune substance susceptible de provoquer des maladies. Une fois utilisée par les ménages ou les industries, cette eau est chargée en ................ : on parle d'...................... .
La ......................... des eaux usées s'effectuera dans une station d'...................... (station de traitement des eaux usées). Cette ultime étape du .............................................. aboutira au rejet d'une eau propre, mais non potable, dans le milieu naturel.

### La consommation en eau et les mesures de préservation

La .................................... en eau des Français est d'environ 143 L d'eau par jour pour les besoins quotidiens comme l'hygiène, la cuisine ou la boisson. La ........................................ est liée à l'........................... d'un produit, c'est-à-dire la quantité d'eau nécessaire pour fabriquer et utiliser le produit, ce qui permet de calculer la part indirecte d'eau que nous prélevons dans la nature.
La préservation de la ressource se fait au niveau de la qualité et de la quantité. La principale ........ ..................... est l'adoption de la loi sur l'eau et les milieux aquatiques basée sur le principe du pollueur-payeur.
Le citoyen peut lui aussi participer à la préservation de cette ressource en adoptant au moins une ........................................., comme prendre une douche au lieu d'un bain, réparer les fuites, fermer les robinets ou bien acheter des appareils économes en eau.

## L'essentiel en image

**Eau sur Terre**

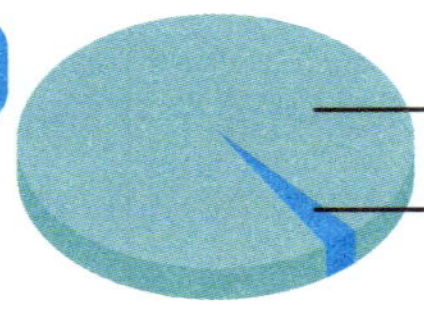


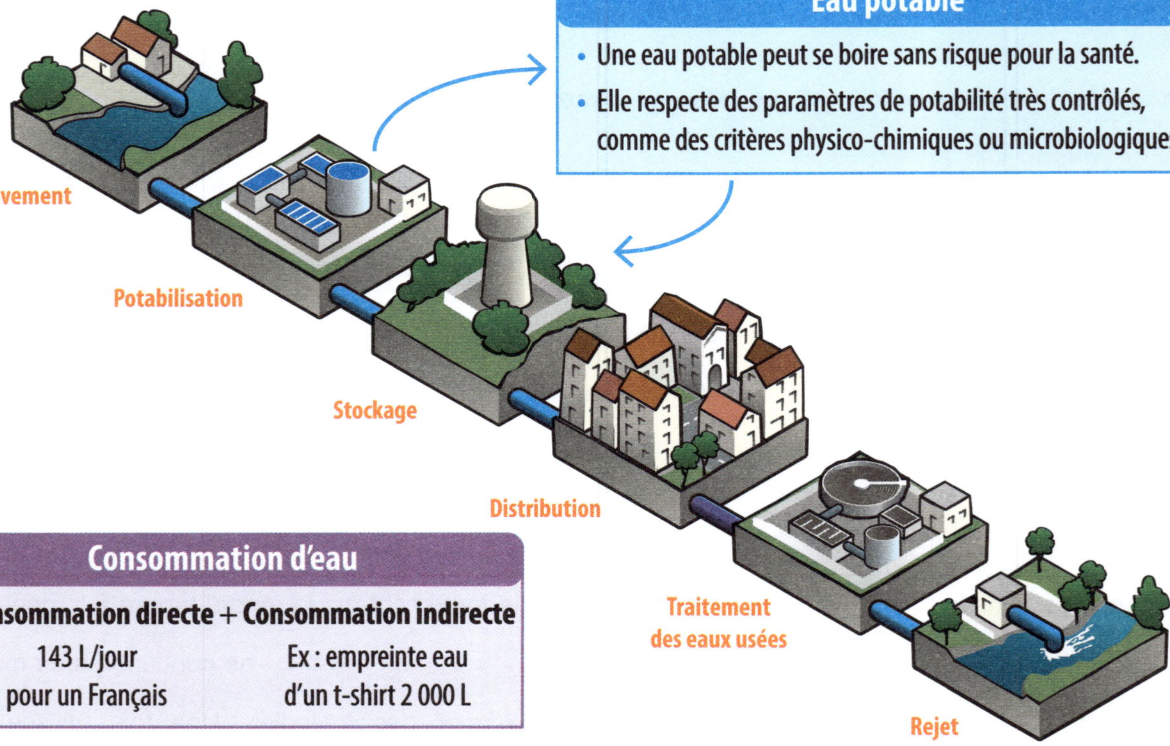


**Eau potable**

- Une eau potable peut se boire sans risque pour la santé.
- Elle respecte des paramètres de potabilité très contrôlés, comme des critères physico-chimiques ou microbiologiques.

**Consommation d'eau**

| Consommation directe | + | Consommation indirecte |
|---|---|---|
| 143 L/jour pour un Français | | Ex : empreinte eau d'un t-shirt 2 000 L |

- Augmentation de la population.
- Répartition inégale de l'eau sur Terre.
- Pollution d'origine humaine (domestique, agricole, industrielle).
- Mauvaise gestion de cette ressource vitale.

↓

**Pénurie en eau**

↓

**Pour préserver l'eau**

**Mesures collectives**

- Renforcer la loi sur l'eau basée sur le principe « pollueur-payeur ».
- Faire respecter les normes de qualité de l'eau.
- Dépolluer les eaux usées avant leur rejet dans le milieu naturel.

**Mesures individuelles**

- Réparer les fuites.
- Prendre une douche plutôt qu'un bain.
- Ne pas laisser couler l'eau.
- Utiliser l'eau de pluie.
- Réduire son empreinte eau.

**Exercices**

Tester ses connaissances en ligne

lienmini.fr/4607-b407

**Approfondir**

Vidéo : L'eau face à ses défis (3'33)

lienmini.fr/4607-b408

Nom ..........................................................................................

Prénom .................................. Date ........................

## SITUATION

Mourad (18 ans) et Jenny (17 ans) sont surpris du montant de la facture d'eau qu'ils ont reçue. Ils découvrent également qu'ils paient des taxes pour le traitement des eaux usées. Pour Jenny, ce n'est pas si étonnant que cela car il y a une fuite aux toilettes et leur lave-linge ancien consomme beaucoup d'eau. Elle rappelle aussi à Mourad qu'il se rase sans fermer le robinet, qui d'ailleurs n'a pas d'économiseur d'eau. De plus, il lui arrive souvent de prendre de longues douches en utilisant la moitié du gel douche… Mourad ne comprend pas trop car ils consomment de l'eau en bouteille pour les repas, craignant que l'eau du robinet ne soit pas potable, donc la facture devrait être moins importante. Le couple doit trouver des solutions afin de réduire sa consommation d'eau et préserver la ressource.

## ANALYSER LA SITUATION

**1** **Surligner** la problématique de cette situation. ..... /2 pts

**2** **Compléter** le diagramme « causes-effet » avec les éléments soulignés dans la situation. ..... /2,5 pts

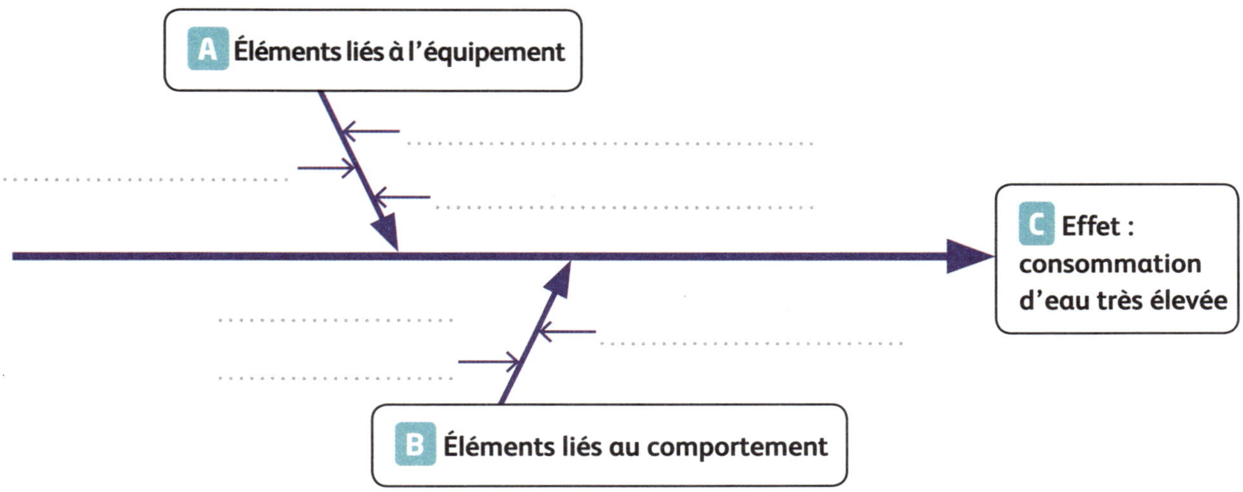


## MOBILISER DES CONNAISSANCES UTILES

**3** **Cocher** pour chaque affirmation suivante la bonne réponse. ..... /2,5 pts

| | Vrai | Faux |
|---|---|---|
| **1.** Le poste bains/douches est le plus consommateur en eau dans une maison. | ☐ | ☐ |
| **2.** Une eau potable peut être bue sans danger pour l'organisme. | ☐ | ☐ |
| **3.** Un Français consomme en moyenne 250 litres d'eau par jour. | ☐ | ☐ |
| **4.** L'empreinte eau d'un produit concerne uniquement les aliments. | ☐ | ☐ |
| **5.** Une station d'épuration, c'est la même chose qu'une usine de potabilisation de l'eau. | ☐ | ☐ |

**4** **Justifier** l'intérêt d'assainir l'eau avant son rejet dans le milieu naturel. ..... /2 pts

..........................................................................................

..........................................................................................

## DOC. 1 Le circuit urbain de l'eau

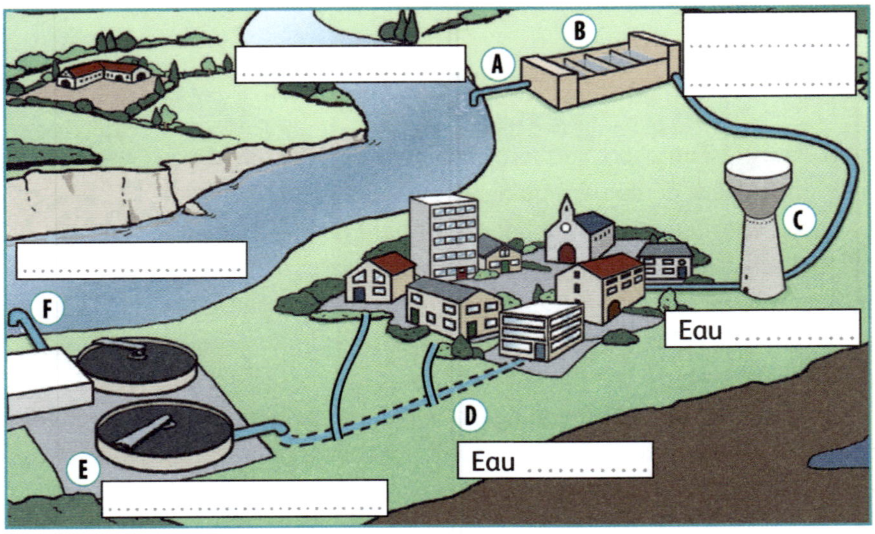


**5** **Replacer** sur le **DOC. 1** les étapes du circuit urbain de l'eau. ...../3 pts

## DOC. 2 Eau potable du robinet ou eau en bouteille ?

En 2019, l'OMS estime que les niveaux actuels de microplastiques présents dans l'eau potable ne provoquent pas encore de danger pour la santé, mais les experts restent prudents.

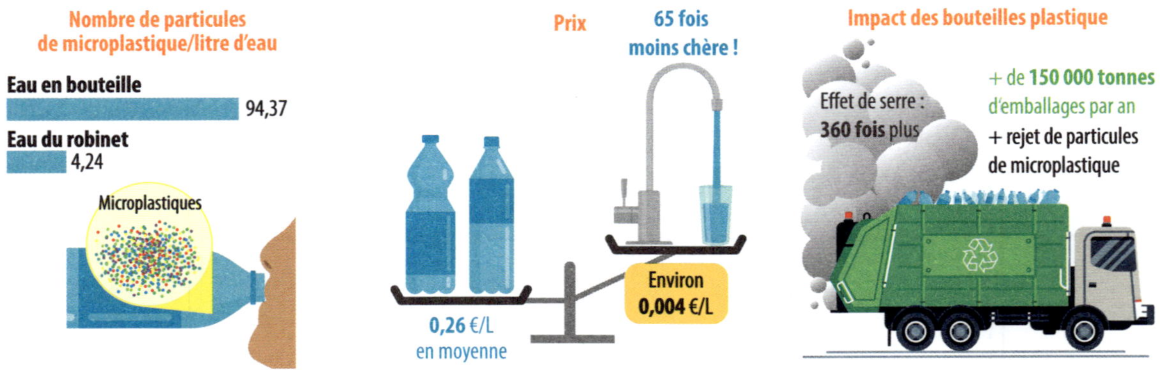


**6** **Expliquer**, à l'aide du **DOC. 2**, pourquoi l'eau potable du robinet est à privilégier par rapport à l'eau en bouteille (deux justifications attendues). ...../2 pts

........................................................................................................

........................................................................................................

## PROPOSER DES SOLUTIONS

**7** **Proposer** quatre conseils à Mourad et Jenny afin de réduire leur consommation d'eau. ...../4 pts

........................................................................................................

........................................................................................................

**8** **Proposer** deux conseils à Mourad et Jenny afin de réduire leur pollution au niveau de l'eau. ...../2 pts

........................................................................................................

........................................................................................................

Module
# C.3

# Les acteurs de prévention

**FINALITÉ** Identifier les missions des acteurs de prévention dans l'entreprise.

**Pour introduire le module**

**La sécurité et la santé au cœur des préoccupations sur l'avenir du travail (3'15)**

lienmini.fr/4607-c301

## SYSTÈME

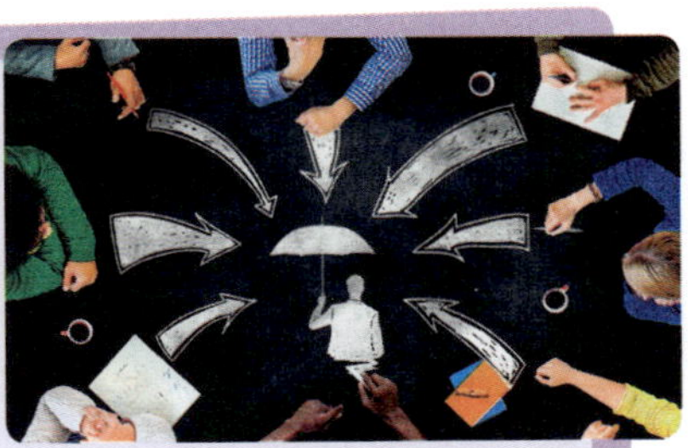

La prévention des risques professionnels est un système qui a pour finalité d'assurer la santé et la sécurité au travail. Il est régi par le Code du travail qui précise le cadre de la prévention au sein de l'entreprise. Il précise notamment les missions de deux catégories d'acteurs, les acteurs internes et les acteurs externes à l'entreprise, qui interviennent en étroite collaboration.

Dans l'entreprise sont concernés en premier lieu l'employeur, qui a une obligation générale de sécurité (obligation de résultats), le salarié compétent, le comité social et économique (CSE), les sauveteurs secouristes du travail (SST), sans oublier chaque salarié, qui est aussi responsable de sa sécurité.

Les instances externes sont essentiellement l'inspection du travail, les services de santé au travail interentreprises et la CARSAT.

Les retours des différents acteurs permettent l'évolution du cadre juridique pour améliorer le dispositif.

## ANALYSER LE SYSTÈME

**1** **Surligner** dans le texte ci-dessus la finalité du système.

**2** **Compléter** le schéma du système ci-dessous en y inscrivant les éléments soulignés.

**Cadre juridique de la prévention (Code du travail)**
Organisation de la mise en œuvre de la prévention

**ACTEURS DE PRÉVENTION INTERNES À L'ENTREPRISE**

→ ..............................

→ ..............................

→ ..............................

→ ..............................

→ ..............................

**PRÉVENTION DES RISQUES PROFESSIONNELS**

↓

Santé et sécurité au travail

**ACTEURS DE PRÉVENTION EXTERNES À L'ENTREPRISE**

→ ..............................

→ ..............................

..............................

→ ..............................

# MOBILISER LES CONNAISSANCES UTILES

## ACTIVITÉ 1 Les acteurs de prévention internes à l'entreprise

**Objectif : identifier les rôles des acteurs internes de prévention.**

### DOC. 1 Composition et missions du comité social et économique (CSE)

Le CSE, instance obligatoire dans les entreprises à partir de 11 salariés, se réunit au moins six fois par an. Les décisions sont prises à la majorité des membres présents.
Les missions varient selon la taille de l'entreprise : à partir de 50 salariés, le CSE doit gérer les subventions liées aux activités sociales et culturelles.

** nombre variable selon la taille de l'entreprise*
*** Ils sont élus pour quatre ans et bénéficient d'un crédit d'heures pour assurer leur mission.*

| MISSIONS DU CSE POUR LES ENTREPRISES DE 50 SALARIÉS ET PLUS | | | |
|---|---|---|---|
| **EXPRESSION COLLECTIVE** Les membres élus représentent les intérêts des salariés. | **DROIT D'ALERTE** Il en dispose en cas d'atteinte aux droits ou à la santé, de danger grave et imminent. | **ORGANISATION DE L'ENTREPRISE** Il est informé des mesures concernant l'entreprise. | **PARTICIPATION AU CONSEIL D'ADMINISTRATION** Deux membres du CSE participent au conseil d'administration avec voix consultatives. |
| **SANTÉ ET SÉCURITÉ** Le CSE participe à la mise en œuvre de l'hygiène et de la sécurité dans l'entreprise. | **CONSULTATION DU CSE** Il est consulté sur les décisions concernant les orientations de l'entreprise. | **INSPECTION DU TRAVAIL** Le CSE est informé de sa présence dans l'entreprise. | |

### DOC. 2 Le salarié compétent

L'employeur doit nommer au moins un salarié « compétent pour s'occuper des activités de protection et de prévention des risques professionnels de l'entreprise », quelles que soient sa taille et son activité (article L.4644-1 du Code du travail). Ce personnel est un technicien, un ingénieur-sécurité ou un salarié ayant reçu une formation. En l'absence de personnel apte à assurer cette fonction, il peut faire appel à un intervenant des services de santé au travail.
Le salarié compétent assiste l'employeur dans la mise en place de la politique de santé-sécurité au travail sans toutefois l'exonérer de sa responsabilité de sécurité vis-à-vis de ses salariés.

### DOC. 3 Le sauveteur secouriste du travail

Le Code du travail (article R4224-15) rend obligatoire la présence de secouristes dans chaque atelier où sont effectués des travaux dangereux, dans chaque chantier occupant 20 personnes au moins pendant plus de 15 jours, où sont effectués des travaux dangereux…
Le SST connaît son atelier et les risques qui lui sont propres. Il a un rôle essentiel dans la prévention, notamment en faisant remonter des observations (état du matériel par exemple) à l'encadrement et aux instances chargées de la prévention.

SAUVETEUR SECOURISTE DU TRAVAIL

**Vidéo**
**Sauveteur-secouriste du travail. Parole de professionnel (1'50)**
lienmini.fr/4607-c302

**1** **Relier**, à l'aide des DOC. 1, 2 et 3, chaque acteur à sa mission au niveau de la prévention des risques professionnels.

| | |
|---|---|
| **A** Salarié compétent • | • **1** Instance consultée mais étant aussi force de proposition sur tout ce qui concerne la vie et l'évolution de l'entreprise ; veille à la santé et à la sécurité des travailleurs. |
| **B** Sauveteur secouriste du travail (SST) • | • **2** Met en œuvre la sécurité dans l'entreprise sur délégation de l'employeur qui en reste responsable. |
| **C** Comité social et économique (CSE) • | • **3** Assure la protection, donne l'alerte et réalise les gestes d'urgence en cas d'accident ; alerte sur les dangers observés dans son atelier et propose des mesures de prévention. |

**2** **Cocher**, pour chaque situation ci-dessous, à l'aide des DOC. 1, 2 et 3, le (ou les) acteur(s) de prévention le(s) plus approprié(s) pour y répondre.

| Situations | Salarié compétent | CSE | Sauveteur secouriste du travail (SST) |
|---|---|---|---|
| **1.** Un cuisinier s'est entaillé la main en découpant un rôti. | ☐ | ☐ | ☐ |
| **2.** Brad vient de créer son entreprise de huit salariés ; il doit organiser et mettre en place la sécurité dans ses locaux. | ☐ | ☐ | ☐ |
| **3.** Le niveau sonore de l'atelier dépasse 85 dB(A) depuis l'installation d'une nouvelle machine. | ☐ | ☐ | ☐ |
| **4.** Il faut réaliser une enquête suite à un accident du travail. | ☐ | ☐ | ☐ |
| **5.** Proposer l'installation de douches supplémentaires. | ☐ | ☐ | ☐ |
| **6.** Donner un avis sur l'aménagement des nouveaux horaires de travail durant la canicule. | ☐ | ☐ | ☐ |
| **7.** Évaluer les résultats de la politique sécurité de l'entreprise et proposer des actions correctives. | ☐ | ☐ | ☐ |
| **8.** S'assurer que le défibrillateur est en état de marche. | ☐ | ☐ | ☐ |

WWW **3** **Rechercher**, à l'aide du site ci-contre, les conditions pour voter aux élections des représentants du personnel au CSE ou pour y être candidat.

@ Site
**Service public**
lienmini.fr/4607-c303

.......................................................................................................

.......................................................................................................

.......................................................................................................

# ACTIVITÉ 2 Les acteurs de prévention externes à l'entreprise

**Objectif : identifier les missions des organismes de prévention externes à l'entreprise.**

## DOC. 4 Les missions de l'inspection du travail

L'inspection du travail dépend du ministère du Travail. Elle assure trois grandes missions indissociables visant à garantir la protection des salariés et le respect du droit du travail :

❶ **Le contrôle** de l'application de la législation dans tous ses aspects : santé et sécurité, durée du travail, travail illégal… Elle participe à la prévention des risques professionnels et réalise des enquêtes sur certains accidents et maladies professionnels.

❷ **Le conseil et l'information** des employeurs, des salariés et des représentants du personnel sur leurs droits et leurs obligations.

❸ **L'évolution de la réglementation** en signalant à la direction générale du travail les difficultés d'application ou les éventuelles insuffisances des textes légaux.

***Remarques :*** *l'inspecteur du travail peut pénétrer dans les entreprises pour enquêter sans avertissement préalable. Suite à un contrôle, il peut faire des observations, une mise en demeure de se conformer à la réglementation, faire stopper l'activité de l'entreprise en cas de risque grave.*
*Tout salarié peut solliciter l'inspection du travail.*

À partir du **DOC. 4** et de la vidéo ci-contre :

**Vidéo**
**Inspection du travail : signaler un abus (2'32)**
lienmini.fr/4607-c304

**1** **Surligner**, dans le nuage de mots du **DOC. 4**, les mots-clés indiquant des champs d'action de l'inspecteur du travail dans la prévention des risques professionnels.

**2** **Indiquer** si les affirmations suivantes sont vraies ou fausses en cochant la bonne colonne.

| Affirmations | Vrai | Faux |
|---|---|---|
| **1.** L'inspecteur du travail (IT) a pour fonction de garantir la protection des salariés et le respect du droit du travail. | ☐ | ☐ |
| **2.** L'IT doit demander l'autorisation à l'entreprise avant d'y pénétrer. | ☐ | ☐ |
| **3.** L'IT ne fait que des contrôles et ne participe pas à la prévention des risques professionnels. | ☐ | ☐ |
| **4.** L'IT a une mission de conseil et d'information des employeurs. | ☐ | ☐ |
| **5.** L'IT peut être sollicité par les personnels élus au CSE. | ☐ | ☐ |
| **6.** L'IT réalise des enquêtes suite à des accidents du travail et maladies professionnelles. | ☐ | ☐ |
| **7.** L'IT ne peut pas faire de rappel à l'ordre en cas de manquement grave au Code du travail. | ☐ | ☐ |
| **8.** L'IT peut faire stopper l'activité d'une entreprise en cas de risques graves. | ☐ | ☐ |

## DOC. 5 Extrait d'une plaquette de service de santé au travail interentreprises (SSTI)

Les missions de prévention des risques professionnels et le suivi de la santé des salariés sont assurés notamment par le SSTI et leurs équipes pluridisciplinaires animées et coordonnées par le médecin du travail. Les grosses entreprises ont leur propre service de santé au travail, que l'on peut alors considérer comme un acteur de prévention interne.

### Les missions SSTI au service d'une stratégie globale de prévention

– Actions en entreprise

– Conseils aux employeurs et salariés

– Suivi individuel de l'état de santé des salariés

– Traçabilité des expositions professionnelles et veille sanitaire

→ Éviter toute altération de la santé du fait du travail (article L.4622.2 du Code du travail).

→ CONSEILS
**aux employeurs et aux salariés**

**UNE DÉMARCHE GLOBALE DE PRÉVENTION EN VUE DE CONSEILLER SUR :**

– **l'aménagement et la conception** de postes de travail

– **l'organisation** du travail

– **l'hygiène, la sécurité et l'organisation** des secours dans l'entreprise

– **l'éducation sanitaire** (alcool, tabac, hygiène, alimentation...)

– **les équipements** de protection collective

– **les équipements** de protection individuelle

Les équipes pluridisciplinaires de Santé au Travail 72 sont tenues au secret professionnel.

À partir du DOC. 5 et de la vidéo ci-contre :

**Vidéo**
Les missions du service de santé au travail (3'08)
lienmini.fr/4607-c305

**3** **Indiquer** la fonction du service de santé au travail d'après le Code du travail.

.................................................................................................

**4** **Préciser** qui coordonne l'équipe pluridisciplinaire du SSTI.

.................................................................................................

**5** **Relever** les deux missions de prévention des risques professionnels. **Indiquer** deux membres de l'équipe pluridisciplinaire plus particulièrement concernés.

.................................................................................................

.................................................................................................

**6** **Entourer** dans le DOC. 5 les domaines sur lesquels peuvent porter les conseils et l'accompagnement dans la mise en œuvre de la prévention des risques professionnels.

**7** **Relever** les deux missions concernant le suivi de la santé des travailleurs. **Indiquer** trois membres de l'équipe pluridisciplinaire plus particulièrement concernés.

.................................................................................................

.................................................................................................

## DOC. 6 Les CARSAT (caisses d'assurance retraite et de la santé au travail)

La CARSAT est l'antenne régionale de la branche AT/MP de la Sécurité sociale. Elle a pour mission de participer à la prévention des risques professionnels et de tarifer les entreprises (taux des assurances AT/MP), l'indemnisation des victimes restant du niveau national.
Pour cela, la CARSAT dispose de trois types de moyens :

| Moyens techniques | Moyens règlementaires | Moyens incitatifs |
|---|---|---|
| Les techniciens en prévention peuvent pénétrer dans les entreprises, effectuer des enquêtes en cas d'AT ou de MP, des études techniques et des actions de formation pour l'employeur et les salariés. | Les CARSAT peuvent inviter l'employeur à prendre des mesures de prévention, faire adopter des dispositions applicables à l'ensemble des employeurs exerçant une même activité. | En cas de risques graves ou de carences au niveau de la sécurité, les CARSAT peuvent augmenter les cotisations ou, inversement, les diminuer en cas d'efforts particuliers dans la prévention des risques professionnels. |

Remarque : les missions des CARSAT sont dévolues aux CRAM (caisses régionales d'assurance maladie) en Île-de-France, aux CGSS (caisses générales de Sécurité sociale) dans les départements d'outre-mer et aux CSS (caisses de Sécurité sociale) à Mayotte.

À partir du DOC. 6 et de la vidéo ci-contre :

**Vidéo**
Les missions de l'assurance maladie risques professionnels (3'02)
lienmini.fr/4607-c306

**8** **Expliquer** comment les CARSAT participent à la prévention des risques professionnels dans l'entreprise.

.....................................................................................................

.....................................................................................................

**9** **Indiquer** comment les CARSAT incitent les entreprises à garantir la sécurité de leurs travailleurs.

.....................................................................................................

## SE SITUER DANS LE SYSTÈME

**Indiquer** des actions et des comportements permettant de s'inscrire dans le système de prévention des risques professionnels en salarié responsable et actif.

**1** Au niveau de son comportement au travail :

.....................................................................................................

.....................................................................................................

.....................................................................................................

**2** Dans la participation ou la contribution à certaines instances :

.....................................................................................................

.....................................................................................................

.....................................................................................................

.....................................................................................................

**3** Au niveau des premiers secours :

.....................................................................................................

## Activité de synthèse

**NOTIONS CLÉS ASSOCIÉES ET MOTS-CLÉS**

- CARSAT
- Comité social et économique
- Inspection du travail
- Salarié compétent
- Sauveteur secouriste du travail
- Service de santé au travail interentreprises

**Compléter le texte avec les notions clés ou mots-clés ci-dessus.**

### Santé et sécurité au travail

Chaque salarié se doit de veiller à sa sécurité et à celle des autres ; l'employeur a quant à lui une obligation générale de sécurité (obligation de résultats). Pour sa mise en œuvre, il est aidé et conseillé par des experts internes et externes à l'entreprise.

### Les acteurs de prévention internes à l'entreprise

L'employeur peut déléguer la mise en œuvre de la sécurité au .................................., qu'il se doit de nommer, même s'il reste seul responsable de la sécurité.

Le ...................................................... donne son avis sur l'ensemble des décisions concernant l'entreprise ainsi que sur le volet social et veille à la sécurité des conditions de travail. Chaque représentant du personnel au comité social et économique contribue à promouvoir la santé, la sécurité et les conditions de travail dans l'entreprise. Il peut être amené à réaliser des enquêtes en matière d'AT ou de MP.

Le ....................................................... assure la protection, l'alerte et les premiers secours en cas d'accident et apporte son expertise dans la prévention.

### Les acteurs de prévention externes à l'entreprise

Les ...................................................................... coordonnés par le médecin du travail apportent des conseils en matière de prévention à l'employeur et aux salariés et réalisent des actions concrètes dans l'entreprise (amélioration de l'ergonomie des postes de travail par exemple). Le médecin du travail et le personnel médical assurent le suivi médical des salariés.

L'.................................... veille au respect du Code du travail mais a aussi une mission de conseil et d'accompagnement en matière de sécurité ; elle a la possibilité de sanctionner en cas de non-respect de la réglementation.

La .........................., ou caisse d'assurance retraite et de la santé au travail, a aussi une mission d'accompagnement et de formation ; elle fixe le taux des cotisations AT/MP et peut, selon les efforts faits par les entreprises au niveau de la sécurité, les augmenter ou les diminuer.

## L'essentiel en image

### La prévention des risques professionnels est réglementée par le CODE DU TRAVAIL

**POUR SA MISE EN ŒUVRE**

**Accompagnement par des acteurs internes**

**Accompagnement par des acteurs externes**

**EMPLOYEUR**
Obligation de sécurité (résultats)

Délégation de la mise en œuvre de la sécurité

Sanction si non-respect de la réglementation

**Salarié compétent**

**SANTÉ ET SÉCURITÉ AU TRAVAIL**

**Inspection du travail**
- Contrôle
- Conseille
- Informe

Liberté • Égalité • Fraternité
RÉPUBLIQUE FRANÇAISE
Ministère du Travail

**SST**
- Premiers secours
- Identification des dangers
- Prévention

SAUVETEUR SECOURISTE DU TRAVAIL

**CARSAT Ou CGSS ou CRAM**
- Accompagnement
- Formation
- Fixe le taux des cotisations AT/MP

Carsat Retraite & Santé au travail

**CSE**
- Veille à l'hygiène et à la sécurité
- Représentants du personnel au CSE

**SALARIÉS**
Obligation de sécurité

**SSTI**
Médecin du travail
- Expertise sur la sécurité
- Suivi médical du salarié

**Exercices**
Tester ses connaissances en ligne
lienmini.fr/4607-c307

**Approfondir**
Vidéo : Découvrez nos 10 points essentiels à retenir sur le CSE (1'44)
lienmini.fr/4607-c308

Nom ..............................................................

Prénom ................................ Date ........................

**SITUATION**

Léa travaille pour les deux mois d'été dans l'entreprise X. Le chef d'atelier lui fait visiter les locaux, elle est impressionnée par le grand nombre de machines dangereuses présentes. Il lui assure que tout est fait pour garantir la sécurité des travailleurs. Ils croisent un technicien de l'équipe pluridisciplinaire du SSTI en train de prendre des mesures.

**1** **Indiquer** qui est responsable de la sécurité dans l'entreprise. ...../1 pt

..............................................................................................

**2** **Indiquer** la signification du sigle SSTI. ...../1 pt

..............................................................................................

**3** **Justifier** la présence du technicien de l'équipe pluridisciplinaire du SSTI dans les ateliers. ...../2 pts

..............................................................................................

..............................................................................................

..............................................................................................

**SITUATION (suite)**

Devant assister à une réunion du CSE, le chef d'atelier laisse Léa en compagnie du salarié compétent qu'il charge de lui expliquer les règles de sécurité en vigueur et les points de vigilance.

**4** **Indiquer** la signification du sigle CSE, puis indiquer à partir de combien de salariés cette instance doit être présente dans l'entreprise. ...../3 pts

..............................................................................................

..............................................................................................

**5** **Cocher** les missions du CSE. ...../3 pts

| | | |
|---|---|---|
| ☐ Recruter un nouveau personnel. | ☐ Donner un avis sur le changement des horaires de travail. | ☐ Gérer les activités sociales et culturelles (centres de loisirs…). |
| ☐ Mener une réflexion suite à un AT ou une MP. | ☐ Licencier un salarié ayant fait une faute professionnelle. | ☐ Assurer le suivi médical des salariés. |
| ☐ Promouvoir l'hygiène et la sécurité au sein de l'entreprise. | ☐ Faire des propositions sur l'organisation des ateliers. | ☐ Donner un avis sur de nouveaux équipements. |

## SITUATION (suite)

Le salarié compétent explique son rôle et indique à Léa être en train d'actualiser le DUERP (document unique d'évaluation des risques professionnels) de l'entreprise. Léa lui indique être très intéressée par tout ce qui touche à la sécurité et être titulaire de la certification de sauveteur secouriste du travail.

**6** **Indiquer** les missions du salarié compétent. ...... /2 pts

.............................................................................................................................................

.............................................................................................................................................

### DOC. 1 Cadre réglementaire du document unique d'évaluation des risques professionnels ou DUERP

L'article 4121-1 du Code du travail indique : « L'employeur transcrit et met à jour dans un document unique les résultats de l'évaluation des risques pour la santé et la sécurité des travailleurs à laquelle il procède… »
Cette évaluation conduit à faire un inventaire des dangers dans chaque unité de travail, à analyser les situations de travail à risque, à évaluer et hiérarchiser ces risques et à proposer des actions de prévention. Les résultats de l'évaluation des risques et le programme de prévention sont transcrits sur le DUERP.
Celui-ci est obligatoire pour les structures employant au moins un salarié et doit être mis à jour au moins une fois par an et lors de tout changement de situation, ou revu après chaque accident du travail. Tout établissement qui ne se soumet pas à cette réglementation est passible d'une amende.

**Extrait d'un document unique**

| 1. Définir les unités de travail | 2. Recenser les dangers associés | 3. Identifier les risques | 4. Indiquer le niveau d'importance des risques | 5. Actions préventives à mettre en place | 6. Planification (délai de réalisation) |
|---|---|---|---|---|---|
| Administration. | Disposition de l'ordinateur. | Fatigue visuelle. | En fonction de : - fréquence de l'apparition, - nombre de salariés concernés, - gravité des conséquences, etc… | Écran anti-reflet. Éclairage individuel. Nouvelle orientation ordinateur. Etc… | 2 mois |
| Stockage. | Manutention. Circulation. | Douleurs dorsales. Accidents. | | Rétroviseur, avertisseur sonore. Baisse du poids de la charge, formation sur les postures. Etc… | 12 mois |
| Atelier. | Poussières. | Incendie, explosion, maladies. | | Prévoir aspiration à la source. Changer régulièrement les filtres d'aspiration. Travaux d'aménagement… | 6 mois |

**7** **Proposer** à l'aide du **DOC. 1** une définition simple du DUERP et en **préciser** l'intérêt. ...... /4 pts

.............................................................................................................................................

.............................................................................................................................................

.............................................................................................................................................

.............................................................................................................................................

**8** **Indiquer** les deux missions de Léa en tant que titulaire du SST. ...... /2 pts

– ..........................................................................................................................................

– ..........................................................................................................................................

**9** **Nommer** deux autres instances intervenant dans la sécurité au niveau de l'entreprise. ...... /2 pts

.............................................................................................................................................

.............................................................................................................................................

# L'assistance et le secours en milieu professionnel

Module **C.4**

**FINALITÉ** Agir de manière responsable face à une situation d'urgence en milieu professionnel, conformément aux procédures en vigueur.

**Pour introduire le module**

**La prévention incendie, comment ça marche ? (2'13)**
lienmini.fr/4607-c401

## PROJET

L'entreprise Vamexo, spécialiste de l'assemblage de meubles, doit revoir ses procédures d'alerte et de secours afin de prendre en compte l'implantation d'un nouvel atelier de découpe tout en étant conforme au Code du travail.
L'entreprise utilisera ses anciens plans d'évacuation comme base de travail et demandera au seul sauveteur secouriste du travail (SST) de l'atelier de participer à la mise en place de la nouvelle signalisation. Le budget alloué pour cette action est de 5 000 €, ce qui est très peu au regard des enjeux de sécurité des salariés. Il faudra aussi libérer le SST durant le temps de travail afin qu'il participe aux réunions de projet. L'objectif est de mettre en place les nouvelles procédures dans trois semaines.

## ANALYSER LE PROJET

**1** **Définir** le projet de l'entreprise Vamexo.

...................................................................................................

**2** **Analyser** le projet.

| Obligation de l'entreprise | Contraintes | Ressources |
|---|---|---|
| ................................<br>................................ | ................................<br>................................ | ................................<br>................................ |

**3** **Recenser** les avantages et inconvénients des ressources.

| | |
|---|---|
| **Salarié SST** | ................................................................<br>................................................................ |
| **Anciennes procédures d'alerte et de secours** | ................................................................<br>................................................................ |

# MOBILISER LES CONNAISSANCES UTILES

## ACTIVITÉ 1 L'organisation de secours en milieu professionnel

**Objectif : présenter l'organisation des secours et des moyens d'alerte en milieu professionnel.**

### DOC. 1 Les consignes de sécurité incendie

Selon le Code du travail, il est obligatoire pour toutes les entreprises, quelle que soit leur taille, d'afficher les consignes de sécurité incendie (articles R4227-34 à R4227-38). Sur cet affichage doivent apparaître le nom des responsables du matériel de secours et des personnes chargées de l'évacuation. Le plan d'évacuation en cas d'incendie est visible dans les voies de circulation et doit être connu de tous les salariés. Les lieux de travail sont équipés d'un matériel de premiers secours adapté à la nature des risques et facilement accessible (article R4224-14 du Code du travail). En fonction de la situation, une alarme visuelle et/ou sonore doit permettre une évacuation des locaux ou une intervention des secours optimale.

### DOC. 2 Le plan d'évacuation et consignes de sécurité incendie de l'entreprise Vamexo

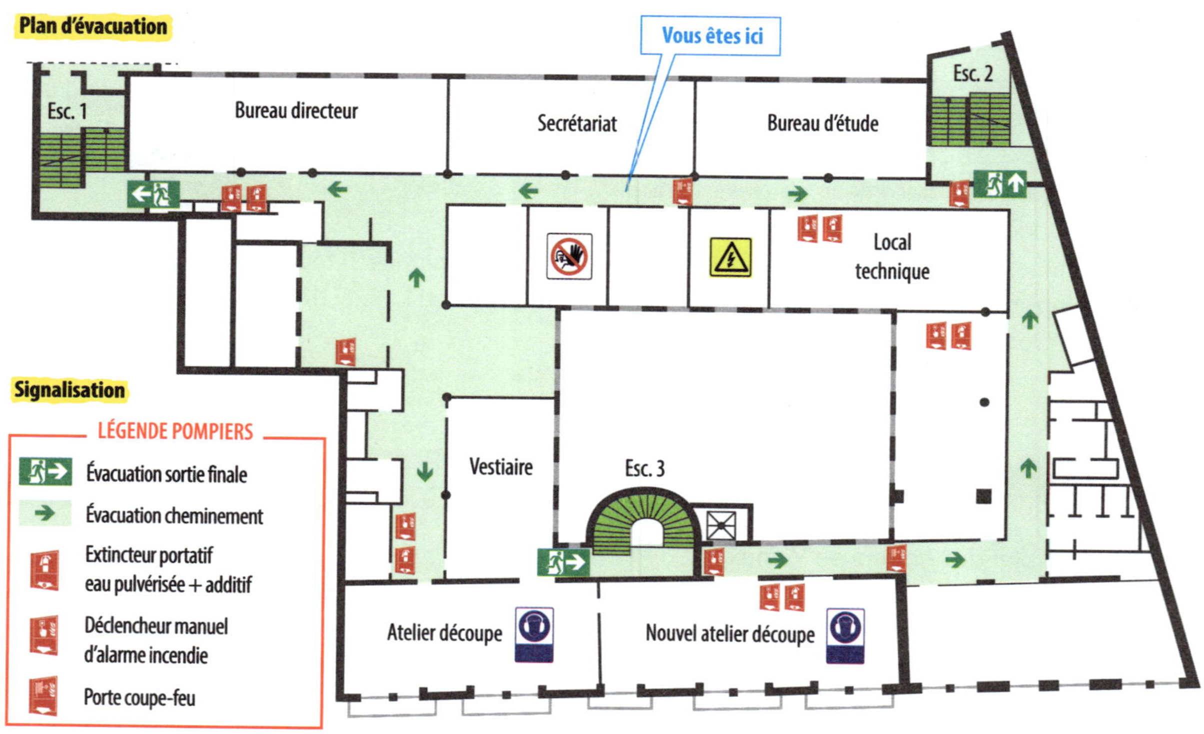


**Procédure**

**Incendie**

Toute personne qui découvre un début d'incendie doit :
- déclencher l'ordre d'évacuation en appuyant sur le boîtier d'alarme le plus proche ;
- téléphoner :
  - au standard : poste 3022 à défaut
  - aux pompiers : 18

**Évacuation**

L'ordre d'évacuation est donné par un signal d'alarme de 10 secondes. Dès que cet ordre est donné, il faut **quitter immédiatement l'entreprise** :
- utiliser les voies de secours ;
- ne pas fermer les portes à clé.

**Accident ou urgence médicale**

Toute personne témoin d'un accident ou d'une urgence médicale doit :
- prévenir le SAMU 15 ;
- prévenir un secouriste (3105) ;
- envoyer une personne à l'entrée de l'entreprise pour guider les secours.

**1** **Relever** dans le **DOC. 1** l'obligation faite à toutes les entreprises en matière de sécurité incendie.

..........................................................................................................................................

**2** **Surligner** dans le **DOC. 1** les deux types d'alarme pouvant se déclencher lors d'un incendie.

**3** **Indiquer** l'intérêt de ces deux types d'alarme au niveau des ateliers.

..........................................................................................................................................

..........................................................................................................................................

**4** **Retrouver**, à l'aide du **DOC. 2**, le numéro de la voie de secours empruntée pour la personne située au niveau de l'emplacement « Vous êtes ici ».

..........................................................................................................................................

**5** **Relier**, à l'aide du **DOC. 2**, les panneaux des différents affichages à leur signification.

| PANNEAU | SIGNIFICATION |
| --- | --- |
| A  | 1 Attention danger électrique |
| B  | 2 Panneau d'évacuation sortie |
| C  | 3 Emplacement signal à déclenchement manuel |
| D  | 4 Interdiction d'entrer |
| E  | 5 Obligation de porter un casque anti-bruit |

**6** **Indiquer**, à l'aide du **DOC. 2**, le poste à contacter en première intention lors de la découverte d'un incendie dans l'entreprise Vamexo.

..........................................................................................................................................

**7** **Expliquer**, à l'aide de vos connaissances, pourquoi l'utilisation de l'ascenseur n'est pas autorisée en cas d'alerte incendie.

..........................................................................................................................................

..........................................................................................................................................

**8** **Expliquer** l'intérêt d'envoyer une personne à l'entrée de l'entreprise pour guider les secours en cas d'accident.

..........................................................................................................................................

..........................................................................................................................................

## ACTIVITÉ 2 Le message d'alerte

Objectif : proposer les éléments d'un message d'alerte adapté à une situation.

### DOC. 3 L'alerte des secours

**Qui alerter dans l'entreprise ?** Les moyens de secours et/ou les personnes prévus dans l'organisation des secours de l'entreprise ou à défaut :

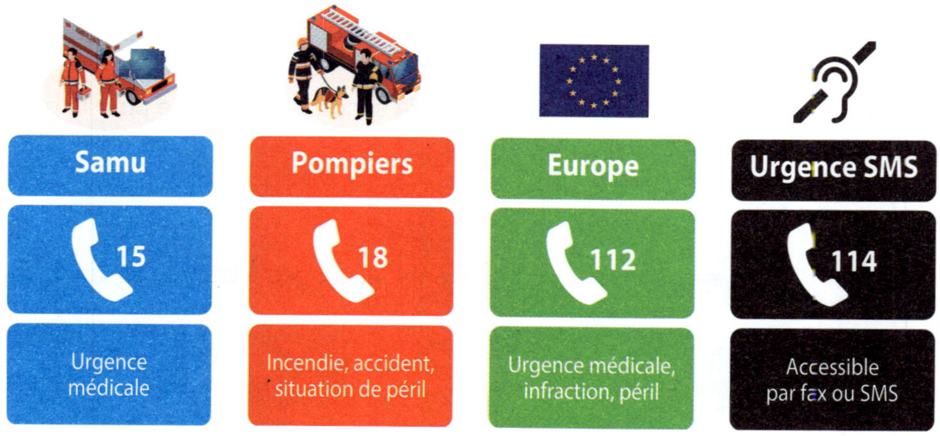


**Par quel moyen ?** Le portable de préférence, ou à défaut le téléphone fixe.

**Quel message d'alerte transmettre en cas d'accident d'urgence médicale ou d'incendie ?**

- Identité de l'appelant et numéro d'appel
- Lieu de l'accident ou de l'incendie (adresse, atelier, étage…)
- Nature de l'accident ou de l'incendie (chute, malaise, origine de l'incendie…)
- Nombre de victimes
- État des victimes
- Actions déjà engagées

**Pour une bonne transmission du message**

- Répondre aux questions posées par les services de secours.
- Ne jamais raccrocher le premier.

**Dans tous les cas, suivre les consignes données par les secours.**

**1** **Indiquer**, à l'aide du DOC. 3, à qui s'adresse le numéro de secours 114.

..............................................................................................................

**2** **Expliquer**, à l'aide de vos connaissances, pourquoi il ne faut jamais raccrocher en premier lors d'un message d'alerte.

..............................................................................................................

..............................................................................................................

**3** **Indiquer** pour chaque situation ci-dessous le numéro d'appel le plus adapté à la situation.

| Situations | Numéro d'appel |
|---|---|
| **1.** Ce matin, un incendie s'est déclenché dans l'entreprise IDUT, 15 rue des pins 92110 Clichy. L'entrepôt contient de nombreux stocks de papier. Un ouvrier a aperçu une étincelle au niveau d'un circuit électrique. Il y a de grosses fumées noires limitant la visibilité. Tout le personnel a été évacué : une personne souffre de migraine et a du mal à respirer. Le feu se propage au niveau des bureaux. | .................... |
| **2.** Vincent, 55 ans, vient de tomber au sol suite à l'utilisation d'une perceuse électrique au chantier. Il est en arrêt cardiaque. Le courant a été coupé et un SST a débuté un massage cardiaque sans défibrillateur. Le lieu de l'accident est 37 rue des lilas à Lyon. Un collègue est parti chercher un défibrillateur. | .................... |

**4** **Proposer** à l'oral un message d'alerte qui correspond aux situations ci-dessus.

## ACTIVITÉ 3 L'obligation de porter assistance

**Objectif : expliquer l'obligation de porter assistance à toute personne en danger.**

### DOC. 4 Le cadre légal sur l'assistance de personnes en danger

Au niveau du cadre législatif, la responsabilité pénale d'une personne peut être engagée si elle ne porte pas assistance à une personne en danger.

« Quiconque pouvant empêcher par son action immédiate, sans risque pour lui ou pour les tiers, soit un crime, soit un délit contre l'intégrité corporelle de la personne s'abstient volontairement de le faire est puni de cinq ans d'emprisonnement et de 75 000 euros d'amende.

Sera puni des mêmes peines quiconque s'abstient volontairement de porter à une personne en péril l'assistance que, sans risque pour lui ou pour les tiers, il pouvait lui prêter soit par son action personnelle, soit en provoquant un secours.

Les peines sont portées à sept ans d'emprisonnement et 100 000 euros d'amende lorsque le crime ou le délit contre l'intégrité corporelle de la personne mentionnée au premier alinéa est commis sur un mineur de quinze ans ou lorsque la personne en péril mentionnée au deuxième alinéa est un mineur de quinze ans. » Article L.223-6 du Code pénal.

**1** **Relever**, dans le **DOC. 4**, la source de cet article.

..........

**2** **Indiquer**, à l'aide du **DOC. 4**, le type de responsabilité engagée et ses conséquences éventuelles au regard de cet article de loi.

..........

**3** **Identifier**, à l'aide du **DOC. 4**, dans quels cas les peines de prison et les amendes sont majorées pour non-assistance à personne en danger.

..........

**4** **Expliquer**, à l'aide du **DOC. 4**, dans quelle condition une personne n'est pas obligatoirement tenue pour responsable si elle ne porte pas assistance à une personne en danger.

..........

..........

**5** **Cocher**, à l'aide du **DOC. 4**, la bonne réponse aux affirmations ci-dessous.

| | Vrai | Faux |
|---|---|---|
| **1.** Le fait d'alerter les secours lors d'une situation d'accident est assimilé à une obligation de porter secours. | ☐ | ☐ |
| **2.** Le fait de ne pas porter assistance à une personne en danger expose uniquement à des amendes. | ☐ | ☐ |
| **3.** Le fait d'essayer de sauver une vie sans y parvenir n'est pas considéré comme assistance à personne en danger. | ☐ | ☐ |

## DOC. 5 Décès d'un ouvrier sur un chantier

L'accident s'est produit sur un chantier de rénovation d'un logement. M. X, 52 ans, est tombé d'un échafaudage alors qu'il peignait le plafond du salon de la maison. Transporté à l'hôpital entre la vie et la mort, il est décédé le lendemain.
Les ouvriers présents ont contacté le responsable de l'entreprise comme le précise la procédure. L'employeur leur a demandé de ne pas appeler les secours et d'attendre son arrivée sur les lieux. Cinquante minutes plus tard, l'employeur arrivé sur le chantier a prévenu les secours.
D'après le procureur, il s'avère que l'absence de prise en charge pendant près de cinquante minutes avant l'arrivée des pompiers a pu aggraver l'état de la victime. L'employeur a été condamné par le tribunal correctionnel à trois ans d'emprisonnement dont deux avec sursis pour homicide involontaire et non-assistance à personne en danger. Il devra également verser 15 000 € à la famille de l'ouvrier.

6 **Surligner**, dans le DOC. 5, les motifs de l'inculpation de l'employeur.

7 **Souligner**, dans le DOC. 5, les conséquences judiciaires de cet accident pour l'employeur.

8 **Expliquer** pourquoi l'employeur a été inculpé de non-assistance à personne en danger.

..........

..........

9 **Indiquer** ce qu'aurait dû faire l'employeur dès connaissance de cet accident.

..........

# PROPOSER DES SOLUTIONS

### → Choisir une stratégie

1 **Proposer** une action de formation que pourrait mettre en place l'entreprise Vamexo afin d'améliorer la sécurité dans le nouvel atelier.

..........

2 **Citer** quatre numéros de téléphone à mettre en évidence dans les procédures de secours de l'entreprise.

..........

3 **Indiquer** la localisation des plans d'évacuation dans toute entreprise.

..........

### → Évaluer la qualité du projet

4 **Proposer** une action de formation que pourrait mettre en place l'entreprise Vamexo afin de vérifier l'efficacité de son nouveau plan d'évacuation.

..........

## Activité de synthèse

**NOTIONS CLÉS ASSOCIÉES ET MOTS-CLÉS**

- Alerte
- Cadre législatif
- Plan d'évacuation
- Procédure
- Responsabilité
- Signalisation

**Compléter le texte avec les notions clés ou les mots-clés ci-dessus.**

### L'organisation des secours

L'organisation des secours internes et des moyens d'alerte, en cas d'accident, d'urgence médicale ou d'incendie, relève de la .............................. de l'employeur.

L'affichage du .............................. doit être visible et se trouver au niveau des voies de circulation.

Cette .............................. permet d'optimiser l'évacuation des salariés et le traitement de l'urgence par des professionnels du secours.

### Le message d'alerte

En fonction de la nature de l'urgence, une .................. est mise en place dès le signal d'...............

Quel que soit le type d'urgence, le message d'alerte doit comporter les éléments suivants :

- identité de l'appelant et numéro d'appel ;
- lieu de l'accident ou de l'incendie (adresse, atelier, étage…) ;
- nature de l'accident ou de l'incendie (chute, malaise, incendie d'origine électrique, chimique) ;
- nombre de victimes ;
- état des victimes ;
- actions déjà engagées.

### L'obligation de porter secours

Il existe un .................................................. au niveau de l'assistance de personne en danger.

Le Code pénal fait état de l'obligation de porter assistance à toute personne en danger sans qu'il y ait un risque pour celui qui veut porter secours ou les tiers.

**15**
**SAMU**
**LE SERVICE D'AIDE MÉDICALE D'URGENCE**
Pour obtenir l'intervention d'une équipe médicale lors d'une situation de détresse vitale, ainsi que pour être redirigé vers un organisme de permanence de soins.

**18**
**SAPEURS-POMPIERS**
Pour signaler une situation de péril ou un accident concernant des biens ou des personnes et obtenir leur intervention rapide.

**112**
**NUMÉRO D'APPEL D'URGENCE EUROPÉEN**
Si vous êtes victime ou témoin d'un accident dans un pays de l'Union européenne.

**114**
**NUMÉRO D'URGENCE POUR LES PERSONNES SOURDES ET MALENTENDANTES**
Si vous êtes victime ou témoin d'une situation qui nécessite l'intervention des services de secours.
Numéro accessible par fax et SMS.

## L'essentiel en image

### Affichage concernant l'organisation des secours

#### Plan d'évacuation

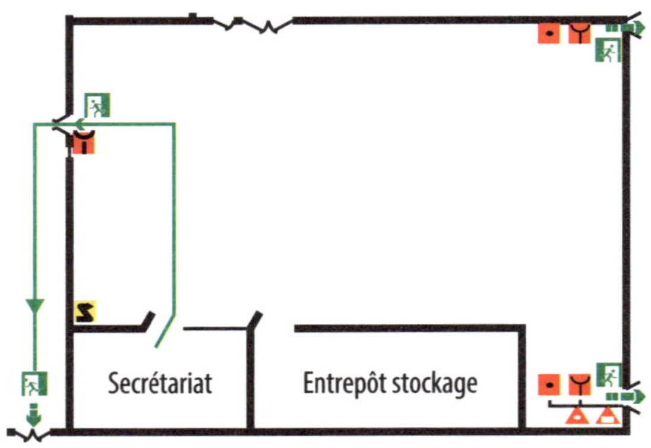


#### Procédure

**INCENDIE**

- Lors de votre appel, indiquez le lieu où vous êtes
- En cas de fumée, baissez-vous, l'air frais est près du sol
- Gardez votre calme Téléphonez aux sapeurs-pompiers 18
- N'utilisez pas les ascenseurs ou monte-charges
- Attaquez le foyer avec l'extincteur sans prendre de risque

**ÉVACUATION**

- Dès l'ordre d'évacuation ou à l'audition du signal
- Ne revenez pas en arrière sans y avoir été invité
- Suivez les indications du guide d'évacuation
- N'utilisez pas les ascenseurs ou monte-charges

**CONSIGNES DE SÉCURITÉ ACCIDENT**

Alerter le SAMU 15
Prévenir un secouriste
Envoyer une personne à l'entrée de l'entreprise pour guider les secours.

#### Signalisation

- Extincteur EAU
- Extincteur POUDRE
- Alarme
- Armoire électrique
- Arrêt d'urgence
- Issue de secours
- Chemin à suivre
- Sortie finale

| Responsable sécurité | | Incident : prévenez immédiatement | | Responsable évacuation | |
|---|---|---|---|---|---|
| Mme X | 0682 | Mme Y | 0684 | M. Z | 0688 |

### Alerter

**Gardez votre sang froid en alertant les secours !**

Une annonce calme, claire et complète garantit la rapidité des secours.

15 — 18 — 112 — 114

**Indiquez à l'opérateur :**

- le numéro de téléphone
- le lieu précis
- la nature de l'accident et risques éventuels
- le nombre de personnes impliquées
- l'état apparent de chaque victime
- les premiers gestes éventuellement effectués

### Obligation de porter assistance à toute personne en danger

**Exercices**

Tester ses connaissances en ligne

lienmini.fr/4607-c402

**Approfondir**

Site : Alerte et signalisation des moyens de secours

lienmini.fr/4607-c403

# Maîtriser le Module C.4

Nom ..........................................................................

Prénom .................................. Date .......................

## SITUATION

La société Vport, spécialiste dans le transport de marchandises, vient de recevoir le bilan qu'elle avait demandé concernant l'organisation des secours. Le rapport sur l'organisation des secours de l'entreprise Vport évoque de nombreuses failles sur la sécurité : il n'y a aucun salarié titulaire du SST, ni de responsable chargé de l'évacuation en cas d'incendie. De plus, le plan d'évacuation n'est pas actualisé, il manque des alarmes manuelles et le matériel de premiers secours. Ces éléments font que la sécurité des salariés n'est pas assurée de façon optimale.

## ANALYSER LA SITUATION

**1** **Surligner** la problématique de cette situation. ..... /1 pt

**2** **Compléter** le diagramme causes-effet à l'aide des éléments de la situation. ..... /2,5 pts

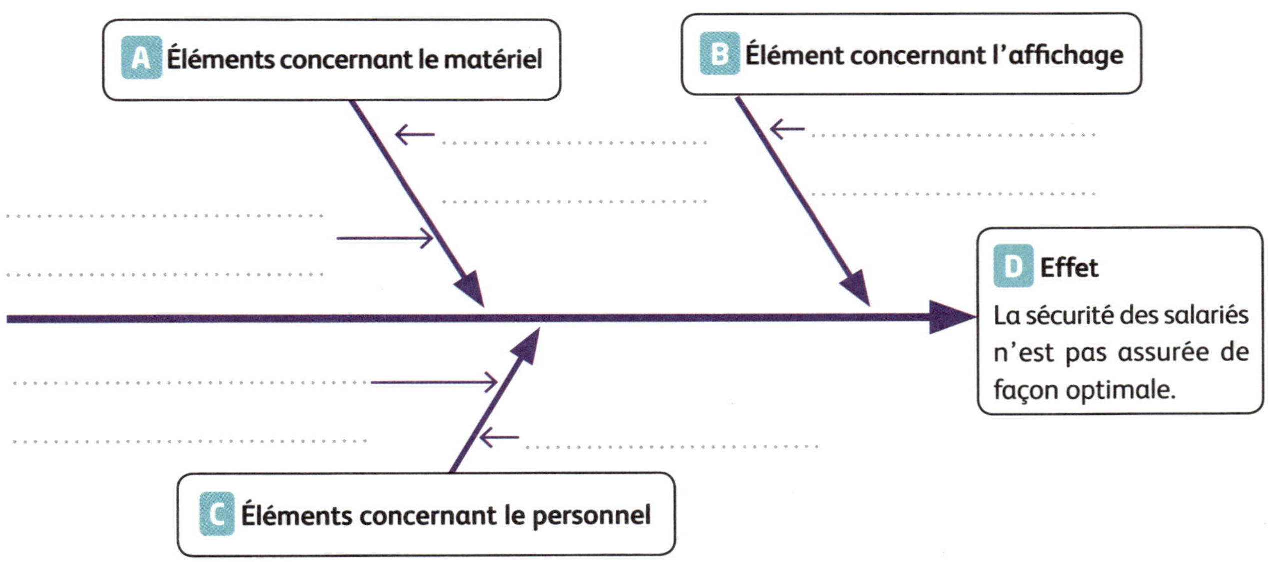


## MOBILISER DES CONNAISSANCES UTILES

**3** **Relier** chaque code couleur à sa signification sur un plan d'évacuation. ..... /3 pts

| CODE COULEUR | SIGNIFICATION |
|---|---|
| A (rouge) ● | ● 1 Signal de sauvetage ou de secours (issue de secours…), retour à une situation normale de sécurité. |
| B (vert) ● | ● 2 Signal d'avertissement (forme rectangulaire). |
| C (jaune) ● | ● 3 Signal d'alarme ou de matériel et équipement de lutte contre l'incendie (forme rectangulaire), d'interdiction (forme ronde) ou de danger. |

## DOC. 1 Extrait du plan d'évacuation

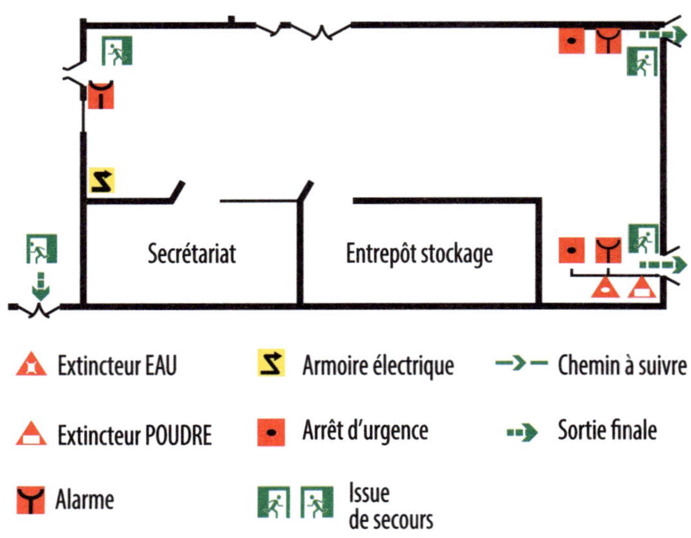


## DOC. 2 Numéros de secours

**4** **Tracer** sur le plan d'évacuation actuel (DOC. 1) le chemin emprunté par les personnes du secrétariat en cas d'alerte incendie. ...../2 pts

**5** **Inscrire** dans le DOC. 2 les numéros d'urgence en fonction du service concerné. ...../3 pts

**6** **Indiquer**, en cas d'appel de ces numéros d'urgence, le contenu du message d'alerte. ...../2,5 pts

.......................................................................................................................................

.......................................................................................................................................

.......................................................................................................................................

.......................................................................................................................................

.......................................................................................................................................

**7** **Citer** l'obligation faite à chaque citoyen lors d'une situation impliquant une personne en danger. ...../2 pts

.......................................................................................................................................

.......................................................................................................................................

**8** **Expliquer** l'intérêt d'avoir du matériel de premier secours accessible dans l'entreprise. ...../2 pts

.......................................................................................................................................

.......................................................................................................................................

## PROPOSER DES SOLUTIONS

**9** **Proposer** une action de formation que pourrait mettre en place l'entreprise Vport. ...../1 pt

.......................................................................................................................................

.......................................................................................................................................

**10** **Indiquer** le matériel que pourrait acheter l'entreprise Vport afin de se mettre en conformité face à une situation d'urgence liée à un incendie. ...../1 pt

.......................................................................................................................................

# L'analyse des risques professionnels

Module
**C.5**

**FINALITÉ** S'approprier des outils méthodologiques d'analyse des risques en vue d'analyser et d'évaluer un risque et de proposer des mesures hiérarchisées de prévention.

**Pour introduire le module**

**Au travail, il n'y a pas de risques (1'26)**
lienmini.fr/4607-c501

## SYSTÈME

L'évaluation des risques professionnels (EvRP) constitue une étape cruciale de la démarche de prévention. Elle en est le point de départ. L'identification, l'analyse et le classement des risques permettent de définir les actions de prévention les plus appropriées. L'analyse des risques professionnels consiste à :

- repérer les risques professionnels ;
- évaluer les risques professionnels ;
- proposer et mettre en place des actions de prévention.

L'évaluation des risques professionnels figure parmi les principes généraux de prévention énoncés dans le Code du travail. Les résultats de cette démarche d'analyse sont transcrits dans le DUER*.

Afin d'aider les petites entreprises à faire leur évaluation des risques, l'INRS développe une application informatique : OiRA. Cet outil en ligne très simple d'utilisation guide l'utilisateur dans sa démarche d'évaluation des risques et lui propose des solutions de prévention adaptées pour construire son plan d'action.

OiRA
Online Interactive Risk Assessment

**Document unique d'évaluation des risques*

## ANALYSER LE SYSTÈME

**1** **Surligner** dans le texte ci-dessus la finalité du système.

**2** **Compléter** le schéma du système ci-dessous avec les éléments soulignés.

**ANALYSE DES RISQUES PROFESSIONNELS**

# MOBILISER LES CONNAISSANCES UTILES

## ACTIVITÉ 1 Les composantes d'une activité de travail

**Objectif : repérer les composantes d'une activité de travail dans un secteur professionnel à l'aide de l'outil d'analyse fourni.**

### DOC. 1 Une méthode d'observation de l'activité de travail

La démarche ITAMaMi est une méthode d'observation et d'analyse globale de situations de travail utilisée dans le cadre d'une démarche de prévention. Elle classe les éléments de la situation observée en cinq catégories :

- L'individu (I) : Qui ? (on parle aussi d'opérateur)
- La tâche (T) : Quoi faire ?
- L'activité (A) : Comment ? De quelle manière ?
- Le matériel (Ma) : Avec quoi ? *machines, outils, logiciels, matières premières, énergie fournie…*
- Le milieu (Mi) : Où ? Quand ? Avec qui ?

**1** **Souligner**, dans le DOC. 1, les cinq composantes de l'activité de travail.

### DOC. 2 Une activité de travail

Idris, 35 ans, plâtrier plaquiste, intervient dans l'aménagement et l'isolation d'un bureau. Il monte sur les sols, murs et plafond des plaques préfabriquées, puis il les enduit et les jointe. Il est amené à manipuler des plaques de 20 kg dans des postures contraignantes, à utiliser des outils électroportatifs (perceuses, meuleuses), des colles et des enduits.

**2** **Classer** les composantes de l'activité de travail soulignées dans le DOC. 2 en utilisant l'outil ITAMaMi.

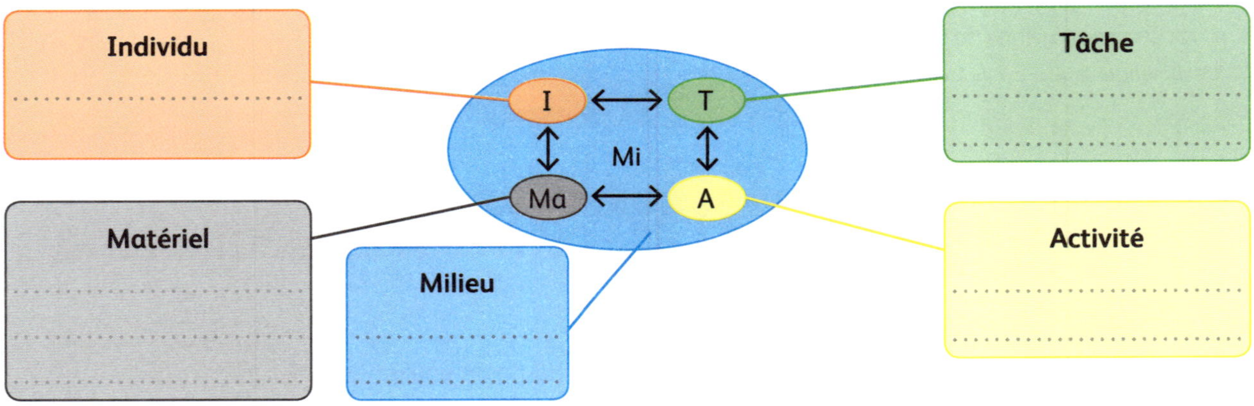


**3** **Repérer** les composantes d'une activité de travail que vous réalisez en enseignement professionnel.

**Qui ?** Qui est concerné ? ……………………………………………

**Quoi ?** Quelle est la tâche réalisée ? ……………………………………………

**Avec quoi ?** Avec quel matériel est-elle réalisée ? ……………………………………………

**Comment ?** De quelle manière est-elle réalisée ? ……………………………………………

**Où ?** Dans quel endroit est-elle réalisée ? ……………………………………………

# ACTIVITÉ 2 Les éléments d'apparition d'un dommage

**Objectifs : identifier les éléments d'apparition d'un dommage dans une activité de travail ; proposer une représentation mettant en lien les éléments du processus d'apparition d'un dommage pour un risque identifié.**

## DOC. 3 Une activité de travail dangereuse

Clément, 26 ans, est carrossier peintre. Avant d'appliquer la peinture en cabine, il doit préparer les tôles par dégraissage et décapage. Pour cela, il manipule de nombreux produits chimiques : solvants, décapants, résines et durcisseurs.
Lors de ces opérations, il porte toujours des gants et un masque de protection. En cas d'inhalation prolongée de ces vapeurs toxiques, il pourrait être victime d'intoxication.

**1** **Identifier**, à partir des éléments soulignés dans le DOC. 3, la situation dangereuse, le danger et le dommage potentiel. S'aider du DOC. 4.

- La situation de travail dangereuse :

.......................................................

- Le danger : ..........................................
- Le dommage potentiel : ..........................

## DOC. 4 Définitions – rappels (programme de 2nde Module C.2)

**Danger** : cause capable de provoquer une lésion ou une atteinte à la santé.
**Situation de travail dangereuse** : activité de travail dans laquelle l'opérateur est exposé à un ou plusieurs dangers.
**Dommage** : toute lésion, blessure physique ou atteinte à la santé. Cela peut être dû à un accident de travail ou à une maladie professionnelle.

## DOC. 5 L'événement déclencheur

La survenue d'un dommage est incertaine, même dans une activité où des dangers sont repérés. Elle dépend de la présence d'un événement déclencheur, c'est-à-dire d'un événement extérieur capable de provoquer un dommage. Sans sa survenue, il n'y a pas de situation d'accident de travail ou de maladie professionnelle.

**2** **Surligner** dans le DOC. 5 les caractéristiques de l'événement déclencheur.

**3** **Décrire** l'événement déclencheur représenté sur l'illustration.

.......................................................................................................

.......................................................................................................

**4** **Citer** l'événement déclencheur du dommage potentiel dans l'activité de travail de Clément (DOC. 3).

.......................................................................................................

.......................................................................................................

**5** **Indiquer** les différents éléments de la situation de travail conduisant à l'apparition d'un dommage.

**Éléments d'apparition du dommage**

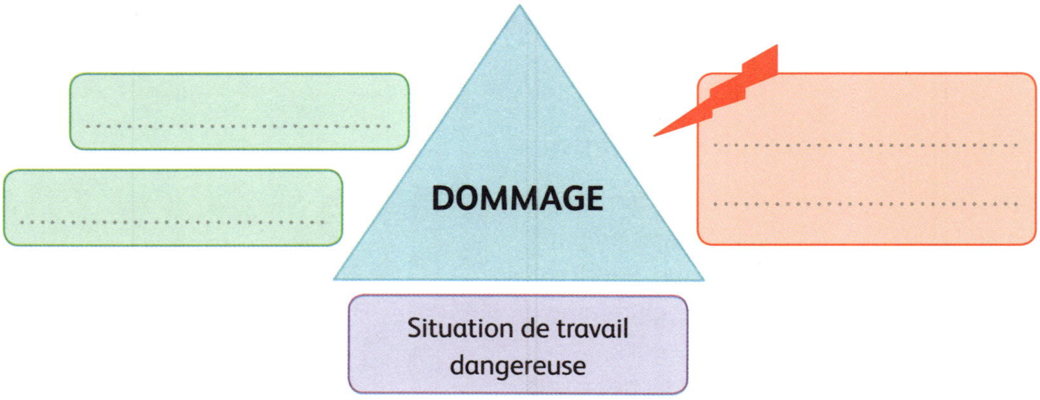


## DOC. 6 Extrait du livret « TutoPrév'accueil – Réparation automobile : carrosserie-peinture »

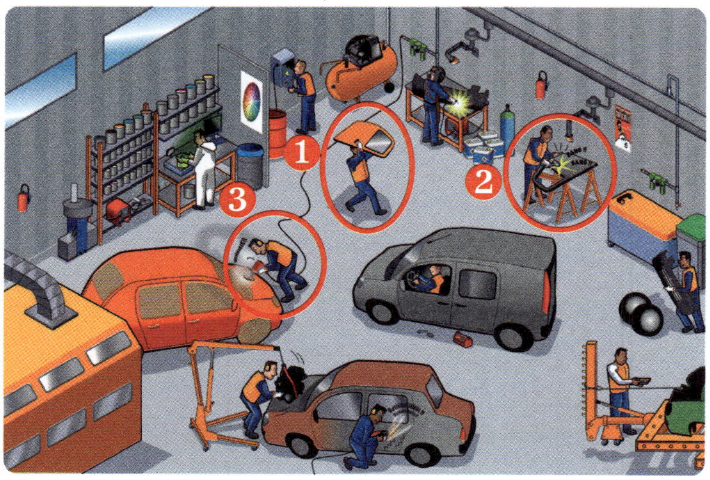

**Dangers possibles**
Bruit
Poussières
Charge lourde

**Dommages possibles**
Lombalgies
Atteinte respiratoire
Perte d'audition

**Événements déclencheurs possibles**
Inhalation permanente de poussières
Durée d'exposition élevée
Port répétitif

**6** **Identifier** les éléments d'apparition du dommage dans les situations de travail entourées dans le DOC. 6.

| | |
|---|---|
| **Situation 1** | • L'opérateur : Kévin<br>• La situation dangereuse : ..................<br>• Le danger : ..................<br>• L'événement déclencheur : ..................<br>• Le dommage potentiel : .................. |
| **Situation 2** | • L'opérateur : Adrien<br>• La situation dangereuse : ..................<br>• Le danger : ..................<br>• L'événement déclencheur : ..................<br>• Le dommage potentiel : .................. |
| **Situation 3** | • L'opérateur : Amir<br>• La situation dangereuse : ..................<br>• Le danger : ..................<br>• L'événement déclencheur : ..................<br>• Le dommage potentiel : .................. |

**7** Pour la situation 2, **mettre en relation** les éléments du processus d'apparition du dommage à l'aide du modèle de schéma de principe d'apparition du dommage ci-dessous.

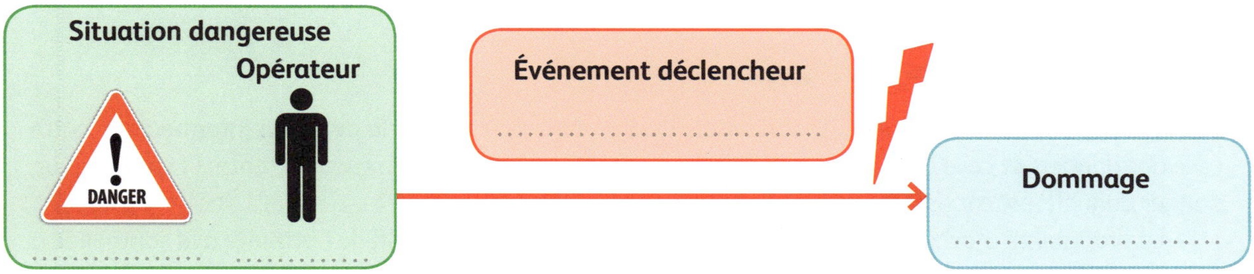


**8** **Indiquer** à quel risque professionnel est exposé Adrien. S'aider du programme de 2^de^, module C.2.

......................................................................................................................................................

**9** **Retrouver**, pour chaque photographie ci-dessous, les éléments d'apparition du dommage manquants. Les **mettre en relation** en complétant les modèles de schémas de principe d'apparition du dommage (PAD).

**Analyse d'activités de travail : PAD**

**Situation A**

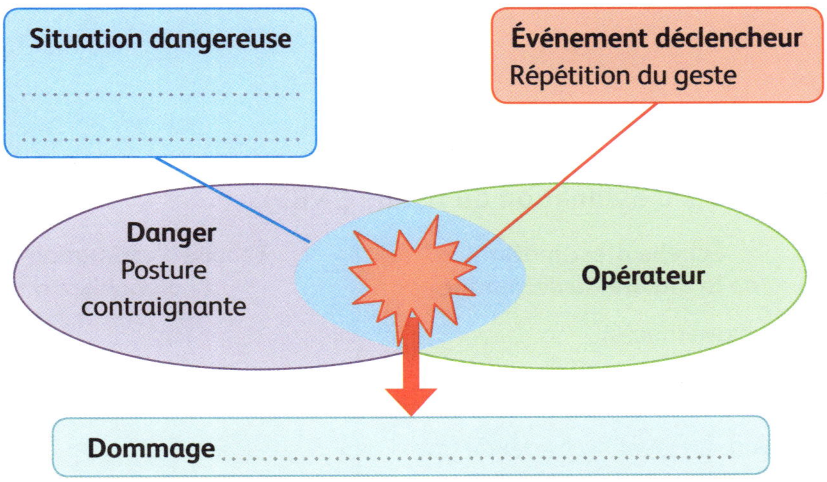

**Situation B**

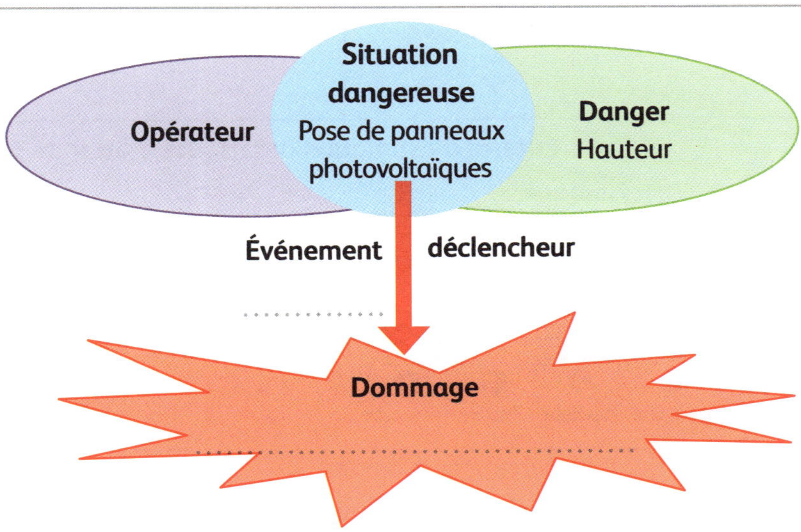


**10** **Indiquer** si le dommage potentiel de chaque situation est un accident du travail ou une maladie professionnelle. **Expliquer** pourquoi.

➔ Situation A : ..............................................................................................................

➔ Situation B : ..............................................................................................................

# ACTIVITÉ 3 Évaluation du risque d'atteinte à la santé

**Objectif : évaluer le risque à l'aide d'un outil pour une situation donnée.**

## DOC. 7 Les composantes du risque

Le **risque** est une notion abstraite, inobservable directement, une catégorie de statut intermédiaire entre celle des dangers et celle des dommages. Le risque est l'éventualité d'une rencontre entre l'Homme et un danger auquel il est exposé. Deux composantes caractérisent le risque :

- La **probabilité d'occurrence** d'un dommage* (possibilité d'apparition de l'atteinte à la santé) liée à la fréquence d'exposition au danger et à la probabilité d'apparition de l'événement déclencheur.
- La **gravité du dommage** (conséquences sur la santé de l'opérateur).

** Probabilité d'apparition d'un dommage*

**1** **Citer**, à l'aide du **DOC. 7**, les deux composantes caractérisant le risque.

..........................................................................................

..........................................................................................

**2** **Indiquer**, à l'aide du **DOC. 7**, de quoi dépend la probabilité d'occurrence d'un dommage.

..........................................................................................

..........................................................................................

## DOC. 8 Outils d'estimation du risque (INRS)

### Échelle d'estimation de la gravité du dommage

4. **Très grave** (décès)
3. **Grave** (accident avec incapacité permanente)
2. **Moyen** (accident avec arrêt de travail et/ou hospitalisation)
1. **Faible** (accident sans arrêt de travail)

### Échelle d'estimation de la probabilité d'occurrence (= probabilité d'apparition du dommage)

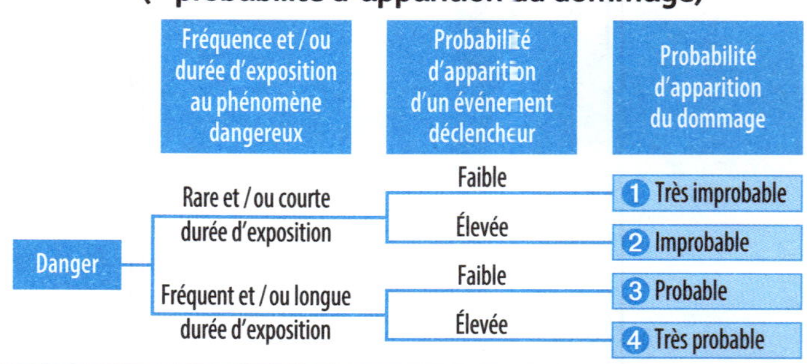


### Critères d'estimation des risques d'atteinte à la santé

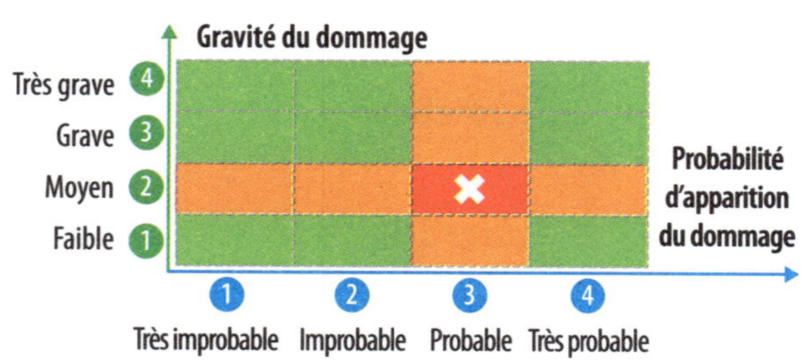


L'estimation consiste à croiser la **gravité du dommage** et la **probabilité d'apparition du dommage** (ou probabilité d'occurrence).

**3** **Interpréter** le **DOC. 8** « Outils d'estimation du risque ».

→ Le dommage peut entraîner un accident avec arrêt de travail, il est estimé ....................

→ L'exposition au danger est estimée fréquente et la probabilité d'apparition de l'événement déclencheur est faible, la probabilité d'occurrence est estimée ....................

→ La gravité du dommage est de ........

→ La probabilité d'apparition du dommage est de ........

## DOC. 9 Exemple de niveau de priorité

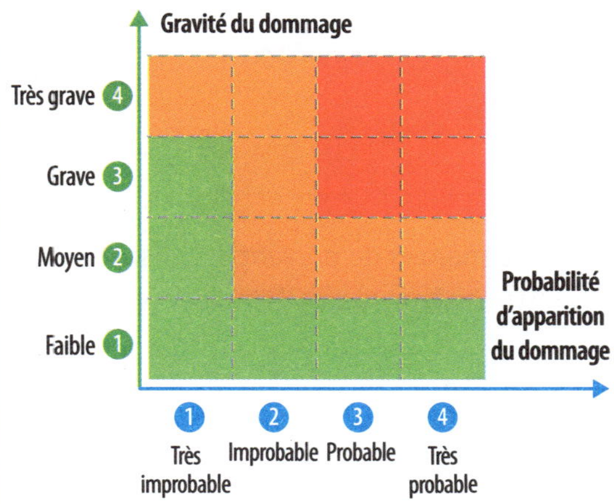


| | |
|---|---|
| Priorité 1 | Réduction du risque immédiate |
| Priorité 2 | Réduction du risque dans un délai relativement court (3-6 mois) |
| Priorité 3 | Réduction du risque nécessaire dans un délai raisonnable (> 6 mois) |

Différents niveaux de priorité sont définis. Ils fixent le délai à respecter pour réduire le risque. Ils peuvent varier en fonction des entreprises. Des critères supplémentaires sont parfois pris en compte (nombre de salariés touchés, perception du risque par les salariés…).

**4** **Évaluer**, à l'aide du DOC. 9, le risque d'atteinte à la santé et son niveau de priorité pour les situations 1, 2 et 3 (p. 88).

**Situation 1 Kévin**

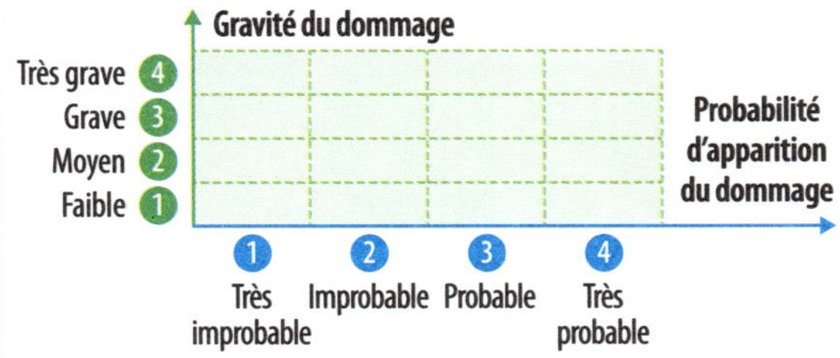


Priorité
- ☐ 1
- ☐ 2
- ☐ 3

La réduction du risque doit se faire ……………………………

**Situation 2 Adrien**

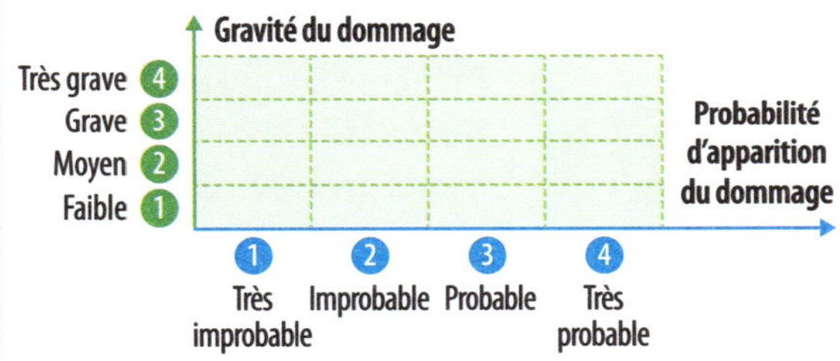


Priorité
- ☐ 1
- ☐ 2
- ☐ 3

La réduction du risque doit se faire ……………………………

**Situation 3 Amir**

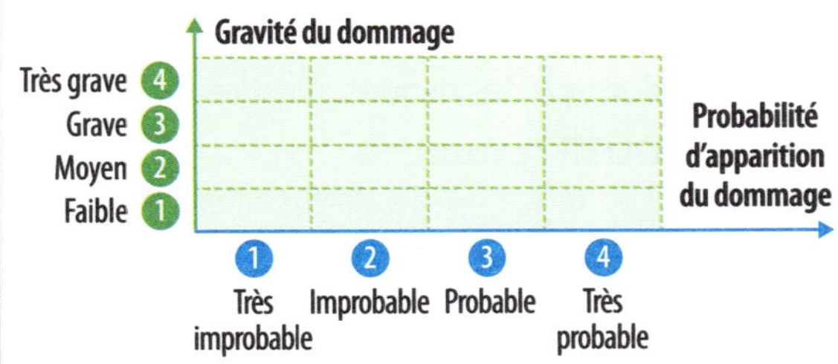


Priorité
- ☐ 1
- ☐ 2
- ☐ 3

La réduction du risque doit se faire ……………………………

**5** **Évaluer**, à l'aide des DOC. 8 et 9, le risque d'atteinte à la santé et son niveau de priorité pour une situation de travail que vous réalisez en enseignement professionnel ou en PFMP.

| Éléments de la situation | | | Estimation des risques | | | Évaluation des risques |
|---|---|---|---|---|---|---|
| Danger | Événement dangereux | Dommage | Gravité | Probabilité | Priorité | Réduction nécessaire ? Délai ? |
| | | | | | | |

## ACTIVITÉ 4 Proposition de mesures de prévention

**Objectifs : proposer une mesure de prévention visant à supprimer ou à réduire le risque, protéger le(s) opérateur(s) face au risque ; proposer une mesure d'information et/ou de formation de(s) opérateur(s) en lien avec le risque.**

### DOC. 10 Les principes généraux de prévention

La prévention des risques professionnels repose sur neuf principes généraux de prévention. Inscrits dans le Code du travail (article L 4121), ils sont obligatoirement à mettre en œuvre par l'employeur.

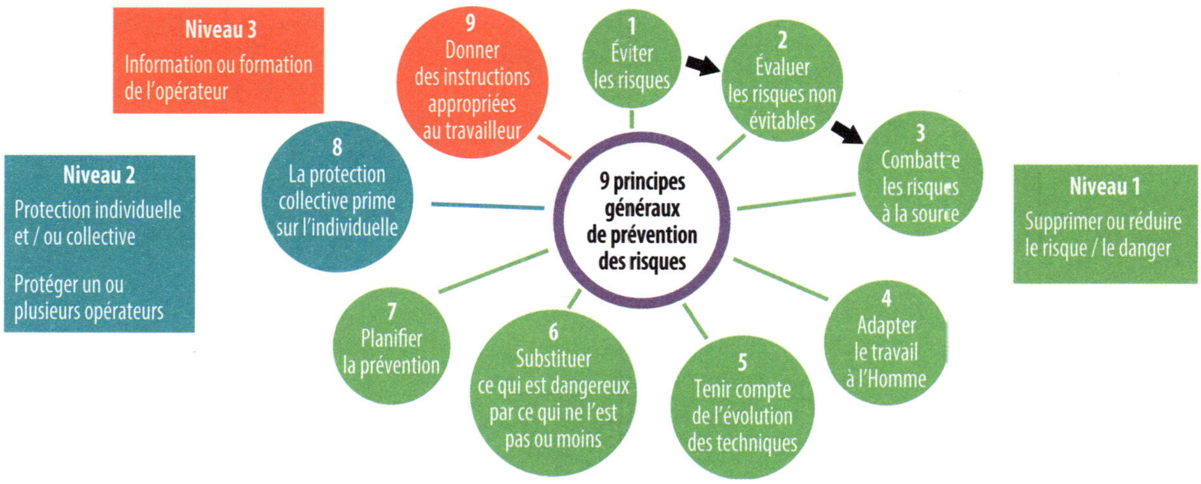


WWW **1** À l'aide de la vidéo ci-contre, **indiquer** comment les risques peuvent être évités.

..............................................................................................

..............................................................................................

**Vidéo**
**Principe de prévention N° 1 : éviter les risques (0'54)**
liemini.fr/4607-c502

### DOC. 11 Le document unique d'évaluation des risques (DUER)

Le DUER est une obligation légale à partir d'un salarié. Il est prévu par l'article R4121-1 du Code du travail. C'est un document écrit qui présente le bilan de l'évaluation des risques. Il est réactualisable chaque année.

**Exemple de DUER (extrait)**

| Risques | Facteurs / Dangers | Dommages éventuels | Gravité | Probabilité | Priorité | Moyens de prévention existants | | | Moyens de prévention programmés |
|---|---|---|---|---|---|---|---|---|---|
| | | | | | | Individuels | Collectifs | Formation / consigne | |
| **ZONE : Accueil / UT : Bureau secrétaire de direction / ACTIVITÉ : Conduite d'un véhicule** | | | | | | | | | |
| RACP – Risques liés à l'activité physique | Absence d'entretien des véhicules | Affections péri-articulaires | 1 | 1 | 3 | | | | Aménagement des véhicules en fonction des usages requis |
| **ZONE : Open space commerciaux / UT : Bureau standard / ACTIVITÉ : Travail sur ordinateur** | | | | | | | | | |
| RCHUP – Risques de chute de plain-pied | Passage encombré | Traumatismes dus à une chute avec dénivellation | 2 | 4 | 2 | Ranger les cartons du couloir du 2e étage | Dire à tout le monde de ranger les cartons | | Acquérir des mobiliers de rangement adaptés aux caractéristiques des objets stockés |

**2** **Associer** chaque mesure de prévention du DOC. 11 au principe de prévention du DOC. 10.

| | |
|---|---|
| **1.** Aménager les véhicules en fonction des usages requis. | N° ................ |
| **2.** Ranger les cartons du couloir du 2e étage. | N° ................ |
| **3.** Dire à tout le monde de ranger les cartons. | N° ................ |
| **4.** Acquérir des mobiliers de rangement adaptés. | N° ................ |

## DOC. 12 Activité de travail d'Antoine

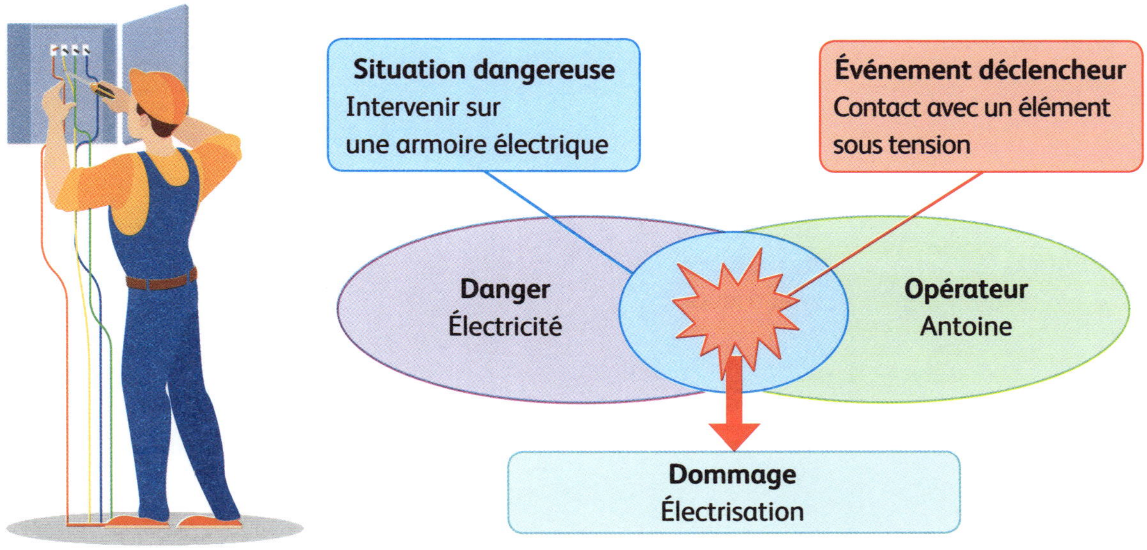


**3** Afin de proposer des mesures de prévention, **évaluer** le risque présent dans l'activité de travail. S'**aider** des DOC. 8 et 9.

| Éléments de la situation | | | Estimation des risques | | | Évaluation des risques |
|---|---|---|---|---|---|---|
| Danger | Événement dangereux | Dommage | Gravité | Probabilité | Priorité | Réduction nécessaire ? Délai ? |
| ............... | ................<br>................<br>................ | ............... | ............... | ............... | ............... | ....................<br>.................... |

## DOC. 13 Travaux sur ou à proximité d'installations électriques

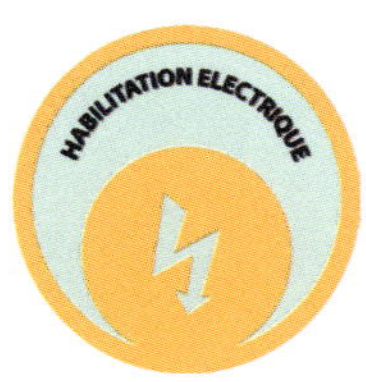


Une personne réalisant une opération sur un matériel ou une installation électrique doit être formée et habilitée par son employeur. Différentes mesures de protection doivent être mises en œuvre afin qu'elle puisse travailler en sécurité : signaler le local ou l'opération, isoler l'installation électrique, mettre en place des mesures de protection pour les travaux sur ou au voisinage des installations, vérifier les installations, fournir des équipements de protection individuelle si nécessaire…

Pour toute opération exposant à un risque électrique, des mesures de prévention sont à mettre en œuvre pour supprimer ou réduire les risques électriques.

**Pictogramme d'avertissement du danger électrique**

Les locaux ou emplacements présentant un risque de choc électrique doivent être délimités au moyen d'obstacles et signalés au moyen d'un panneau d'avertissement réglementaire du danger électrique. L'accès à ces locaux ou emplacements est réservé aux personnes habilitées. Lors de l'ouverture d'une armoire électrique présentant des pièces nues sous tension accessibles, il faut installer un balisage de sécurité. Ce balisage ne doit pas pouvoir être franchi par inadvertance.

**4** **Proposer**, à l'aide du **DOC. 13** et du site ci-contre, des mesures de prévention adaptées au risque lié à l'électricité pour l'activité de travail d'Antoine.

**@ Site**
**Bossons futé**
liemini.fr/4607-c503

| | | |
|---|---|---|
| **NIVEAU 1** | Suppression ou réduction du risque | ........................................ |
| **NIVEAU 2** Protection collective/ inviduelle | Protection collective | ........................................ |
| | Protection individuelle | ........................................ |
| **NIVEAU 3** Instructions | Informations | ........................................ |
| | Formation | ........................................ |

## SE SITUER DANS LE SYTÈME

**Proposer** trois manières de contribuer à la prévention des risques professionnels au cours de vos activités professionnelles.

- ........................................
........................................
- ........................................
- ........................................

## Activité de synthèse

**NOTIONS CLÉS ASSOCIÉES ET MOTS-CLÉS**

- Activité de travail
- Danger
- Dommage
- Événement déclencheur
- Formation
- Gravité du dommage
- Informations
- Matériel
- Milieu
- Niveau de priorité
- Opérateur
- Probabilité d'occurrence
- Processus
- Protection collective
- Protection individuelle
- Réduction du risque
- Risques professionnels
- Situation dangereuse
- Suppression du risque
- Tâche

**Compléter le texte avec les notions clés ou mots-clés ci-dessus**

L'évaluation des risques professionnels est obligatoire dans l'entreprise. Elle se déroule selon une méthode d'analyse des .................................................................

### Les composantes d'une activité de travail

Les éléments d'une .................................... peuvent se décomposer en cinq catégories :

- l'individu (I) ou .................. : Qui ?
- la ............. (T) : Quoi faire ?
- l'............. (A) : Comment ? De quelle manière ?
- le .................. (Ma) : Avec quoi ?
- le .................. (Mi) : Où ? Quand ? Avec qui ?

### Les éléments d'apparition du dommage

Une activité de travail est qualifiée de dangereuse lorsque l'opérateur travaille en présence d'un ............ On parle aussi de ........................................ . Un accident du travail ou une maladie professionnelle, c'est-à-dire un ........................., peut en résulter. La survenue de ce dommage dépend de la présence d'un événement : l'.................................................................

Les éléments intervenant dans le .......................... d'apparition du dommage sont : l'opérateur, la ..........................................., le danger (ou risque d'atteinte à la santé), l'événement déclencheur (ou événement dangereux) et le dommage.

### L'évaluation du risque d'atteinte à la santé

Le risque est l'éventualité d'une rencontre entre l'opérateur et le danger auquel il est exposé lors de l'activité de travail. Il se caractérise par deux composantes : la ........................................................ d'un dommage et la ...........................................

Des outils de croisement de ces deux composantes existent. Ils permettent de procéder à l'estimation du risque. À partir de cette donnée, il est possible d'évaluer le risque, c'est-à-dire de définir le ............................ de réduction du risque : plus un risque est probable et le dommage grave, plus la priorité sera élevée.

### Les mesures de prévention

Les mesures de prévention dépendent des neuf principes généraux de prévention inscrits dans le Code du travail (article L 4121). Elles sont classées en trois niveaux :

- Niveau 1 : .................................................., ou ....................................................
- Niveau 2 : .................................................. et/ou ....................................................
- Niveau 3 : ........................... ou ........................... des opérateurs.

# L'essentiel en image

## Repérer les composantes d'une activité de travail

**Qui ?** Qui est concerné ?

**Quoi ?** Quelle est la tâche réalisée?

**Avec quoi ?** Avec quel matériel est-elle réalisée ?

**Comment ?** De quelle manière est-elle réalisée ?

**Où ?** Dans quel endroit est-elle réalisée ?

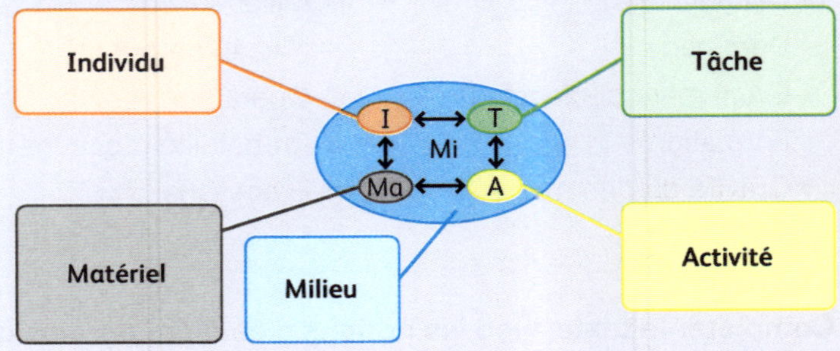


## Identifier les éléments d'apparition du dommage

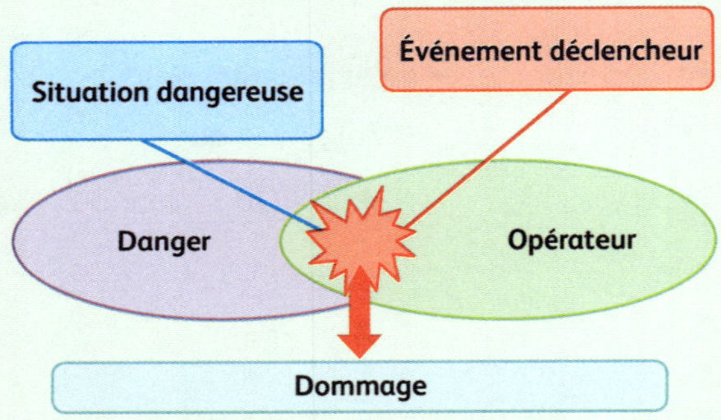


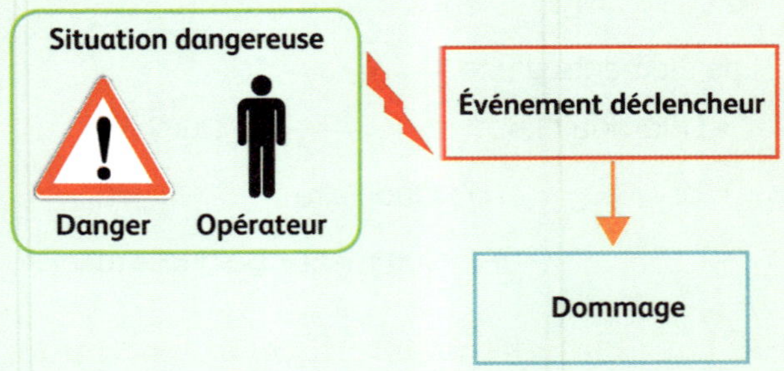


## Estimer et évaluer les risques

**Estimation de la gravité**

1. Faible
2. Moyen
3. Grave
4. Très grave

\+

**Estimation de la probabilité**

1. Très improbable
2. Improbable
3. Probable
4. Très probable

=

**Estimation du niveau de priorité**

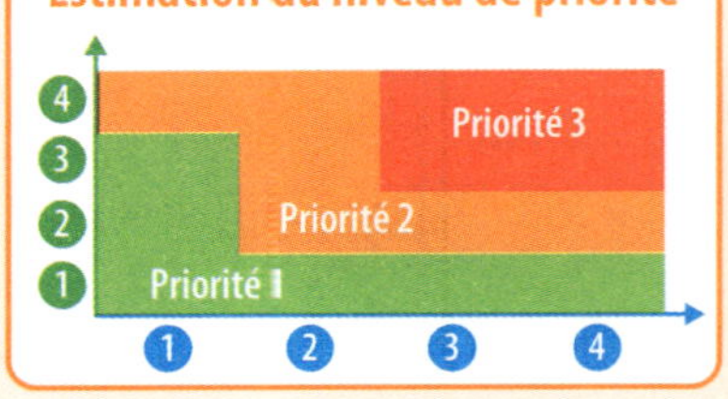


## Proposer des mesures de prévention

1. Prévention intrinsèque
2. Protection collective et individuelle
3. Instructions/formations pour l'opérateur

**Exercices**

Tester ses connaissances en ligne

lienmini.fr/4607-c504

**Approfondir**

Vidéo : Teaser OiRA

lienmini.fr/4607-c505

Nom ..........................................................................

Prénom ................................ Date ......................

**SITUATION**

Chiara, aide à domicile, intervient chez différentes personnes dépendantes. Ses activités de travail sont variées : entretien du linge et des logements, cuisine, aide à la toilette. Elle a de bonnes relations avec tous, mais il faut reconnaître qu'elle est parfois fatiguée. Aujourd'hui, elle fait deux heures de ménage chez M^me^ Loiseau. Elle nettoie le sol en carrelage avec un seau, un balai-serpillière et un détergent biodégradable. Elle doit se baisser à de multiples reprises pour rincer la serpillère. Son dos la fait souffrir. M^me^ Loiseau a besoin de compagnie. Elle appelle très fréquemment Chiara, qui est alors obligée de marcher sur le sol mouillé qu'elle vient juste de nettoyer. Cela peut être dangereux et en plus elle prend du retard dans le ménage !

## ANALYSER L'ACTIVITÉ DE TRAVAIL

**1** **Identifier** les éléments de l'activité de travail de Chiara en complétant le schéma ci-dessous. ...../3 pts

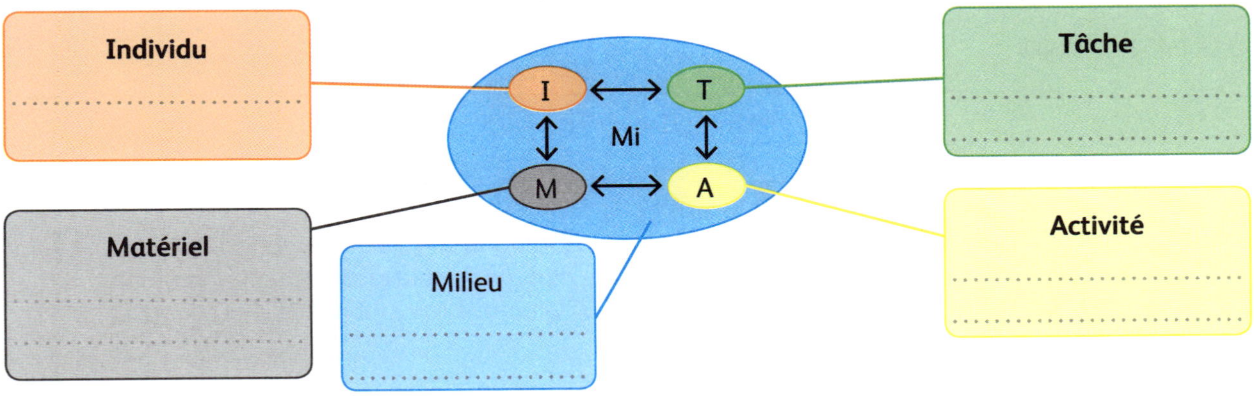


## MOBILISER DES CONNAISSANCES UTILES

**2** **Cocher** les deux risques auxquels est confronté Chiara dans cette situation. ...../2 pts

- ☐ Risques liés à l'activité physique
- ☐ Risques psychosociaux
- ☐ Risques routiers en mission
- ☐ Risques de trébuchement, de chute
- ☐ Risques de chute en hauteur
- ☐ Risques liés au bruit

**3** **Relever** les éléments d'apparition du dommage puis les **mettre en relation** dans le schéma proposé. ...../7 pts

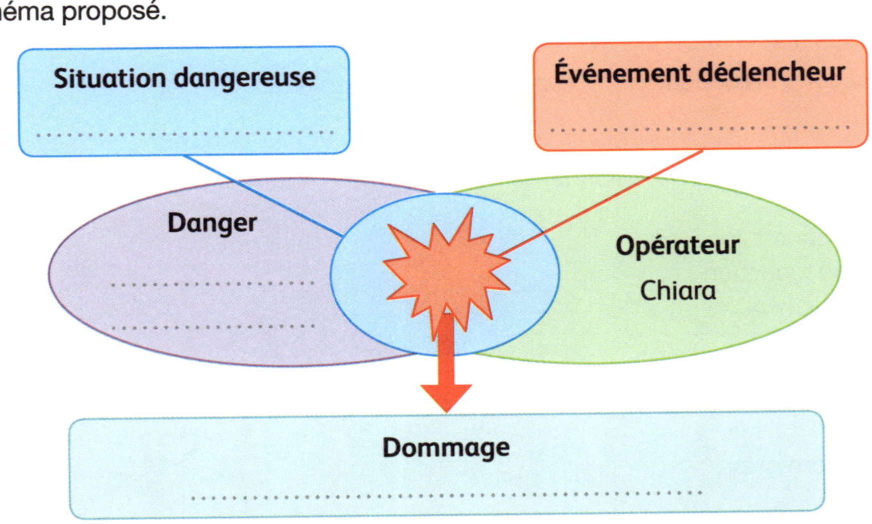

**4** Pour la situation proposée ci-dessous et en vous aidant des outils d'évaluation du risque :

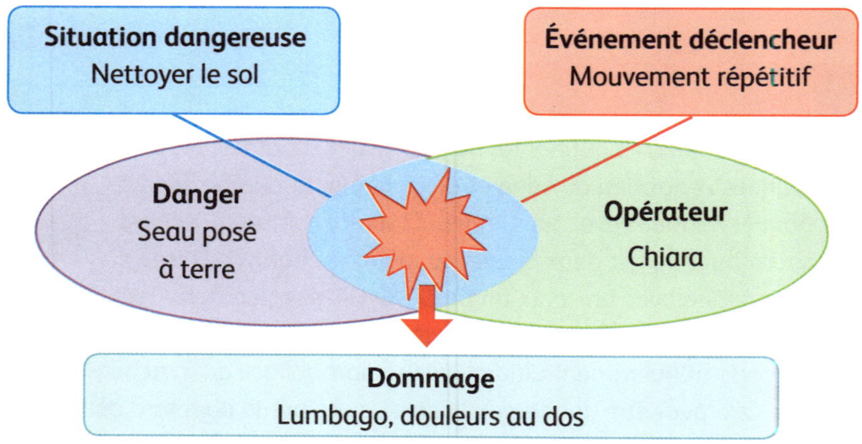


### Estimation de la gravité

- ❹ **très grave** (décès)
- ❸ **grave** (accident avec incapacité permanente)
- ❷ **moyen** (accident avec arrêt de travail et/ou hospitalisation)
- ❶ **faible** (accident sans arrêt de travail)

### Estimation de la probabilité

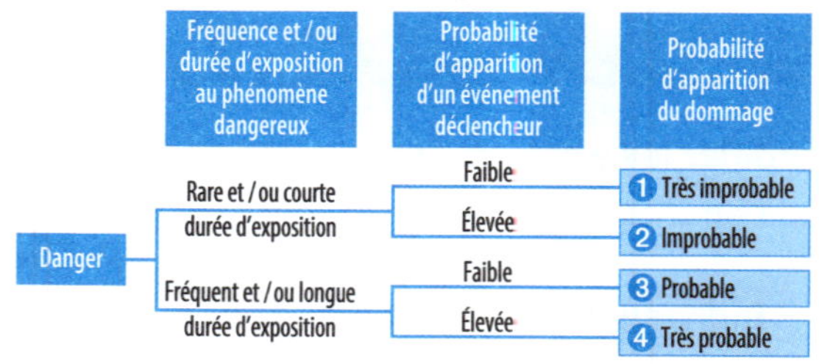


### Estimation des risques

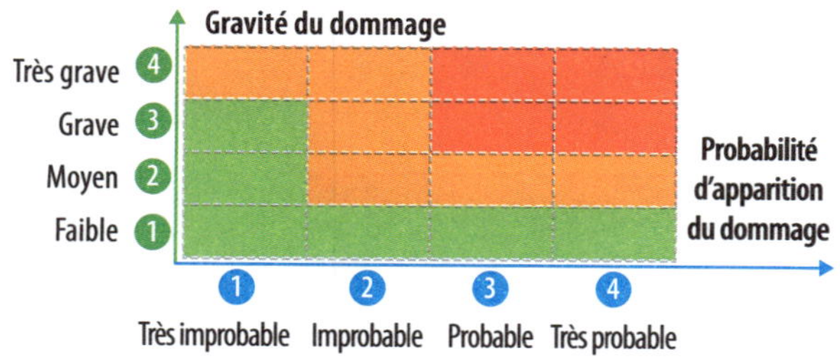


L'estimation consiste à croiser la gravité du dommage et la probabilité d'apparition du dommage (ou probabilité d'occurrence).

- **Évaluer** les risques d'atteinte à la santé en précisant : ..... /3 pts
  - La gravité du dommage : ........
  - La probabilité d'apparition du dommage : ........
  - Le niveau de priorité : ........

- En **déduire** si la réduction du risque est nécessaire et selon quels délais. ..... /1 pt

........................................................................................................................................

**5** **Sélectionner** les mesures de prévention adaptées aux deux situations précédentes et les **classer** dans le tableau. ..... /4 pts

Porter des chaussures à semelles en bon état – Utiliser un balai-essoreur avec seau combiné – Se former aux techniques professionnelles de nettoyage – Attendre que le sol soit sec

| | | |
|---|---|---|
| **NIVEAU 1** | Suppression ou réduction du risque | – ........................................<br>– ........................................ |
| **NIVEAU 2** | Protection individuelle | – ........................................ |
| **NIVEAU 3** | Formation | – ........................................<br>........................................ |

# L'analyse d'un risque spécifique au secteur professionnel

Module **C.6**

**FINALITÉ** Appliquer une démarche d'analyse et d'évaluation d'un risque spécifique du secteur professionnel.

**Pour introduire le module**

**« Les risques, ça fait partie du métier » avec Inès Reg (1'13)**

lienmini.fr/4607-c601

Coller ici l'activité de travail correspondant à votre secteur professionnel, distribuée par votre professeur.

Réaliser les activités des fiches correspondant au risque professionnel identifié dans cette situation afin de mobiliser les connaissances utiles pour apporter des solutions.

## 1 Repérer les composantes d'une activité de travail.

**Compléter** pour l'activité de travail le schéma ITAMaMi ci-dessous.

*Vous pouvez aussi répondre aux questions Qui ? Quoi ? Avec quoi ? Comment ? Où ? sur une feuille.*

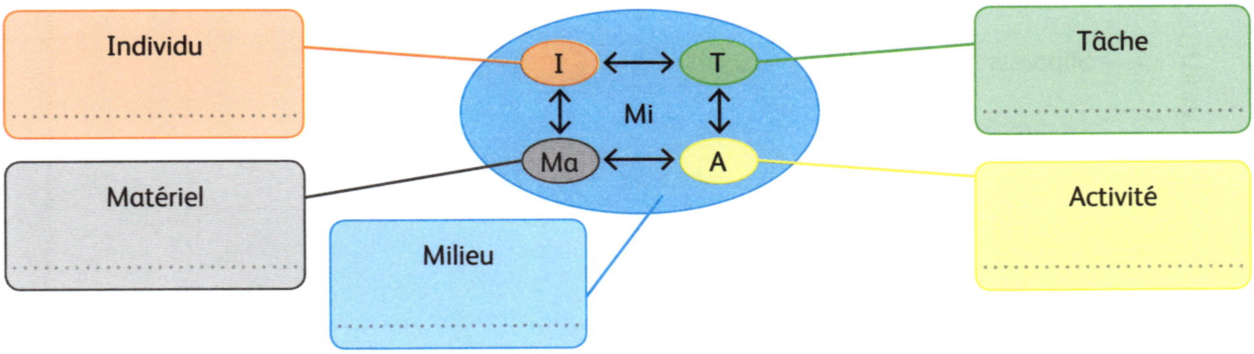


## 2 Identifier les éléments d'apparition du dommage et les mettre en relation.

- Danger : ....................
- La situation dangereuse : ....................
- L'événement déclencheur : ....................
- Le dommage : ....................

**Compléter** le schéma du processus d'apparition du dommage en y reportant les informations identifiées à l'étape 1.

*Vous pouvez aussi utiliser un autre type de schématisation (voir exemples p. 96).*

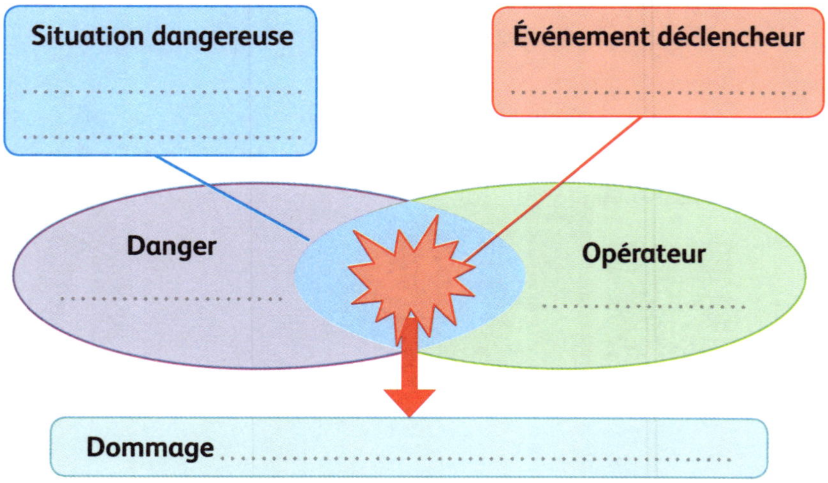


## 3 Estimer et évaluer les risques.

- **Indiquer** à l'aide du schéma ci-dessous et en vous appuyant au besoin sur les échelles d'estimation du rabat n° 4 de l'ouvrage :

– la gravité du dommage encouru :

.....................................................

– la probabilité d'apparition du dommage :

.....................................................

La réduction du risque est donc :

.....................................................

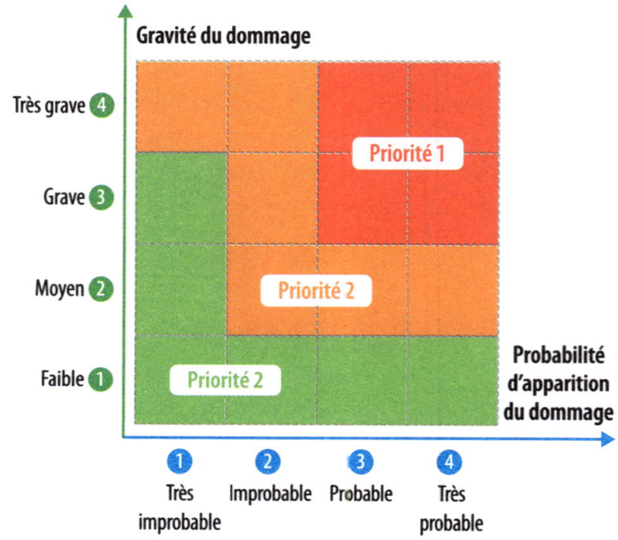


- **Cocher** le schéma.

## 4 Proposer des mesures de prévention.

| | | |
|---|---|---|
| NIVEAU 1 | Suppression du risque<br>ou<br>réduction du risque | ..................................... |
| NIVEAU 2 | Protection collective | ..................................... |
| | Protection individuelle | ..................................... |
| NIVEAU 3 | Instructions<br>ou<br>formations | ..................................... |

# MOBILISER LES CONNAISSANCES UTILES

**Objectif : repérer les risques spécifiques du secteur professionnel.**

Conformément au programme, il ne sera étudié qu'un seul risque professionnel. Ce risque spécifique est choisi en fonction du degré d'exposition à celui-ci et de la gravité des dommages encourus. Il faut identifier la nature du risque plus particulièrement encouru.

**@ Site**
**INRS Risques**
lienmini.fr/4607-c602

**Rechercher** sur le site ci-contre les deux risques les plus importants dans le secteur professionnel correspondant au baccalauréat professionnel préparé.

........................................................................................................

........................................................................................................

........................................................................................................

# LE RISQUE LIÉ AUX ÉQUIPEMENTS DE TRAVAIL

**Exemples de situations professionnelles exposant au risque lié aux équipements de travail**

❶ **Paul**, titulaire d'un **Bac pro boucher charcutier traiteur**, est employé dans l'atelier de découpe d'un abattoir. Il travaille toute la journée à l'aide d'outils tranchants.

❷ **Marc**, titulaire d'un **Bac pro technicien menuisier-agenceur**, est employé dans une entreprise de menuiserie. Il effectue des découpes à l'aide de machines à bois.

## ACTIVITÉ 1 Du danger à l'événement déclencheur

**Objectif : identifier le danger, la situation dangereuse, l'événement déclencheur.**

### DOC. 1 Définition du risque lié aux équipements de travail

Le danger provient des équipements, des machines, des outils, des pièces, des charges, des projections de matériaux ou des fluides. Il y a risque chaque fois qu'un de ces éléments en mouvement peut entrer en contact avec une partie du corps humain et provoquer un dommage. Inversement, le corps en mouvement peut entrer en contact avec ces éléments.

La présence du risque peut donc être identifiée par la conjonction de 3 éléments telle que représentée dans le triangle ci-contre : un opérateur, un élément et l'énergie d'un mouvement. Le risque est souvent lié à une défaillance technique ou organisationnelle.

**1** **Surligner**, dans le **DOC. 1**, en rose le danger, en bleu la situation dangereuse, et en vert l'événement déclencheur.

**2** **Indiquer** pour votre secteur professionnel les deux principales sources de danger.

........................................................................................................

........................................................................................................

........................................................................................................

## ACTIVITÉ 2 Les dommages dus au risque lié aux équipements de travail

**Objectif : expliquer les effets physiopathologiques de l'exposition au danger.**

**1** **Compléter** le schéma de la peau saine ci-dessous à l'aide de la liste de termes suivante : hypoderme / vaisseaux sanguins / nerf / glande sudoripare / épiderme / derme

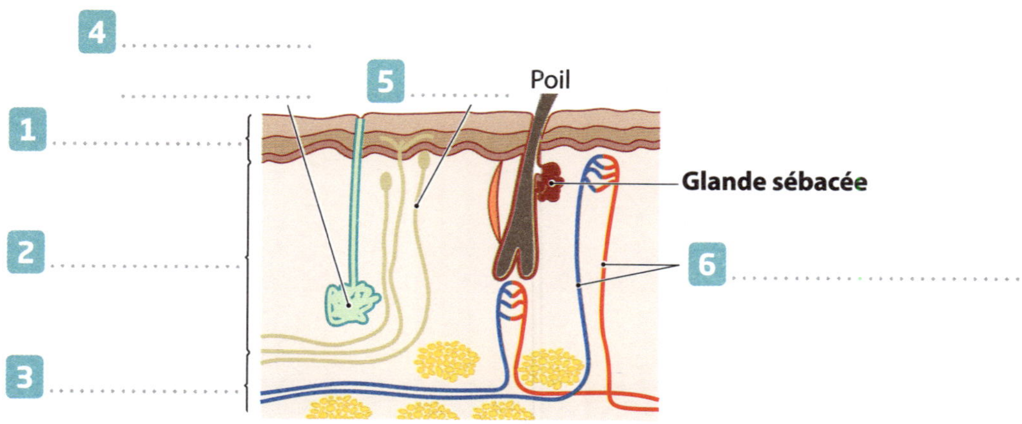


### DOC. 2 Dommages liés aux équipements de travail

Les accidents du travail provoqués par des machines ou des équipements de travail peuvent être de gravité variable. Ainsi, les accidents par contact direct avec un organe en mouvement peuvent provoquer des dommages allant de la simple écorchure ou plaie bénigne à des lésions gravissimes (coupure ou plaie profonde, fracture, sectionnement de membre, écrasement, etc.). Des projections de pièces sont à l'origine de contusions ou même de brûlures.

Les vibrations provoquées par certaines machines peuvent être à l'origine de maladies professionnelles (« Tableau 69 : affections provoquées par les vibrations et chocs transmis par certaines machines-outils, outils et objets et par les chocs itératifs du talon de la main sur les éléments fixes »). Les statistiques montrent que les plaies et coupures constituent par leur nombre le 3e type de lésion pour les accidents du travail ayant entraîné un arrêt de travail.

**2** **Indiquer**, sous chaque schéma et chaque texte ci-dessous, la nature du dommage présenté en replaçant les mots soulignés dans le **DOC. 2**.

**A**

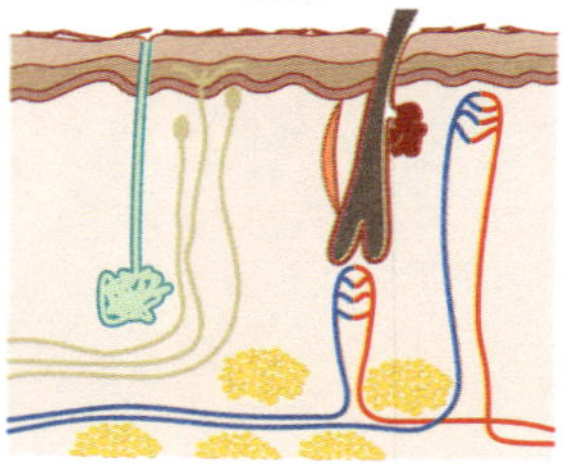

..........................

**B**

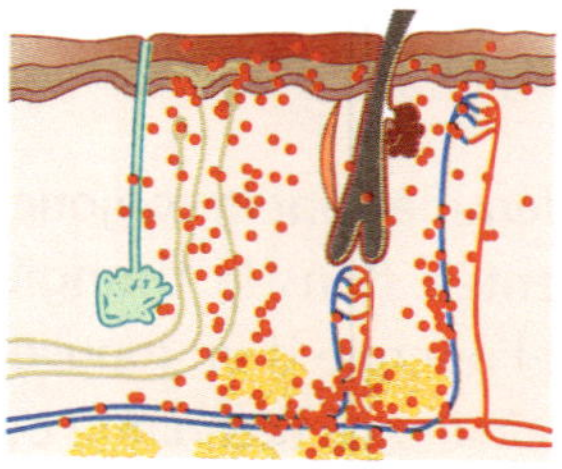

..........................

**C**

Aplatissement des tissus sous l'action d'un choc, d'une compression importante (engrenages, crémaillères, laminoirs...).

..........................

**D**

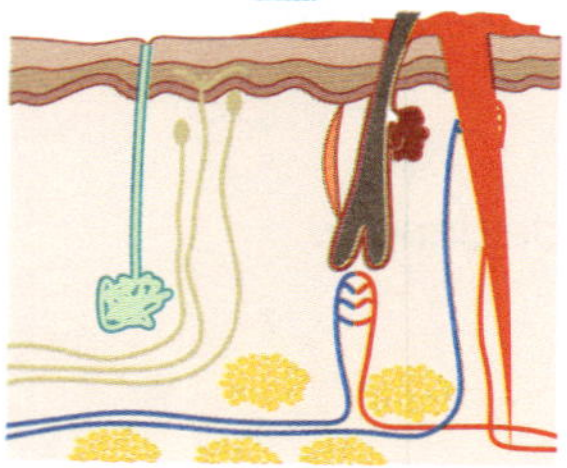

..........................

**E**

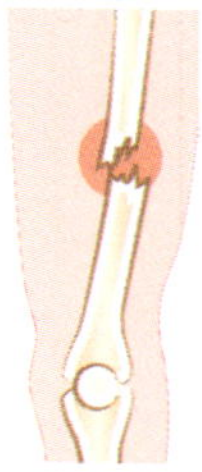

..........................

**F**

Amputation ou arrachement d'un doigt, d'un membre (hachoir, scie à ruban, cisaille...).

..........................

**3** **Indiquer**, à l'aide du **DOC. 2**, des schémas précédents et de vos connaissances, les éléments qui contribuent à la gravité d'une plaie.

– ........................................................................

– ........................................................................

– ........................................................................

**4** **Justifier**, à partir de vos connaissances, la nécessité de la présence de sauveteurs secouristes du travail (SST) dans les entreprises exposées au risque lié aux équipements de travail.

........................................................................

........................................................................

**5** **Indiquer**, pour votre secteur professionnel, deux dommages ou atteintes à la santé liés aux équipements de travail auxquels vous êtes plus particulièrement exposé.

........................................................................

........................................................................

........................................................................

## DOC. 3 Un risque étendu au risque biologique

Toute lésion de la peau, même bénigne, constitue une porte d'entrée pour des micro-organismes pouvant générer une infection. Ainsi, s'il y a lésion, le risque mécanique ne peut être dissocié du risque infectieux. Parmi ces micro-organismes peut figurer le bacille tétanique, responsable du tétanos. Sous forme de spores, il se trouve dans le sol et, de ce fait, sur tout support ayant été à son contact (végétaux, épines de végétaux, métal rouillé…). Une lésion constitue une porte d'entrée pour ces spores qui germent, les bactéries formées se multiplient et sécrètent des toxines qui attaquent le système nerveux. La maladie peut être mortelle lorsque les muscles respiratoires sont atteints.

**6** **Expliquer**, à l'aide du **DOC. 3**, pourquoi le risque lié aux équipements de travail ne peut être séparé du risque infectieux.

........................................................................

........................................................................

........................................................................

**7** **Expliquer**, à l'aide du **DOC. 3**, pourquoi la moindre petite lésion doit être traitée par application d'un antiseptique (produit qui tue les micro-organismes).

........................................................................

........................................................................

........................................................................

# ACTIVITÉ 3 Mesures de prévention adaptées au secteur professionnel

**Objectif : proposer des mesures de prévention hiérarchisées en lien avec le risque.**

## DOC. 4 Quelques moyens de prévention

Protecteurs sur les machines et dispositifs de détection des personnes

Bouton « Arrêt d'urgence »

Affichage INRS

**Indiquer** pour votre secteur professionnel des mesures de prévention contre le risque lié aux équipements de travail. S'aider de vos connaissances, du **DOC. 4** et/ou du site bossons-fute.fr.

| | | Mesures préventives |
|---|---|---|
| **NIVEAU 1** Suppression ou réduction du risque | | |
| **NIVEAU 2** Protection | Collective | |
| | Individuelle | |
| **NIVEAU 3** Instructions (formation – information) | | |

**BILAN**

- **Danger :** équipements, machines, outils, pièces, charges, projections de matériaux ou fluides.
- **Situation dangereuse :** éléments en mouvement.
- **Événement déclencheur :** contact avec le corps humain.
- **Dommages :** coupure, contusion, fracture, écrasement, amputation…

# LE RISQUE LIÉ AUX AMBIANCES LUMINEUSES

**Exemples de situations professionnelles exposant au risque lié à l'ambiance lumineuse**

❶ **Audrey**, titulaire d'un **Bac pro gestion administration** est employée dans une petite entreprise. Elle travaille toute la journée devant l'écran de son ordinateur.

❷ **Alexis**, titulaire du **Bac pro technicien en chaudronnerie industrielle et environnement**, réalise des soudures dans un atelier de construction navale.

## ACTIVITÉ 1 Du danger à l'événement déclencheur

Objectif : identifier le danger, la situation dangereuse, l'événement déclencheur.

### DOC. 1 Les dangers en lien avec les ambiances lumineuses

On parle de confort visuel lorsque l'environnement permet, sans gêne ni fatigue, la vision nécessaire à la réalisation d'une tâche (travail sur ordinateur par exemple).

L'absence d'un des facteurs nécessaires au confort visuel constitue un danger.

Outre les troubles occasionnés, une mauvaise visibilité peut être à l'origine d'accidents du travail.

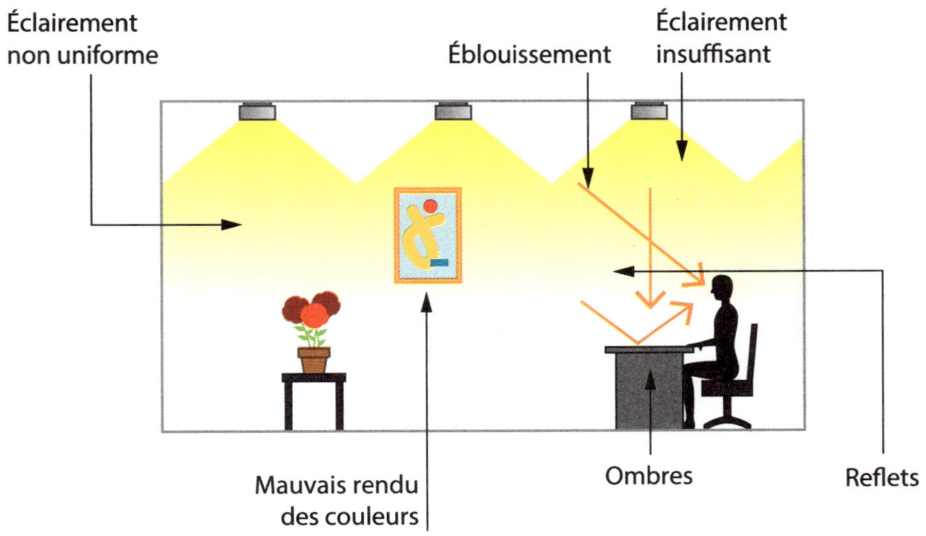


**1** **Rechercher**, à partir du site ci-contre, la définition d'éclairement, d'éblouissement et d'indice de rendu des couleurs. **Noter** les réponses sur une feuille.

**@ Site**
**Identifier les critères du confort visuel en un coup d'œil !**
lienmini.fr/4607-c603

**2** **Expliquer**, à l'aide du **DOC. 1**, pourquoi l'absence de confort visuel constitue une situation dangereuse.

..............................................................................................................

..............................................................................................................

..............................................................................................................

**3** **Décrire**, à l'aide du **DOC. 1**, une situation dangereuse liée aux ambiances lumineuses rencontrée lors de vos PFMP.

..............................................................................................................

..............................................................................................................

## ACTIVITÉ 2 Les dommages dus au risque lié aux ambiances lumineuses

Objectif : expliquer les effets physiopathologiques de l'exposition au danger.

### DOC. 2 Description et fonctionnement de l'œil

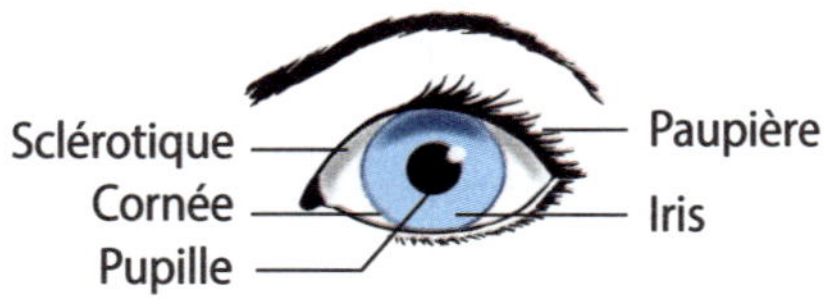


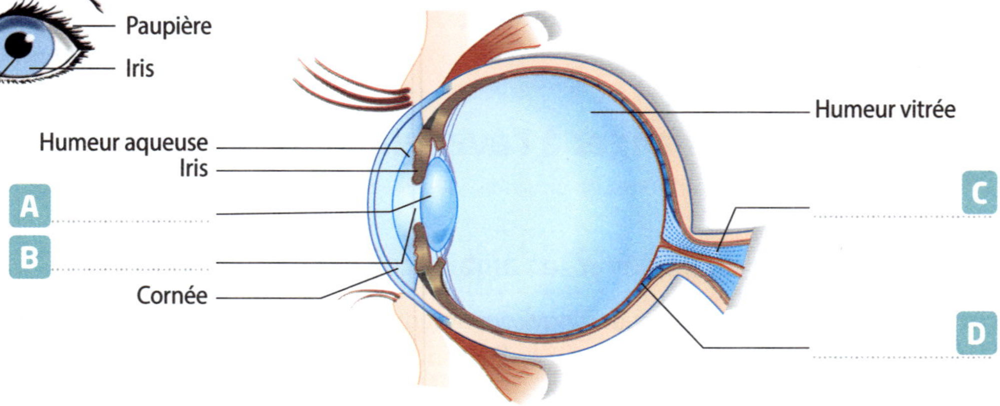


Au centre de l'iris, l'orifice de la pupille change de diamètre pour régler la quantité de lumière qui pénètre dans l'œil. Derrière la pupille, le cristallin, lentille biconvexe élastique et déformable, modifie sa courbure selon si l'objet est plus ou moins rapproché (accommodation) et renvoie l'image, à l'envers, sur la rétine, au fond de l'œil.

Celle-ci comporte les cellules visuelles contenant des pigments. Sous l'action de la lumière, des réactions chimiques transforment ces pigments en influx nerveux que le nerf optique transmet à l'aire visuelle du cerveau qui décrypte l'image reçue à l'envers.

**1** **Compléter** le schéma de l'œil du DOC. 2 à l'aide des termes soulignés et de la vidéo ci-contre.

**Vidéo**
**Le fonctionnement de l'œil (0'55)**
lienmini.fr/4607-c604

### DOC. 3 Dommages liés aux écrans

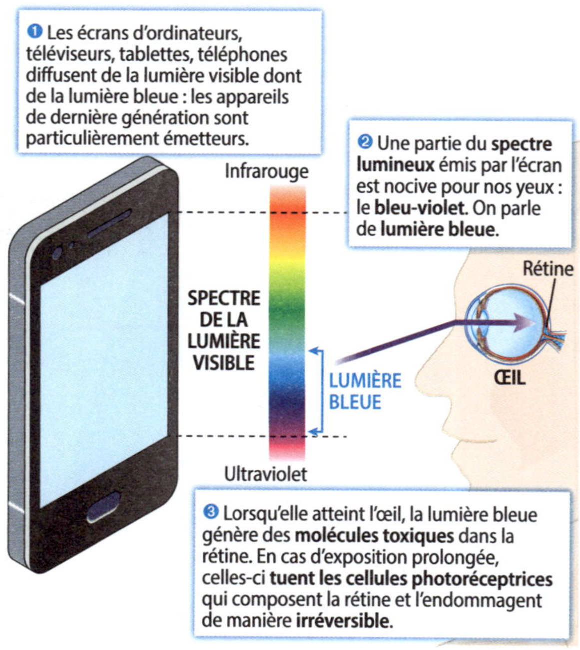


**EFFETS**

**À COURT TERME**, la lumière bleue crée une gêne (yeux qui piquent ou qui larmoient) et des perturbations de la vision.

**À LONG TERME**, elle peut favoriser l'apparition de la cataracte (vieillissement du cristallin), la détérioration de la rétine, la dégénérescence maculaire liée à l'âge (DMLA) et une perte progressive de la vision.

Le travail sur écran génère de la fatigue visuelle. Il révèle et accentue des anomalies de la vision passées auparavant inaperçues.

**2** **Entourer**, dans le DOC. 3, le type de lumière mis en cause lors de l'utilisation des écrans et **souligner** les dommages graves qu'elle peut favoriser.

**3** **Relier** chaque anomalie de la vision, pouvant être accentuée par un mauvais confort visuel, au schéma qui lui correspond (s'aider du schéma de l'œil normal).

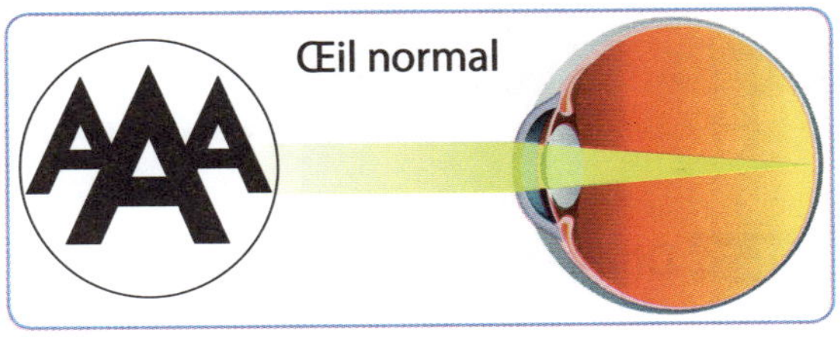


**A** **Œil hypermétrope**
La vue de loin est bonne alors que les objets à proximité sont flous. L'œil est trop court et l'image se forme à l'arrière de la rétine.

**B** **Œil astigmate**
Les images sont perçues comme brouillées et déformées. La cornée normalement ronde est légèrement ovale.

**C** **Œil myope**
Bonne vision de près mais les objets éloignés sont flous. L'image se forme en avant de la rétine car il y a déficience du cristallin ou de la rétine, l'œil est plus long.

1
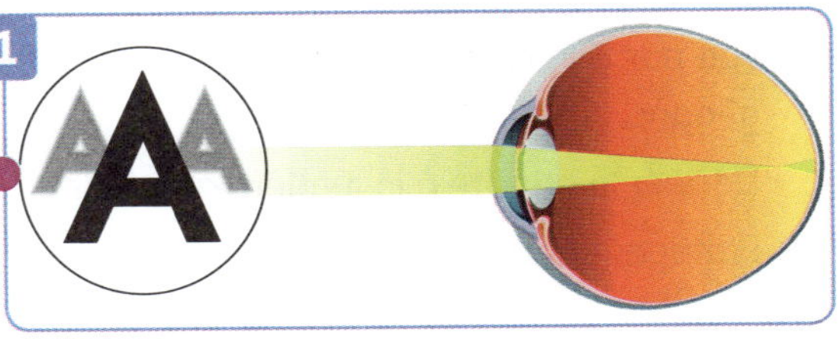

2
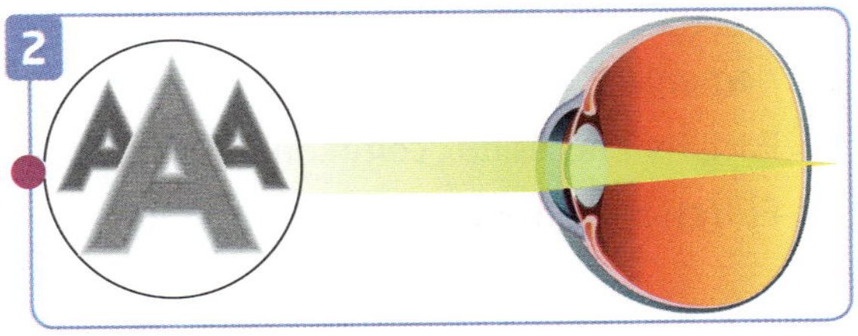

3
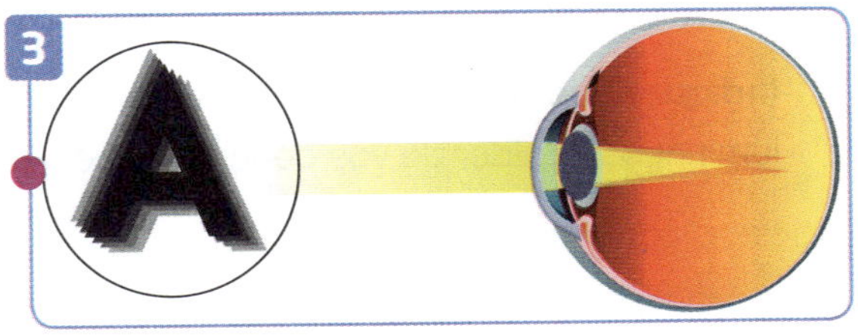

## DOC. 4 Un mauvais éclairage n'est pas anodin

- Les dommages résultant de mauvaises conditions d'éclairage varient selon la qualité et la quantité de lumière diffusée, la sensibilité de chaque travailleur et le type d'activité réalisé (travail minutieux, travail sur écran…).
- Un éclairage inadapté génère dans un premier temps de la fatigue :
  - **fatigue oculaire** : l'œil doit fournir des efforts, soit pour distinguer des détails, soit pour se protéger des éblouissements ; celle-ci se traduit par des rougeurs, des picotements, des maux de tête ;
  - **fatigue intellectuelle** : des efforts supplémentaires sont nécessaires pour comprendre et analyser les perceptions (images) moins précises reçues par le cerveau ;
  - **fatigue physique** : les postures parfois nécessaires à la vision peuvent générer des contractures, des douleurs (nuque) et générer à long terme des troubles musculo-squelettiques (TMS).
- L'exposition régulière à un éclairage inadapté peut entraîner :
  - une baisse de l'acuité visuelle (pouvoir de séparation des objets) ;
  - une diminution du champ visuel (angle de vision) ;
  - une baisse de la vision du relief et de la vision des couleurs.
- De ce fait, les éclairages insuffisants, trop puissants ou éblouissants sont des sources potentielles d'accidents du travail ; des informations mal perçues peuvent être à l'origine d'erreurs, des obstacles non repérés peuvent provoquer des chutes.

**4** **Souligner** dans le **DOC. 4** :
- en vert, les effets à court terme d'un éclairage inadapté.
- en rouge, les effets à long terme d'un éclairage inadapté.

## ACTIVITÉ 3 Mesures de prévention adaptées au secteur professionnel

**Objectif : proposer des mesures de prévention hiérarchisées en lien avec le risque.**

### DOC. 5 Obligations de l'employeur

- Éviter la fatigue visuelle et les affections de la vue par un éclairage suffisant, adapté et non gênant.
- Donner la priorité à la lumière naturelle.
- Protéger contre l'éblouissement et la fatigue visuelle.
- Protéger contre les effets thermiques des rayonnements et les risques de brûlure par contact.
- Faciliter l'accès aux commandes d'éclairage.
- Entretenir le matériel d'éclairage.

Source : INRS

### DOC. 6 Éclairements recommandés

**Selon le Code du travail :**

| | |
|---|---|
| Travail de bureau | 200 lux |
| Bureau de dessin, mécanographie | 300 lux |
| Mécanique fine, gravure, dessin difficile, couture | 400 lux |
| Mécanique de précision, électronique fine, contrôles | 600 lux |
| Tâches très difficiles dans l'industrie et les laboratoires | 800 lux |

Source : INRS

**Indiquer** pour votre secteur professionnel des mesures de prévention contre le risque lié à l'ambiance lumineuse. S'aider de vos connaissances, des DOC. 5 et 6 et du site bossons-fute.fr.

| | | Mesures préventives |
|---|---|---|
| **NIVEAU 1** Suppression ou réduction du danger | | ........................................ |
| **NIVEAU 2** Protection | Collective | ........................................ |
| | Individuelle | ........................................ |
| **NIVEAU 3** Instructions (formation – information) | | ........................................ |

**BILAN**

- **Danger :** ambiance lumineuse inadaptée.
- **Situation dangereuse :** travailler dans une ambiance lumineuse inadaptée.
- **Événement déclencheur :** exposition prolongée à une ambiance lumineuse inadaptée.
- **Dommages :** fatigue visuelle, maux de tête, chutes, etc.

# LE RISQUE LIÉ AUX AGENTS BIOLOGIQUES

**Exemples de situations professionnelles exposant au risque biologique**

❶ **Antoine**, élève en **Bac pro accompagnement soins et services à la personne**, effectue une PFMP en maison de retraite. Il doit changer la couche souillée et effectuer la toilette au lit d'un résident.

❷ **Pauline**, élève en **Bac pro hygiène propreté stérilisation**, effectue une PFMP au service de stérilisation centrale d'un hôpital. Elle réceptionne et trie les instruments décontaminés provenant du bloc opératoire afin de les préparer pour les opérations de stérilisation.

## ACTIVITÉ 1 Le danger

**Objectif : identifier les agents biologiques constituant un danger.**

### DOC. 1 Les agents biologiques

Ce sont, pour la plupart d'entre eux, des êtres vivants microscopiques qui ont besoin de nutriments et de certaines conditions environnementales pour se reproduire (eau, chaleur, nourriture…). Indispensables à la vie, ils sont présents chez les êtres vivants (humains, animaux, plantes) et dans l'environnement (eaux, sols). La plupart sont inoffensifs pour l'Homme mais certains (pathogènes) peuvent être à l'origine de maladies.

En santé au travail, la notion « d'agents biologiques » regroupe selon la règlementation européenne :

- les micro-organismes (bactéries, virus, champignons, protozoaires) ;
- les prions, ou agents transmissibles non conventionnels ;
- les parasites internes (amibes, vers intestinaux…) ;
- les cultures cellulaires.

Ils sont susceptibles de provoquer une infection, une allergie ou une intoxication.

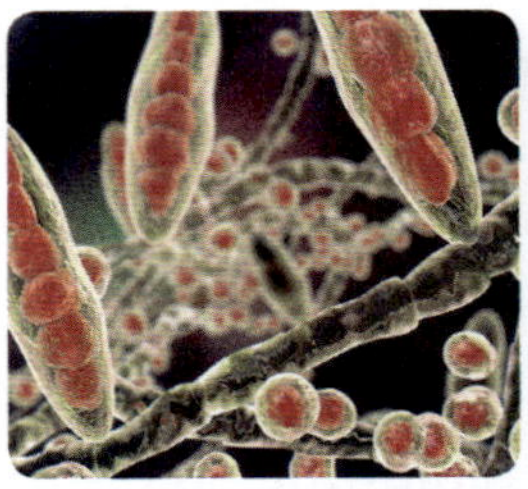
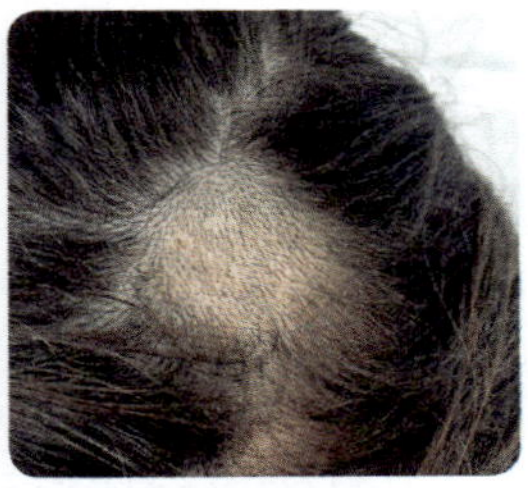

Champignon dermatophyte (teigne, maladie très contagieuse atteignant peau et cuir chevelu)

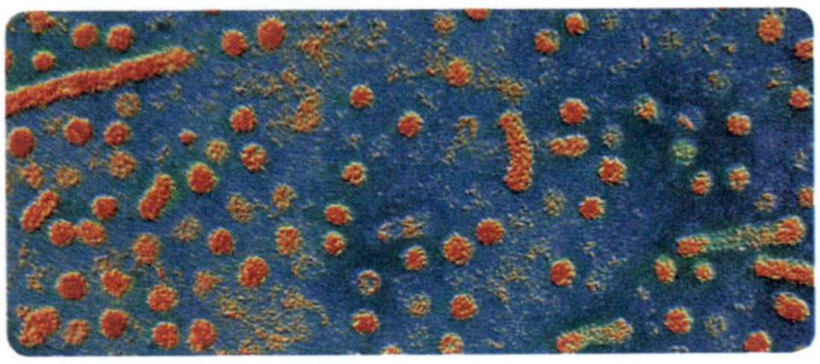

Virus de l'hépatite B (accidents d'exposition au sang)

**1** **Relever**, dans le **DOC. 1**, la nature des agents biologiques lorsqu'il s'agit de « santé au travail ».

..............................................................................................................

..............................................................................................................

..............................................................................................................

**2** **Indiquer**, pour votre secteur professionnel, à quel(s) agent(s) biologique(s) vous êtes particulièrement exposé. S'aider de ses connaissances ou de la fiche métier qui vous correspond téléchargée sur le site ci-contre.

@ Site
**Bossons futé !**
lienmini.fr/4607-c605

..............................................................................................................

..............................................................................................................

..............................................................................................................

# ACTIVITÉ 2 Les situations dangereuses

**Objectif : identifier les situations dangereuses liées au risque biologique.**

## DOC. 2 Classification des agents biologiques en fonction de leur dangerosité

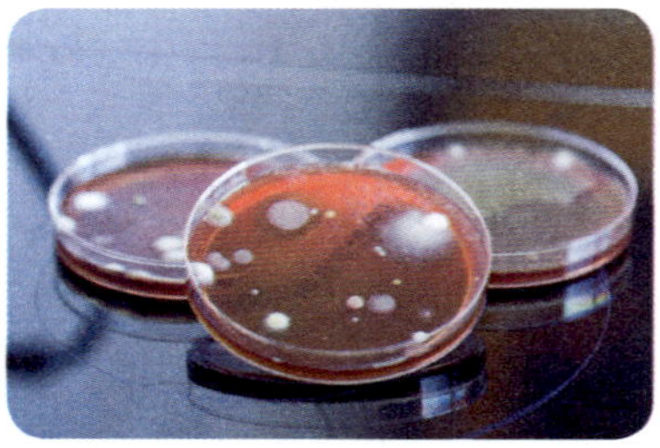

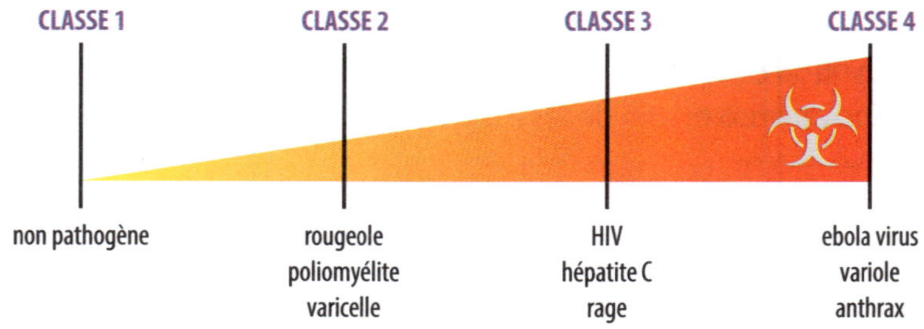


| | CLASSE 1 | CLASSE 2 | CLASSE 3 | CLASSE 4 |
|---|---|---|---|---|
| **Danger pour le travailleur** | Non | Oui | Oui | Oui |
| **Propagation dans la collectivité** | | Peu probable | Possible | Risque élevé |
| **Protocole préventif et/ou traitement efficace** | | Oui | Oui | Non |

## DOC. 3 Des situations dangereuses résultant d'utilisations délibérées ou potentielles

**Activités exposant à des risques biologiques**

– Travaux au contact d'humains ou de produits d'origine humaine.

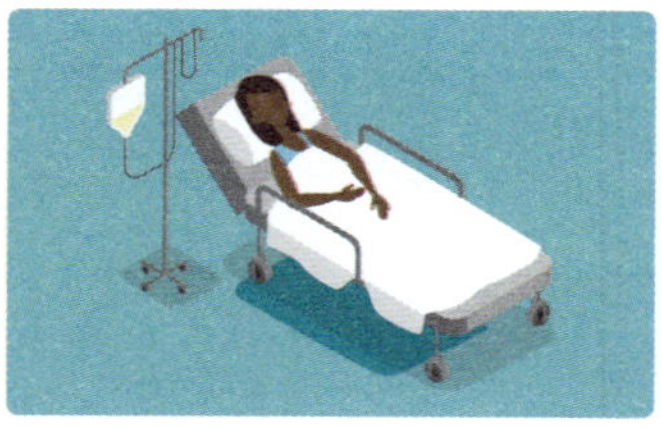

– Travaux au contact d'animaux ou de leurs produits.

– Assainissement, maintenance.
– Industries en contact avec des agents biologiques, laboratoires.

**Exposition délibérée :** les agents sont connus car utilisés dans un procédé industriel ou manipulés en laboratoire. La prévention est en place.
**Exposition potentielle (possible) :** elle est liée à l'activité auprès de personnes potentiellement contaminées (métiers de santé et de soins), auprès d'un environnement propice à la multiplication microbienne (traitement des déchets…).

**1** **Indiquer** à l'aide du **DOC. 3**, dans quel secteur d'activité se situe votre secteur professionnel.

.............................................................................

.............................................................................

**2** **Décrire** une situation dangereuse de votre secteur professionnel vous exposant à des agents biologiques ; **justifier** la dangerosité à l'aide du **DOC. 2**.

.............................................................................

.............................................................................

**3** **Indiquer**, à l'aide du **DOC. 3**, si le contact avec des agents biologiques au cours de votre activité professionnelle est dû à :

☐ une utilisation délibérée.

☐ une exposition potentielle.

**Justifier :**

.............................................................................

.............................................................................

.............................................................................

# ACTIVITÉ 3 Chaîne épidémiologique et événement déclencheur

**Objectif : identifier les événements déclencheurs liés au risque biologique.**

## DOC. 4 La chaîne de transmission des agents biologiques

Toute maladie infectieuse se propage selon la chaîne de transmission constituée de 5 maillons.

❶ **Réservoir** : personne malade (hépatite, SIDA…), animal malade (rage, grippe aviaire…), terre (tétanos), eau (poliomyélite), etc.

❷ **Porte de sortie** : pour qu'il y ait exposition, il faut que les agents biologiques puissent sortir du réservoir (toux, urine, sang…).

❸ **Transmission** : elle peut se faire par contact direct (morsure d'animal…) ou indirect (air, objet souillé…).

❹ **Porte d'entrée** (ou voie de pénétration) : outre la voie respiratoire, il y a la voie sanguine (plaie), cutanée (peau), digestive (main non lavée portée à la bouche), etc.

❺ **Hôte potentiel** (ou récepteur) : c'est l'individu (ici, le travailleur) qui se trouve au bout de la chaîne de transmission. Il va être contaminé et pourra développer la maladie si l'exposition est suffisamment importante et s'il n'est pas protégé.

La mise en œuvre d'une prévention méthodique se fait en agissant au niveau des 5 maillons de la chaîne.

**Exemple de chaîne de transmission : la leptospirose**

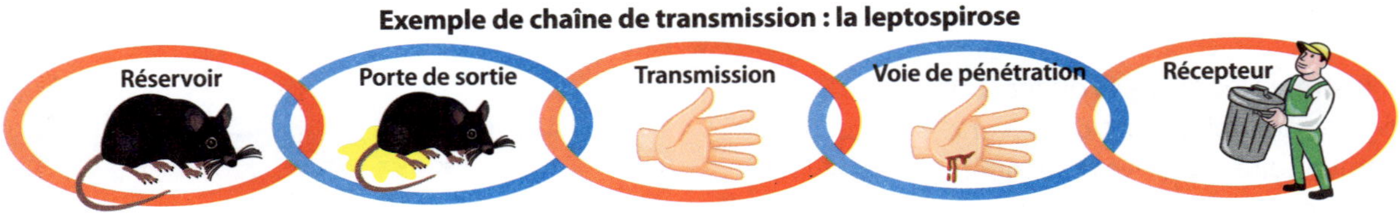


Après lecture du **DOC. 4** :

**1** **Indiquer** pour chaque situation ci-dessous le réservoir de micro-organismes (m-o) et la voie de pénétration dans l'organisme. **Souligner** l'événement déclencheur pour les situations A et B. Vous pouvez aussi vous aider de la vidéo ci-contre.

**Vidéo**
**Comment se transmettent les agents biologiques ? (1'47)**
lienmini.fr/4607-c606

| Situations | Réservoir de m-o | Voie de pénétration |
|---|---|---|
| **A** Jean, cuisinier, s'est entaillé la main en épluchant des pommes de terre ; 8 jours après, le médecin diagnostique le tétanos. | .................... | .................... |
| **B** Maria entretient les chambres de malades atteints de tuberculose pulmonaire qui toussent beaucoup ; elle ne porte pas de masque. Son médecin diagnostique une primo-infection, 1re phase de la tuberculose. | ....................<br>.................... | ....................<br>.................... |
| **C** Ali est maître-nageur dans une piscine. Le médecin diagnostique une mycose (maladie provoquée par des champignons microscopiques) au niveau des orteils résultant de son activité professionnelle. | ....................<br>.................... | ....................<br>.................... |

**2** **Retrouver**, pour l'agent biologique auquel vous êtes particulièrement exposé au cours de votre activité professionnelle, les différents maillons de la chaîne de transmission.

| Réservoir | Porte de sortie | Transmission | Porte d'entrée | Hôte |
|---|---|---|---|---|
| ....................<br>.................... → | ....................<br>.................... → | ....................<br>.................... → | ....................<br>.................... → | Vous |

# ACTIVITÉ 4 Les dommages dus au risque biologique

**Objectif : expliquer les effets physiopathologiques de l'exposition au danger.**

**1** **Relier** les dommages dus aux agents biologiques aux schémas qui leur correspondent. (Attention ! Le dommage **D** n'a pas de schéma associé.)

**A** **L'infection (ou maladie infectieuse) :** elle est due à la pénétration et à la multiplication de micro-organismes dans le corps. Sa gravité dépend de la nature de l'agent infectieux, des perturbations qu'il entraîne (fièvre, douleur…) ainsi que des organes qu'il atteint. Le système immunitaire est chargé de le neutraliser.

**B** **L'intoxication :** elle résulte de l'action dans l'organisme de toxines (ou poisons) sécrétées par des bactéries ou présentes dans le corps bactérien ou bien encore sécrétées par des moisissures (mycotoxines).

**C** **L'allergie :** les allergies ou réactions d'hypersensibilité sont dues à une réaction immunitaire excessive provoquée par un allergène pouvant provenir d'un agent biologique ; le seuil de déclenchement de ces effets est très variable d'un individu à l'autre.

**D** **Le cancer :** un cancer est une tumeur maligne formée par la multiplication anarchique de cellules. Certaines mycotoxines peuvent entraîner des cancers, de même que certaines infections lorsqu'elles deviennent chroniques (exemple : cancer du foie dans le cas de l'hépatite B ou C).

**1**

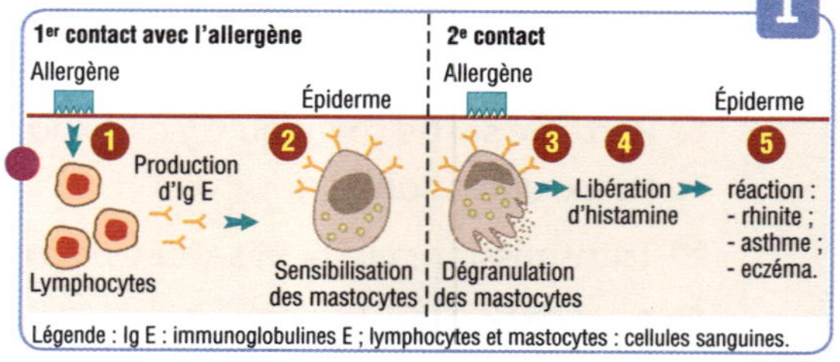


Légende : Ig E : immunoglobulines E ; lymphocytes et mastocytes : cellules sanguines.

**2**

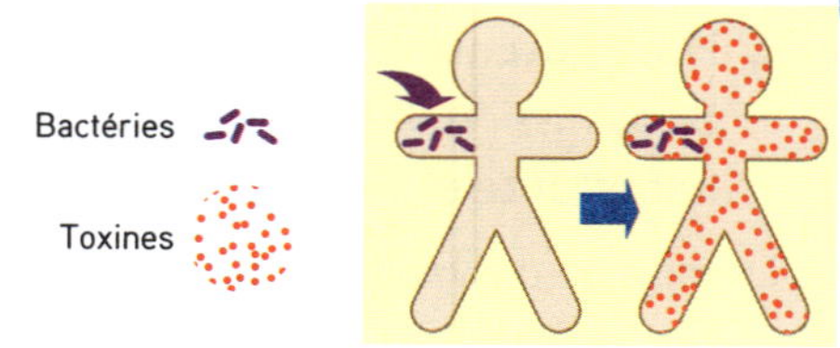


**3**

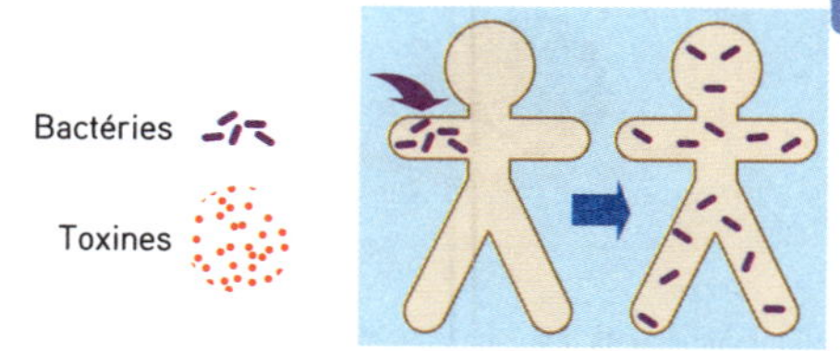


**Important !** 24 maladies professionnelles sont provoquées par des agents biologiques, parmi lesquelles 21 résultent du risque infectieux.

**2** **Expliquer**, à l'aide de la consigne 1, pourquoi les micro-organismes restent le principal agent biologique constituant un danger (donner deux raisons).

– ……………………………………………………………………………………………

– ……………………………………………………………………………………………

www **3** **Indiquer** pour votre secteur professionnel, à l'aide de la consigne 1, de vos connaissances et du site www.bossons-fute.fr :

– le type de dommage auquel vous êtes plus particulièrement exposé(e).

……………………………………………………………………………………………

……………………………………………………………………………………………

– la (les) maladie(s) professionnelle(s) qui menace(nt) particulièrement votre secteur professionnel.

……………………………………………………………………………………………

……………………………………………………………………………………………

……………………………………………………………………………………………

## DOC. 6 L'information de l'usager sur les ACD - l'étiquetage des produits et FDS

**1. Mention d'avertissement :** spécifie le degré relatif d'un danger. Deux mentions d'avertissement sont possibles : « Danger » (utilisée pour les catégories de danger les plus sévères) et « Attention ».

**2. Identité du fournisseur :** nom, adresse et numéro de téléphone du (des) responsable(s) de la mise sur le marché du produit.

**3. Pictogramme de danger :** symbolise le(s) danger(s) que représente un produit chimique.

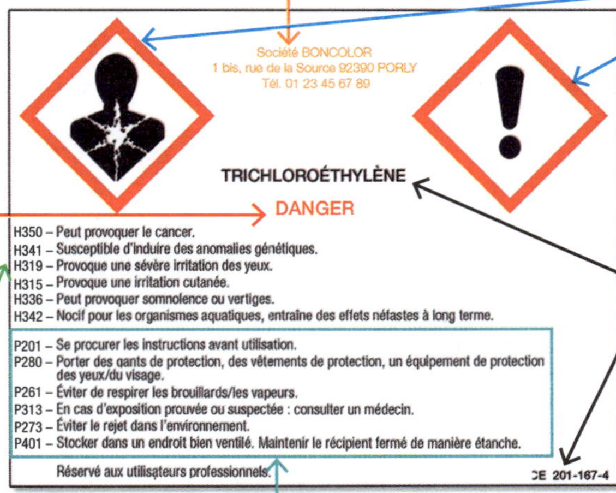


**4. Mention de danger (H pour « hazard ») :** phrase qui décrit la nature du danger que constitue un produit chimique et, lorsqu'il y a lieu, le degré de ce danger.

**5. Identification du produit :** nom chimique et, lorsqu'il existe, numéro d'identification.

**6. Conseils de prudence (P) :** précautions à respecter et protections à utiliser lors de l'utilisation du produit chimique.

**REMARQUE :** l'étiquetage des produits est complété par les fiches de données de sécurité, ou FDS. Pour chaque produit utilisé dans une entreprise, les FDS recensent notamment les dangers pour la santé et l'environnement, les moyens de protection et les gestes de premiers secours en cas d'accident.

## DOC. 7 Pictogrammes de danger CLP (*)

**Pictogrammes de danger**

Matières explosibles (EX)

Matières inflammables (IN)

Matières comburantes (CB)

Gaz sous pression (GZ)

Matières corrosives (CR)

Toxicité aiguë et catégorie 1, 2, 3 (TO)

Toxicité aiguë catégorie 4 (corrosion, irritations ou sensibilisation oculaires/lésions oculaires) (DA)

Risque mutagène respiratoire, cancérogène ou pour la reproduction CMR

Danger pour le milieu aquatiques (EN)

*(*) L'étiquetage CLP (Classification, Labelling, Packaging, soit Classification étiquetage et emballage) est une application dans l'UE du système général harmonisé SGH*

À partir des **DOC. 6** et **7** :

**5** **Indiquer** le numéro des quatre mentions informatives sur la sécurité sur un étiquetage CLP.

.......................................................

**6** **Indiquer** l'intérêt international de l'étiquetage CLP danger présent sur les agents chimiques dangereux.

.......................................................

.......................................................

.......................................................

.......................................................

**7** **Nommer** le document à la disposition des entreprises qui complète l'étiquette du produit et **souligner** son rôle.

.......................................................

.......................................................

## DOC. 8 Protections individuelles

Exemples de panneaux rappelant l'obligation de porter des EPI, bonne protection contre le risque chimique.

## DOC. 9 Exemple de protection collective

© Serge Morillon / INRS

Captou, dispositif de captage de poussières de bois conçu par l'INRS

**8** **Indiquer** pour votre secteur professionnel des mesures de prévention contre le risque chimique. S'aider de vos connaissances, des DOC. 4 à 9, de la vidéo et du site bossons-fute.fr (fiche risque chimique et ou fiche de métier concernant votre secteur).

**Vidéo**
INRS Les risques chimiques (9'03)
lienmini.fr/4507-c609

| | | Mesures préventives |
|---|---|---|
| **NIVEAU 1** Suppression ou réduction du risque | | ................................ |
| **NIVEAU 2** Protection | Collective | ................................ |
| | Ind. | ................................ |
| **NIVEAU 3** Instructions (formation – information) | | ................................ |

### BILAN

- **Danger :** ACD et produits assimilés (fumées, gaz, aérosols, poussières…).
- **Situation dangereuse :** travailler en présence d'ACD.
- **Événement déclencheur :** pénétration de l'agent dans l'organisme.
- **Dommages :** intoxication, brûlure, allergie, incendie, explosion.

# LE RISQUE LIÉ AU BRUIT

**Exemples de situations professionnelles exposant au bruit**

❶ **Samira**, titulaire du **Bac pro construction des carrosseries**, travaille dans un atelier où le bruit est permanent avec parfois des pics élevés.

❷ **Jef**, titulaire du **Bac pro technicien d'usinage**, travaille dans une entreprise où le niveau sonore est élevé.

## ACTIVITÉ 1 Du danger à l'événement déclencheur

Objectif : identifier le danger, la situation dangereuse, l'événement déclencheur.

### DOC. 1 Bruit au travail et réglementation

**VAI**

Valeur d'exposition inférieure déclenchant l'action
– Exposition moyenne : 80 dB(A)
– Niveau de crête : 135 dB(C)

Mise à disposition de PICB
Formation sur le risque bruit
Examen audiométrique

**VAS**

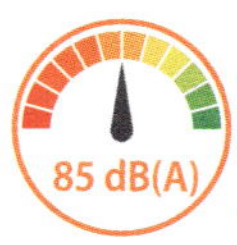


Valeur d'exposition supérieure déclenchant l'action
– Exposition moyenne : 85 dB(A)
– Niveau de crête : 137 dB(C)

Mise en œuvre d'un programme de réduction d'exposition au bruit
Port de PICB obligatoire
Examen audiométrique renforcé

**VLE**

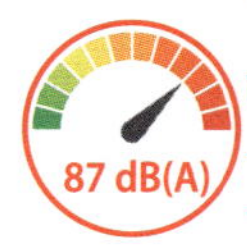


Valeur limite d'exposition
– Exposition Moyenne : 87 dB(A)
– Niveau de crête : 140 dB(C)

À ne pas dépasser en aucun cas
Mesure de réduction d'exposition immédiate
Limitation de la durée d'exposition des salariés

Les unités de mesure :
– **dB(A)** : exposition quotidienne sur une durée de 8 heures de travail ($L_{ex}$8 h) ;
– **dB(C)** : pression acoustique de crête ($L_{pc}$) = valeur maxi atteinte dans un temps très bref (bruit émis par à-coups, type explosions).

### DOC. 2 Durée limite d'exposition au bruit avant dommages (sans protection)

- De 120 à 140 dB(A) : quelques secondes suffisent à provoquer des dégâts irréversibles.
- 107 dB(A) : 1 min/jour
- 101 dB(A) : 4 min/jour
- 95 dB(A) : 15 min/jour
- 92 dB(A) : 30 min/jour
- 86 dB(A) : 2 h/jour
- 80 dB(A) : 8 h/jour

**1** **Justifier**, à partir du DOC. 2, la valeur d'exposition inférieure indiquée dans le DOC. 1 déclenchant l'action de prévention conformément à la réglementation.

$L_{ex}$ 8 h : 80 dB(A) : ..........................................

..........................................

..........................................

..........................................

..........................................

**2** **Indiquer**, à l'aide du DOC. 1, les obligations des ateliers suivants en cochant le tableau.

| Situations | VAI<br>Mise à disposition de PICB | VAS<br>PICB obligatoires |
|---|---|---|
| **1.** Atelier de chaudronnerie<br>$L_{ex}$8 h : 70 dB(A) $L_{pc}$ : 140 dB(C) | ☐ | ☐ |
| **2.** Entreprise de construction aéronautique<br>$L_{ex}$8 h : 82 dB(A) $L_{pc}$ : 90 dB(C) | ☐ | ☐ |
| **3.** Atelier de confection<br>$L_{ex}$8 h : 85 dB(A) $L_{pc}$ : 100 dB(C) | ☐ | ☐ |

## ACTIVITÉ 2 Mesures de prévention adaptées au secteur professionnel

Objectif : proposer des mesures de prévention hiérarchisées en lien avec le risque.

### DOC. 3 Moyens d'action contre le bruit

Conformément à la réglementation, l'employeur doit réduire le bruit des ateliers au niveau le plus bas possible. Il dispose des moyens suivants :

| | |
|---|---|
| Action sur la source | – **Réduction du bruit à la source** par action sur la machine.<br>Ex. : achat d'une nouvelle machine moins bruyante lors du renouvellement du parc machines. |
| Protections collectives | <br>– **Encoffrement de machines** : un encoffrement est une structure présentant un isolement phonique élevé, à l'intérieur de laquelle est placée la machine bruyante.<br>– **Traitement acoustique du local** : revêtir les parois du local d'un matériau absorbant le son. Efficace seulement au niveau des zones éloignées des zones de bruit.<br>– **Écrans acoustiques** : des box permettent d'isoler des postes de travail bruyants ; ils sont généralement associés à un traitement acoustique du plafond. |
| Protections individuelles | – **PICB** : casques et bouchons d'oreilles sont mis à disposition ou utilisés en fonction des niveaux sonores précisés par la loi. Celle-ci prend simultanément en compte l'exposition quotidienne subie durant 8 heures ($L_{ex}$, 8 h) et le niveau maximal des pics sonores auxquels peut être exposé le travailleur (pression acoustique, $L_{pc}$).<br> <br>Panneau « port PICB obligatoire » |

**Classer** les mesures de prévention pour lutter contre le bruit au travail présentées dans le **DOC. 3**, dans le tableau ci-dessous. S'aider de la video ci-contre.

**Vidéo**
Nuisances sonores (1'12)
lienmini.fr/4607-c610

| Moyens agissant sur l'émission du bruit | Moyens agissant sur la transmission du bruit | Moyens agissant à la réception du bruit |
|---|---|---|
| – .................................... | – .................................... | – .................................... |
| .................................... | – .................................... | .................................... |
| .................................... | – .................................... | .................................... |

**BILAN**

- **Danger :** 80 dB(A) et plus.
- **Situation dangereuse :** travailler dans un atelier ou les niveaux sonores sont un danger.
- **Événement déclencheur :** 80 dB(A) et plus durant 8 heures, bruits brefs et occasionnels de 120 à 140 dB(C).
- **Dommages :** fatigue, surdités, troubles du sommeil, troubles digestifs…

# Tle

Thématique A - L'individu responsable de son capital santé



Thématique B - L'individu responsable dans son environnement

## Thématique C - L'individu acteur de prévention dans son milieu professionnel

# La sécurité alimentaire

Module **A.9**

**FINALITÉ** Appréhender les risques liés aux aliments pour agir en consommateur responsable.

**Pour introduire le module**

**De la ferme à l'assiette, vous avez tous un rôle à jouer (2'32)**

lienmini.fr/4607-a901

## SYSTÈME

Le système de qualité sanitaire des aliments a pour finalité la sécurité alimentaire, indispensable pour la santé des consommateurs. Ce système repose sur la réglementation européenne régissant toutes les étapes de la production à la distribution alimentaire. Elle comporte la qualité microbiologique et la qualité chimique.

Des organismes de contrôle, tels que la DDPP, veillent au respect de cette réglementation et peuvent déclencher des procédures d'alerte en cas de repérage de produits dangereux. Des organismes de veille sanitaire, comme l'ANSES, assurent une surveillance épidémiologique et contribuent à l'évolution de la réglementation. Ils peuvent, en cas de crise, préconiser le principe de précaution. D'autre part, chaque consommateur a sa part de responsabilité dans ce dispositif : il doit respecter les règles d'hygiène et de stockage.

## ANALYSER LE SYSTÈME

**1** **Surligner** dans le texte ci-dessus la finalité du système.

**2** **Compléter** le schéma ci-dessous avec les éléments soulignés dans le système.

**Réglementation européenne**
........................ + ................................

...............................
...............................
Au niveau local
DDPP

Sécurité alimentaire
.....................
.......................

...............................
...............................
– ANSES
– Services des ministères de l'agriculture, de la santé, de la consommation

**Comportement du consommateur**
.............................................

Possibilité de
..................
..................

..................
..................

# MOBILISER LES CONNAISSANCES UTILES

## ACTIVITÉ 1 Les critères de la qualité sanitaire des aliments

**Objectif : expliquer les deux principaux critères de la qualité sanitaire des aliments.**

### DOC. 1 Définition de la qualité alimentaire

La qualité est l'aptitude à satisfaire les besoins du consommateur. La qualité alimentaire comprend la qualité nutritionnelle, la qualité organoleptique (goût, odeur, aspect…) et la qualité sanitaire (qualité chimique et qualité microbiologique).

### DOC. 2 Les perturbateurs endocriniens

Ces substances entrant dans la composition de nombreux produits sont suspectées de dérégler le fonctionnement de certaines glandes (thyroïde, glandes surrénales…), entraînant des maladies graves. La législation évolue pour mieux contrôler leur utilisation.

Source : leparisien.fr

### DOC. 3 Les pesticides

L'utilisation des pesticides pour traiter les fruits et légumes est très réglementée. La présence de ces agents contaminants dans les aliments est contrôlée.

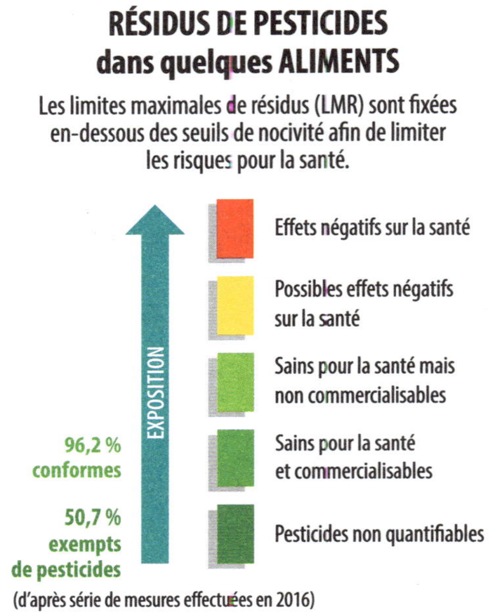


**1** **Souligner**, dans le DOC. 1, les deux critères de la qualité sanitaire des aliments.

**2** **Entourer**, sur le DOC. 2, les aliments, ustensiles ou contenants entrant en contact avec les aliments pouvant contenir des perturbateurs endocriniens. **Surligner** ces derniers et **citer** quatre pathologies qu'ils peuvent favoriser.

……………………………………………………………………………………………………

**3** **Indiquer** si la qualité chimique des fruits et légumes étudiés dans le DOC. 3 doit inquiéter le consommateur.

……………………………………………………………………………………………………

**4** **Proposer**, à l'aide des questions ci-dessus, une définition de la qualité chimique des aliments.

……………………………………………………………………………………………………

……………………………………………………………………………………………………

## DOC. 4 Extrait d'un communiqué concernant le retrait de la vente de moules cuisinées

La société Capitaine Houat et Intermarché demandent aux clients de ne pas consommer ces moules et de les rapporter au magasin. Si vous avez consommé ces moules, soyez attentifs au moindre symptôme digestif [...]. En effet, certaines souches de la bactérie *Escherichia coli* peuvent entraîner des intoxications alimentaires qui se manifestent par des gastro-entérites marquées par des diarrhées avec éventuellement présence de sang dans les selles, des douleurs abdominales et de la fièvre.

Source : site e-sante.fr

## DOC. 5 Un banquet qui finit mal

Treize personnes ont été victimes d'une intoxication alimentaire en Normandie. Quelques heures après le repas, les invités ont été pris de vomissements, de diarrhées, de maux de tête et de vertiges. Des symptômes provoqués par des tartelettes à la framboise achetées chez un traiteur. Cinq personnes ont passé la semaine au lit, dont deux à l'hôpital.

Suite à cette intoxication le traiteur a procédé à des analyses.

**Extrait de la recherche d'agents contaminants**

| Type de micro-organismes | Résultats | Norme |
|---|---|---|
| 1. Flore aérobie mésophile totale | 120 000/g | 300 000/g |
| 2. Coliformes totaux | 400/g | < 1 000/g |
| 3. Coliformes fécaux | 4/g | < 10/g |
| 4. Salmonelles dans 25 g | 9 | absence |
| 5. *Staphylococcus aureus* | 10/g | < 100 g |

**5** **Indiquer** la nature du problème de santé soulevé dans les **DOC. 4** et **5**.

..................................................................................................

**6** **Entourer** dans l'analyse microbiologique du **DOC. 5** le type de bactérie qui dépasse la norme autorisée.

**7** **Préciser**, à l'aide du **DOC. 5**, l'intérêt des critères dans une analyse microbiologique.

..................................................................................................

..................................................................................................

..................................................................................................

**8** **Indiquer** à partir des **DOC. 4** et **5** les micro-organismes incriminés, leur provenance et leurs effets.

| | Agents contaminants | Sources | Troubles provoqués |
|---|---|---|---|
| **DOC. 4** | .................... | .................... | .................... |
| **DOC. 5** | .................... | .................... | .................... |

**9** **Définir**, à l'aide des questions ci-dessus, la qualité microbiologique des aliments.

..................................................................................................

..................................................................................................

..................................................................................................

# ACTIVITÉ 2 Le maintien de la qualité microbiologique des aliments

**Objectif : expliquer les précautions qui permettent de maintenir la qualité microbiologique des aliments jusqu'à leur consommation.**

## DOC. 6 Rappel des conditions de vie et de multiplication des micro-organismes

Les bactéries sont les micro-organismes les plus abondants. Les bactéries se multiplient par division cellulaire. À température ambiante, une bactérie aura 2 millions de descendants au bout de 7 heures.

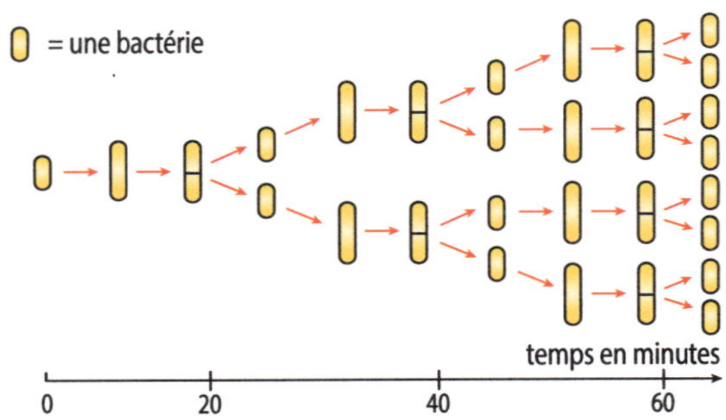


| FAVORABLE à la croissance bactérienne | DÉFAVORABLE à la croissance bactérienne |
|---|---|
| • Présence de nutriments (la matière organique des aliments est très favorable)<br>• Présence de dioxygène<br>• Présence d'eau<br>• pH proche du neutre<br>• Température ambiante | • Absence de milieu nutritif, de dioxygène, d'eau, pH acide ou basique<br>• Températures défavorables :<br>∘ hautes températures ;<br>∘ –18 °C (arrêt de la multiplication mais pas destruction : congélation)<br>∘ 3 °C (ralentissement : réfrigération) |

## DOC. 7 Caractéristiques des aliments

Les aliments contiennent naturellement une grande quantité de micro-organismes non pathogènes qui se nourrissent et se multiplient dans la matière organique. On parle aussi de flore de décomposition. Celle-ci ne cesse de se multiplier, altérant progressivement la denrée alimentaire et générant saveurs, odeurs et aspects désagréables.

À partir des DOC. 6 et 7 :

**1** **Indiquer** la famille de micro-organismes la plus abondante dans les aliments.

.......................................................................................................

**2** **Présenter** les caractéristiques de ces micro-organismes au niveau de leur multiplication.

.......................................................................................................

.......................................................................................................

**3** **Justifier** pourquoi les aliments sont particulièrement périssables (se conservent peu de temps).

.......................................................................................................

.......................................................................................................

.......................................................................................................

**4** **Expliquer** le rôle de la température dans le processus de décomposition.

.......................................................................................................

## DOC. 8 La chaîne du froid

La réglementation impose le maintien d'une certaine température, de la fabrication à la distribution des produits alimentaires périssables. Le respect de la chaîne du froid (de 0 °C à 8 °C selon les produits) permet une bonne conservation des aliments en limitant la prolifération des micro-organismes et en préservant leurs propriétés nutritionnelles. En cas de rupture de la chaîne du froid, la multiplication bactérienne redémarre et s'accélère, réduisant ainsi la durée de vie du produit, qui peut même être dangereux si des germes pathogènes (listéria, salmonelles…) ont aussi proliféré. Le consommateur doit maintenir cette chaîne lors du transport et du stockage.

## DOC. 9 La date limite de consommation

La date limite de consommation, ou DLC, est déterminée par l'industriel lorsqu'il estime qu'au regard des conditions de fabrication, le produit aura atteint le seuil maximal de micro-organismes (flore de décomposition, germes pathogènes) toléré par la loi. Au-delà de cette date, il y a des risques d'intoxication alimentaire et des altérations organoleptiques (goût, odeur) peuvent commencer à apparaître.

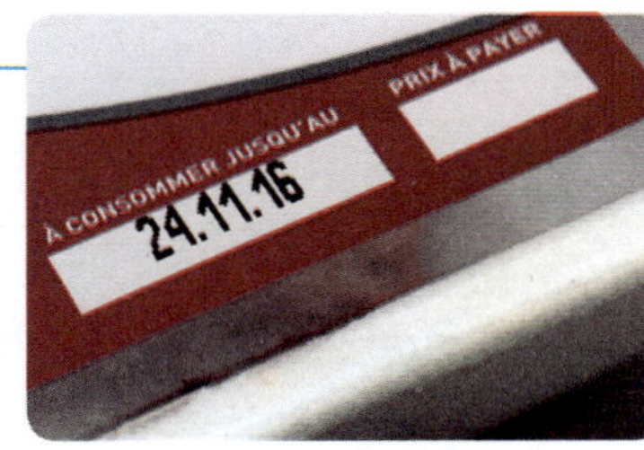


*Les DLC concernent les produits frais (viandes, yaourts, plats cuisinés…).*

**5** **Proposer**, à l'aide du **DOC. 8** et de la vidéo ci-contre, une définition de la chaîne du froid.

..........................................................................

..........................................................................

..........................................................................

**Vidéo**
**Conservation des aliments : comment respecter la chaîne du froid ? (2'02)**
lienmini.fr/4607-a902

**6** **Expliquer**, à l'aide du **DOC. 9**, les conséquences microbiologiques de la rupture de la chaîne du froid.

..........................................................................

..........................................................................

**7** **Indiquer**, à l'aide du **DOC. 9**, à quoi correspond la DLC sur le plan microbiologique.

..........................................................................

..........................................................................

**8** **Indiquer,** à l'aide du **DOC. 9**, s'il est encore possible de consommer des aliments lorsqu'ils ont dépassé leur DLC.

..........................................................................

**9** **Indiquer** et **justifier**, à l'aide des **DOC. 6**, **8** et **9**, trois règles qui permettent de maintenir la qualité microbiologique des aliments.

..........................................................................

..........................................................................

..........................................................................

..........................................................................

## DOC. 10 Effet du lavage des mains sur la flore des mains

Les mains peuvent altérer la qualité microbiologique des aliments lors de leurs manipulations, d'où l'importance essentielle du lavage des mains.

**Flore cutanée résidente** : ce sont les bactéries non pathogènes naturellement présentes sur la peau qui ne s'éliminent pas complètement au lavage.

**Flore cutanée transitoire** : ce sont les bactéries apportées par les salissures et pouvant comporter des germes pathogènes.

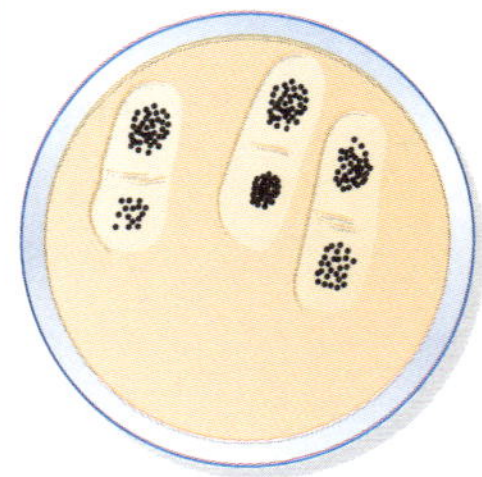

*Colonies de microbes présents sur la main* ***avant lavage*** *de mains.*

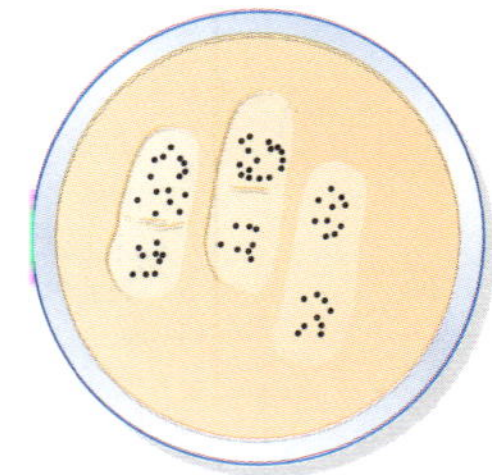

*Colonies de microbes présents sur la main* ***après lavage*** *de mains.*

À partir du DOC. 10 :

**10** **Expliquer** le rôle possible des mains dans la qualité microbiologique des aliments.

.................................................................................................................................

.................................................................................................................................

**11** **Justifier** l'importance du lavage des mains.

.................................................................................................................................

.................................................................................................................................

**12** **Associer** chaque recommandation, visant à maintenir la qualité microbiologique des aliments jusqu'à leur consommation, à sa justification microbiologique.

### RECOMMANDATIONS

**L'hygiène, on y pense même en vacances !**

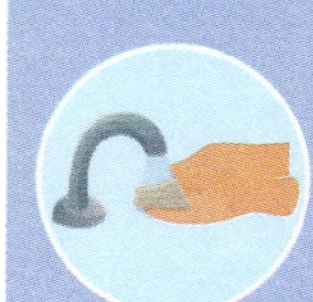

- **A** **Je me lave régulièrement les mains** avec de l'eau et du savon, avant et pendant la préparation des repas. •
- **B** Je nettoie tout ce **qui est en contact avec les aliments** (les ustensiles de cuisine, le réfrigérateur, etc.) après chaque utilisation. •

**Bien préparer et conserver les aliments**

- **C** Je suis attentif à **la fraîcheur des aliments.** •
- **D** Je lave soigneusement les **fruits** et **les légumes.** •
- **E** **J'emballe bien mes aliments et je les conserve aux températures indiquées.** •

**Respecter la chaîne du froid**

- **F** **J'achète les produits surgelés à la fin des courses** et j'utilise un **sac isotherme. Je ne congèle jamais un produit décongelé.** •

### JUSTIFICATIONS

- • **1** Charge microbienne faible donc plus longue conservation.
- • **2** Pour éliminer les salissures sur la peau, sources de micro-organismes.
- • **3** Pour éliminer les salissures pouvant contaminer par contact.
- • **4** Pour préserver des souillures, de l'oxygène de l'air. Le froid ralentit la multiplication microbienne.
- • **5** Pour éliminer la terre et autres souillures, sources de micro-organismes pouvant être pathogènes.
- • **6** Pour éviter le « réveil » des micro-organismes et leur prolifération, qui peut altérer la qualité sanitaire de l'aliment.

# ACTIVITÉ 3 Les substances allergènes dans les aliments

Objectif : expliquer l'intérêt de la mention des substances allergènes sur les étiquettes d'aliments.

## DOC. 11 Nature de la réaction allergique d'origine alimentaire

La réaction allergique est une réaction du système immunitaire qui apparaît chez certaines personnes (dites allergiques) au contact d'un aliment ou d'un ingrédient particulier appelé allergène. Elle se manifeste au deuxième contact avec l'allergène, sous différentes formes selon la substance et la sensibilité de la personne :

**Eczéma**

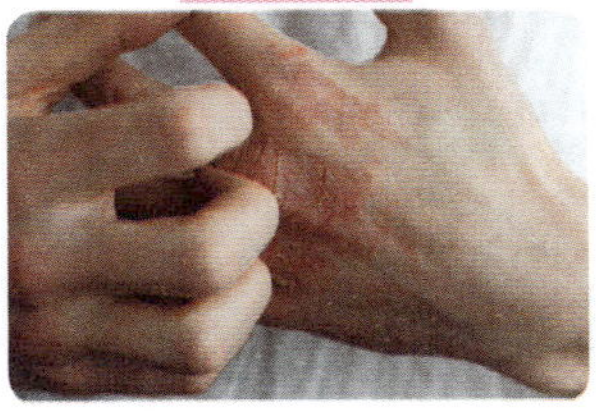

**Asthme**

**Choc anaphylactique**

Réaction grave et rapide avec œdème (œdème de Quincke), accélérations cardiaque et respiratoire pouvant être mortelles.

**1** **Définir** un allergène à l'aide du DOC. 11.

. . . . . . . . . . . . . . . . . . . . . . . . . . . . . . . . . . . . . . . .

## DOC. 12 Principaux allergènes alimentaires

Aliments et ingrédients devant être obligatoirement signalés sur les emballages

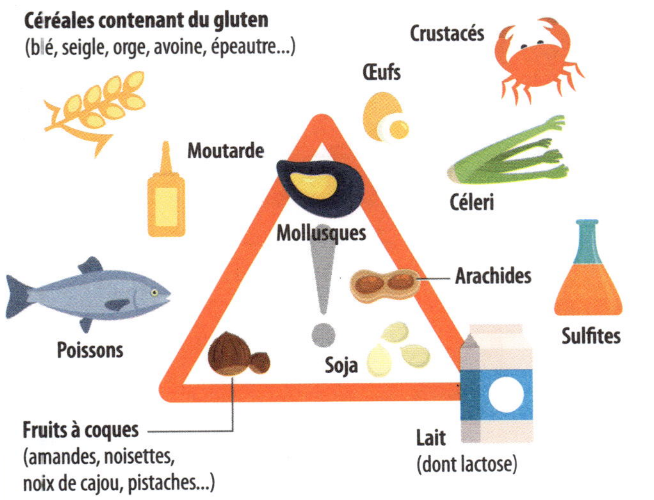


*Remarques :*

*– Les contaminations accidentelles dites fortuites peuvent être mentionnées par « traces éventuelles » ou « fabriqué dans un atelier qui utilise… ».*

*– Les sulfites sont des additifs alimentaires de type conservateurs. Ils sont codés de E220 à E228.*

## DOC. 13 Étiquetage de lasagnes

**INGRÉDIENTS**

Garniture 92,7 % : eau – viande de bœuf 16,2 % (origine France) – tomates 10,2 %* - ***emmental*** 4,4 %* (***lait*** – sel – ferments lactiques – enzyme coagulante – fécule de pomme de terre) – jus de tomates 4,4 %* - double concentré de tomates 2,9 %* – carottes – oignons – amidon transformé de maïs – ***lait*** écrémé en poudre – ***crème*** fraîche – vin blanc – farine de ***blé*** – huile de colza – basilic – sel – fond de veau (jus concentré d'os et de viande de bœuf – os et extrait de veau – sel – graisse de bœuf – carottes – oignons – champignons – poireaux.

* Pourcentages exprimés sur la garniture.

Pâtes à lasagnes 7,3 % : semoule de ***blé*** dur – eau.

Traces de **céleri**, ***moutarde, crustacés, mollusque, poisson, œuf***.

Les informations en ***gras*** sont destinées aux personnes intolérantes ou allergiques.

**2** **Entourer** les allergènes dans le DOC. 12.

**3** **Indiquer**, à partir du DOC. 12, quelles sont les informations concernant les allergènes qui figurent sur l'étiquette.

. . . . . . . . . . . . . . . . . . . . . . . . . . . . . . . .

. . . . . . . . . . . . . . . . . . . . . . . . . . . . . . . .

. . . . . . . . . . . . . . . . . . . . . . . . . . . . . . . .

. . . . . . . . . . . . . . . . . . . . . . . . . . . . . . . .

**4** **Justifier**, à l'aide du DOC. 11, la nécessité de ces informations.

. . . . . . . . . . . . . . . . . . . . . . . . . . . . . . . .

. . . . . . . . . . . . . . . . . . . . . . . . . . . . . . . .

. . . . . . . . . . . . . . . . . . . . . . . . . . . . . . . .

. . . . . . . . . . . . . . . . . . . . . . . . . . . . . . . .

. . . . . . . . . . . . . . . . . . . . . . . . . . . . . . . .

. . . . . . . . . . . . . . . . . . . . . . . . . . . . . . . .

. . . . . . . . . . . . . . . . . . . . . . . . . . . . . . . .

. . . . . . . . . . . . . . . . . . . . . . . . . . . . . . . .

**5** **Surligner** dans le DOC. 13 les informations concernant les allergènes.

## ACTIVITÉ 4 Le dispositif garantissant la sécurité des aliments

Objectif : présenter le dispositif garantissant la sécurité alimentaire du consommateur en France.

### DOC. 14 Réglementation, principe de précaution, alerte sanitaire et contrôles

La **réglementation** européenne sur l'hygiène des aliments, ou paquet hygiène, est un ensemble de textes visant à garantir la qualité sanitaire des aliments « de la fourche à la fourchette ». Les **contrôles** de la DDPP ou de la DIRECCTE permettent de veiller à leur bonne application.
La réglementation évolue en fonction des préconisations d'organismes chargés de la veille sanitaire, tels l'ANSES. Ces préconisations sont liées aux crises sanitaires (grippe aviaire, œufs au fipronil…). En cas de crise, le **principe de précaution** (prise de mesures systématiques de prévention même en l'absence de preuves scientifiques) est appliqué par les autorités publiques. Des **procédures d'alerte** sanitaires sont mises en œuvre en cas de contaminations dangereuses sur un produit. Elles visent à faire retirer les produits de la vente et à informer les consommateurs les ayant achetés.

**1** **Nommer**, à l'aide des éléments en gras du DOC. 14 et de la vidéo ci-contre, les dispositifs contribuant à la qualité sanitaire des aliments définis.

- ............................ : mesure de prévention prise au bénéfice du doute.
- ............................ : vérification par des inspecteurs du respect de la réglementation.
- ............................ : retrait de la vente d'un lot de produits contaminés.
- ............................ : paquet hygiène concernant l'alimentation de la production à la distribution.

**Vidéo**
Comment sont contrôlés les aliments que nous consommons ? (1'42)
lienmini.fr/4607-a903

**2** **Entourer** sur l'illustration du DOC. 14 la nature des contrôles effectués.

## SE SITUER DANS LE SYSTÈME

**Indiquer** comment vous pouvez vous inscrire dans le système garantissant la sécurité alimentaire des aliments arrivant dans votre assiette.

- Au niveau du choix : ............................................................
- Au niveau du stockage : ............................................................
- Au niveau de l'hygiène : ............................................................

............................................................

# Activités de synthèse

## NOTIONS CLÉS ASSOCIÉES ET MOTS-CLÉS

- Additif
- Agent contaminant
- Allergène
- Chaîne du froid
- Conservation
- Date limite de consommation
- Flore de décomposition
- Lavage des mains
- Matière organique
- Principe de précaution
- Réglementation
- Qualité chimique
- Qualité microbiologique

**Compléter le texte avec les notions clés et mots-clés ci-dessus.**

### La qualité sanitaire des aliments

C'est l'ensemble des caractéristiques, dont l'absence ................................, qui garantissent qu'un aliment est sans danger pour l'organisme. Ses deux composantes sont la ................................, c'est-à-dire l'absence de molécules présentant un risque pour la santé ou dont la teneur est inférieure à un seuil et la ................................, c'est-à-dire l'absence de micro-organismes pathogènes ou dont la teneur est inférieure au seuil de dangerosité.

### La qualité microbiologique des aliments

Constitués de ................................, riches en eau et avec un pH proche de la neutralité, les aliments constituent un milieu favorable à la multiplication des micro-organismes pathogènes et de la ................................ qu'ils contiennent naturellement et qui dégrade les aliments. La ................................ à la température indiquée et le respect de la ................................ ralentissent fortement ce processus. La ................................ indiquée par l'industriel correspond au moment où il est estimé que la teneur en micro-organismes aura atteint un seuil critique. Le ................................ contribue à ne pas augmenter la charge microbienne du produit, notamment en germes pathogènes.

### Les allergènes

La réglementation oblige à mentionner la présence des ................................ sur l'étiquetage. Ce sont des aliments ou des denrées, un ................................ dans le cas des nitrites, capables de déclencher une réaction allergique qui peut être d'une extrême gravité.

### Le dispositif de sécurité en France

Il repose sur la ................................ européenne désignée sous l'appellation de « paquet hygiène », sur les contrôles du respect de celle-ci par les autorités compétentes et, en cas de crise, sur le ................................, ou prise de mesures systématiques de prévention, même en l'absence de preuves scientifiques avérées.

## L'essentiel en image

### RÉGLEMENTATION EUROPÉENNE

**Paquet hygiène :** réglementation de la production à la distribution pour la **qualité sanitaire** des produits alimentaires.

**Qualité chimique + qualité microbiologique**

Absence de produits chimiques dangereux

Absence de micro-organismes pathogènes

### ORGANISMES DE CONTRÔLE

DDPP

Liberté • Égalité • Fraternité
RÉPUBLIQUE FRANÇAISE

Direction Départementale de la Protection des Populations

Procédures d'alerte

### Sécurité alimentaire = Santé du consommateur

### ORGANISMES DE VEILLE SANITAIRE

ANSES

anses
agence nationale de sécurité sanitaire alimentation, environnement, travail

**Principe de précaution**

### COMPORTEMENT DU CONSOMMATEUR

Hygiène

Respect de la chaîne du froid

Stockage à la bonne température

Respect des DLC, identification des allergènes

**Exercices**
Tester ses connaissances en ligne
lienmini.fr/4607-a904

**Approfondir**
Cinq clefs pour des aliments plus sûrs (3'38)
lienmini.fr/4607-a905

Nom ..................................................................

Prénom ........................................ Date ..........................

## SITUATION

Quittant le domicile familial à la campagne pour aller habiter dans une grande ville à proximité de l'entreprise où il va travailler dans un mois, Johan, 19 ans, va devoir pour la première fois s'occuper de ses courses et de ses repas tout en étant vigilant à son allergie au gluten (présent notamment dans la farine de blé). Lorsqu'il lit la presse ou regarde les informations, il entend parler d'intoxications alimentaires, listérias, salmonelles (bactéries), pesticides, perturbateurs endocriniens, additifs… Il se demande s'il peut acheter les produits alimentaires vendus en grande distribution sans mettre sa santé en péril et si la sécurité alimentaire des consommateurs est garantie.

## ANALYSER LA SITUATION

**1** **Surligner** le problème posé. ...../1 pt

**2** **Identifier** les éléments de la situation. ...../2 pts

**Qui ?** Qui est concerné ? ..........................................................

**Quoi ?** Quelle est l'origine du problème ? ..........................................................

**Quand ?** À quel moment se pose-t-il ? ..........................................................

**Pourquoi ?** Quelle est l'origine de son questionnement ? ..........................................................

..........................................................

## MOBILISER DES CONNAISSANCES UTILES

**3** **Indiquer** dans le tableau ci-dessous les éléments que redoute Johan (listérias, salmonelles, pesticides, perturbateurs endocriniens et additifs) nuisant à la qualité chimique ou microbiologique des aliments et **définir** celles-ci. ..... 3 pts + 2,5 pts

| | Définitions | Éléments dont la présence nuit à cette qualité |
|---|---|---|
| **Qualité chimique des aliments** | ........................ | ........................ |
| **Qualité micro-biologique des aliments** | ........................ | ........................ |

**4** **Proposer** une définition de la qualité sanitaire d'un aliment et en **indiquer** les composantes à l'aide de la question 3. ...../2 pts

.......................................................................................................................

.......................................................................................................................

.......................................................................................................................

**5** **Indiquer** si Johan peut choisir le produit suivant ; **donner** deux arguments et les **justifier**. ...../2,5 pts

**INGRÉDIENTS**

Pâtes cellentani 33 % (eau, semoule de **blé** dur, curcuma), tomates 23 %, eau, concentré de tomates, **emmental** 5 %, oignons, bouillon de légumes (eau, oignons, poireaux, **céleri**, carottes, sel), protéines de blé texturée (protéines de **blé**, farine de **blé**), carottes 1.7 %, amidon de riz, huile de colza, sel, sucre, ail, basilic 0.2 %, huile d'olive vierge, poivre, origan, thym, piment Espelette.

*Les informations en **gras** sont destinées aux personnes intolérantes ou allergiques.*

.......................................................................................................................

.......................................................................................................................

.......................................................................................................................

.......................................................................................................................

.......................................................................................................................

.......................................................................................................................

## PROPOSER DES SOLUTIONS

**6** **Indiquer** et **justifier** les précautions que Johan peut mettre en œuvre pour s'assurer de la qualité sanitaire des aliments qu'il va consommer. ...../5 pts

– Lors de ses courses et de leur transport (deux précautions) : ..........................................

.......................................................................................................................

– Lors du stockage des produits frais : .............................................................................

.......................................................................................................................

– Lors de la préparation des légumes : ..............................................................................

– Lorsqu'il manipule des aliments : ...................................................................................

**7** **Citer** deux éléments relevant de l'État qui permettent de garantir la sécurité alimentaire du consommateur. ...../2 pts

– .....................................................................................................................

– .....................................................................................................................

Module B.5

# Les ressources en énergie et le développement durable

**FINALITÉ** Adopter un comportement écocitoyen afin de préserver les ressources en énergie.

**Pour entrer dans le module**

**Changement climatique : le défi (2'56)**

lienmini.fr/ 4607-b501

## SITUATION

Les consommations d'énergie liées à l'utilisation accrue des avions, des voitures, de la climatisation ou à la mauvaise isolation des logements, à l'achat parfois superflu du dernier smartphone à la mode sont autant d'exemples concrets de notre responsabilité individuelle face à l'urgence écologique et climatique qui se dessine. Les États, mais aussi chaque citoyen, doivent adopter des mesures rapides et efficaces afin de réduire la consommation d'énergie et limiter le réchauffement climatique.

## ANALYSER LA SITUATION

**1** **Surligner** la problématique de cette situation.

**2** **Reporter** sur le diagramme ci-dessous les éléments de la situation agissant sur le réchauffement climatique.

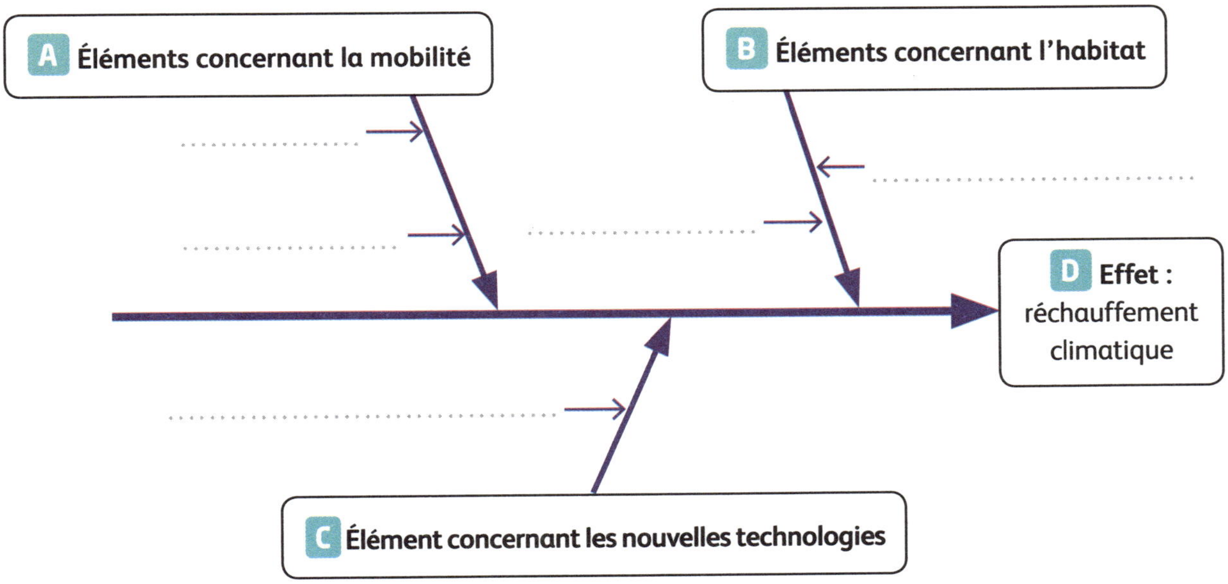

# ACTIVITÉ 1 Les différents types d'énergie

Objectif : caractériser les sources d'énergies renouvelables et non renouvelables en fonction de leurs avantages et de leurs limites.

## DOC. 1 Classification des énergies

- Les énergies non renouvelables

Ce sont des énergies épuisables, dont les stocks sont limités, avec un renouvellement long (en millions d'années). Ces énergies ont un rendement connu d'avance et leur stockage est aisé. Cependant elles sont inégalement réparties sur Terre et dégagent lors de leur utilisation des polluants néfastes pour la planète (le $CO_2$, qui est un gaz à effet de serre pour les énergies fossiles, les déchets radioactifs pour l'énergie fissile issue de l'uranium).

Vidéo
L'énergie renouvelable : de quoi s'agit-il ? [1'05]
lienmini.fr/4607-b502

A ......................

B ................

C ................

Énergie fossile

D ..................

Énergie fissile

- Les énergies renouvelables

Ce sont des énergies non épuisables, gratuites, abondantes et mieux réparties sur Terre.
- Les pics de production d'énergie sont parfois décalés de la consommation en fonction des conditions météorologiques (manque ou absence de vent et/ou de soleil…).
- Les capacités de stockage de l'électricité issue des énergies renouvelables sont encore problématiques.
- L'impact environnemental est plus faible que les autres énergies.
- Les coûts de production de ces énergies sont quasiment identiques à ceux des énergies non renouvelables et ils devraient continuer à baisser.

E .................. (solaire)

F ............ (éolien)

G ............ (hydraulique)

H ............ (géothermie)

I ........./déchets organiques (biomasse)

**1** **Indiquer** la source d'énergie représentée par chaque photographie du DOC. 1.

**2** **Compléter**, à l'aide de vos connaissances et du DOC. 1, le tableau ci-dessous.

| | Énergies renouvelables | Énergies non renouvelables |
|---|---|---|
| Avantages | – ................<br>– ................ | – ................<br>– ................ |
| Limites | – ................<br>– ................ | – ................<br>– ................ |

## ACTIVITÉ 2 Les ressources en énergie

Objectif : repérer les ressources en énergie au niveau mondial.

### DOC. 2 Les réserves d'énergies non renouvelables dans le monde

La répartition inégale et l'épuisement de ces énergies entraînent des tensions géopolitiques. Les seules réserves prouvées devraient couvrir 52 ans de consommation de pétrole, 60 ans pour le gaz et 183 ans pour le charbon. Les réserves d'uranium sont évaluées à près de 82 ans (au rythme de production actuel).

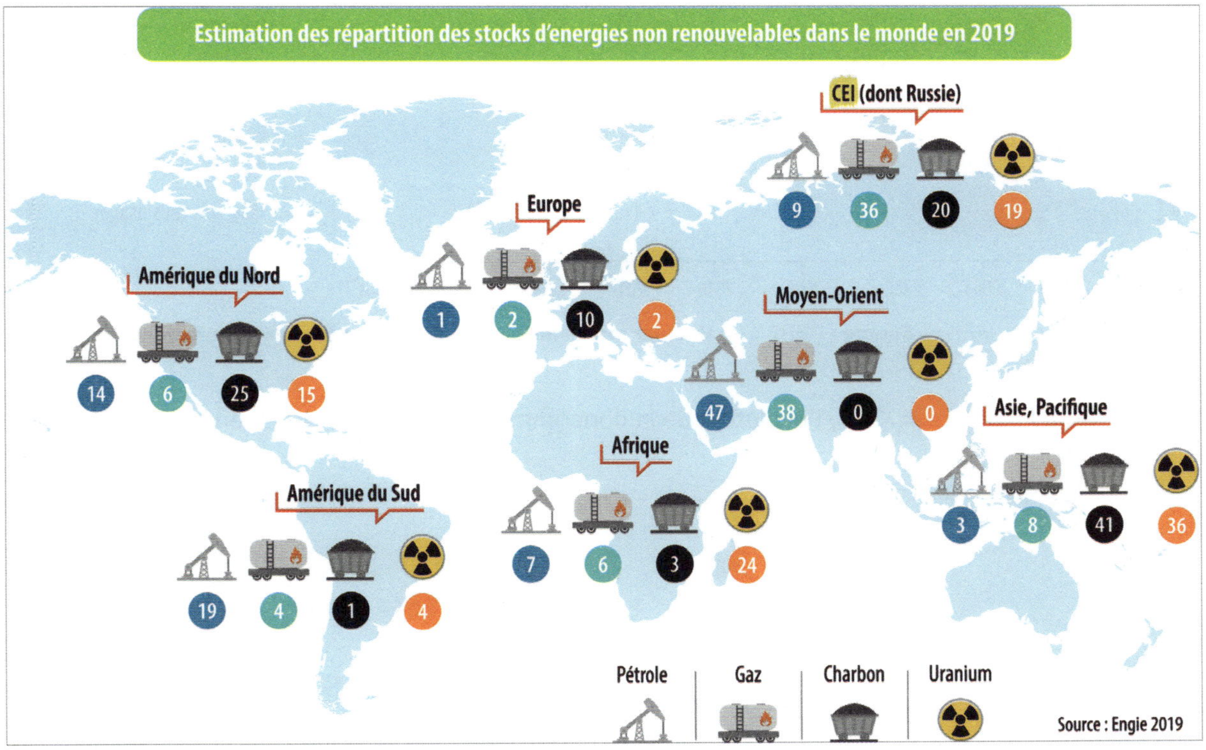


**1** **Indiquer**, à l'aide du DOC. 2, les trois zones géographiques les plus riches en pétrole.

– ....................................................

– ....................................................

– ....................................................

**2** **Entourer**, dans le DOC. 3, la première énergie renouvelable consommée dans le monde.

### DOC. 3 Consommation mondiale en énergie

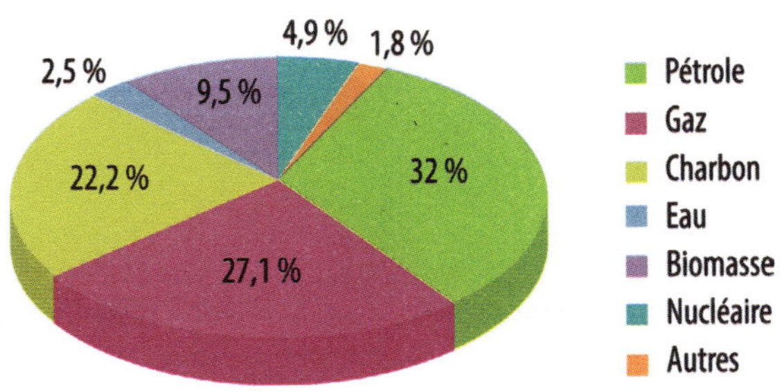


Source : AIEA 2019

**3** **Calculer**, à l'aide du DOC. 3, la part des énergies non renouvelables dans la consommation mondiale en énergie.

..........................................................................................................

**4** **Expliquer**, à l'aide des DOC. 2 et 3 et de vos connaissances, pourquoi il est indispensable de limiter la part des énergies non renouvelables au profit des énergies renouvelables.

..........................................................................................................

..........................................................................................................

..........................................................................................................

## ACTIVITÉ 3 La consommation des ménages

Objectif : repérer les différents postes de consommation énergétique d'un ménage.

### DOC. 4 La consommation d'énergie des ménages au niveau du logement

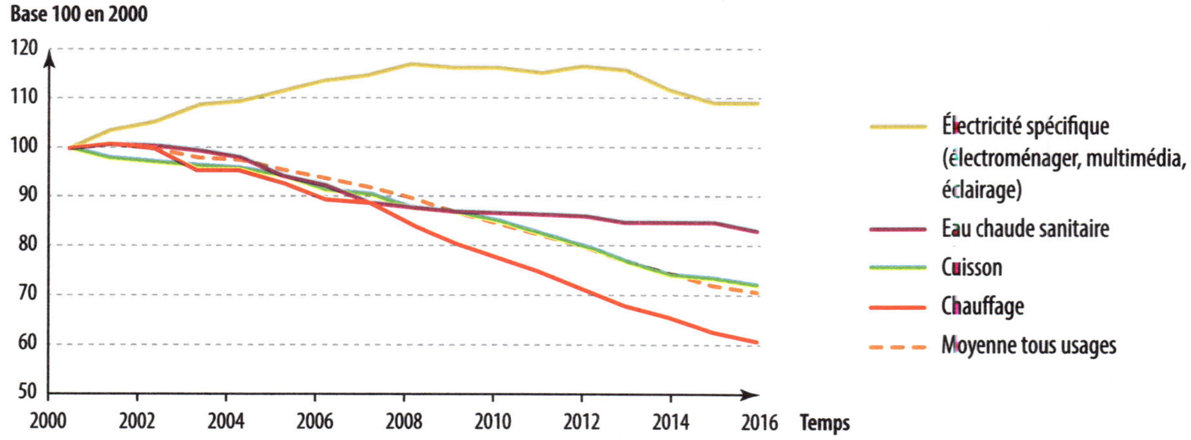


Source : CEREN – « Secteur résidentiel – Suivi du parc et des consommations d'énergie »

**1** **Indiquer**, à l'aide du DOC. 4, l'évolution de la consommation énergétique moyenne des ménages depuis 2000.

..........

..........

À l'aide des DOC. 4 et 5 :

**2** **Relever** le poste de consommation énergétique qui a le plus diminué depuis 2000. **Proposer** une explication.

..........

**3** **Relever** le seul poste de consommation énergétique qui a augmenté depuis 2000. **Proposer** une explication.

..........

..........

**4** **Numéroter** par ordre décroissant sur le DOC. 5 les postes de consommation énergétique.

**5** **Indiquer**, à l'aide du DOC. 5, une source de consommation d'énergie au quotidien non liée au logement.

..........

..........

### DOC. 5 Les postes de consommation énergétique d'un logement

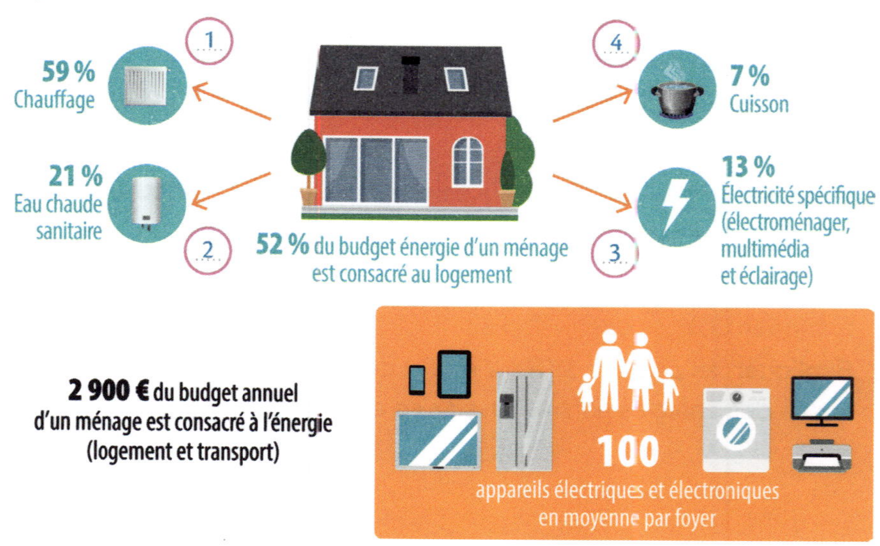

# ACTIVITÉ 4 Les effets sur l'environnement et la santé

**Objectif : identifier les impacts de la consommation d'énergie sur l'environnement et sur la santé de l'individu.**

## DOC. 6 Effet de serre et pollution liée à la production d'énergie

L'effet de serre est un phénomène naturel qui permet à la Terre de conserver une partie de la chaleur émise par le Soleil. L'atmosphère, par la présence de gaz à effet de serre (GES), constitue une barrière naturelle en empêchant une partie de l'énergie solaire d'être rejetée dans l'espace. Sans ce phénomène, la température de la planète atteindrait des températures moyennes de – 19 °C au lieu des 15 °C actuels. Cet effet naturel est donc vital et essentiel pour nos conditions de vie sur la Terre.

**Vidéo**
**Comprendre le réchauffement climatique en 4 minutes (3'53)**
lienmini.fr/4607-b503

L'utilisation croissante des énergies fossiles accentue l'effet de serre. En effet, la combustion du pétrole, du charbon et du gaz rejette de grandes quantités de dioxyde de carbone ($CO_2$). De plus, les activités humaines émettent aussi du méthane ($CH_4$) en moins grande quantité que le $CO_2$, mais 25 fois plus puissant en effet de serre. D'autres gaz participent également au réchauffement climatique dont les conséquences sont multiples.

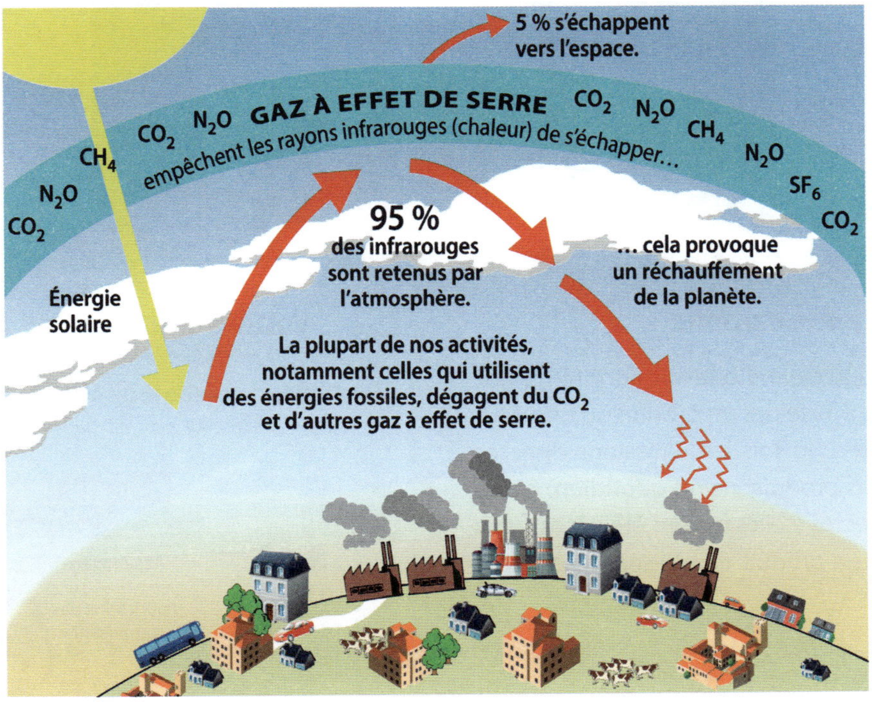


À partir du **DOC. 6** et de la vidéo :

**1** **Entourer** sur l'illustration trois gaz à effet de serre.

**2** **Relever** le gaz à effet de serre issu de la combustion des énergies fossiles.

..........

**3** **Identifier** les quatre principales activités humaines contributrices d'émission de GES.

..........

**4** **Indiquer** comment l'accumulation des gaz à effet de serre provoque le réchauffement climatique.

..........

..........

## DOC. 7 Consommation d'énergie et impacts sur l'environnement

Outre les conséquences du réchauffement climatique liées à l'augmentation de l'effet de serre (montée des eaux, sécheresse, extinction de nombreuses espèces animales et végétales, déforestation, désertification…), l'utilisation d'énergie provoque un épuisement des ressources et une pollution de l'air, des sols et des eaux.

C'est le cas, par exemple, de l'extraction des énergies fossiles, du silicium (panneaux solaires) et des terres rares (tablette, téléphone, TV…) ainsi que leur raffinage, qui entraînent des rejets de produits chimiques et de métaux lourds.

L'énergie nucléaire, utilisée en France pour produire une grande partie de l'électricité, a aussi un impact environnemental. Émettant peu de gaz à effet de serre lors de sa production (énorme avantage par rapport aux énergies fossiles), la maîtrise de sa sécurité et la gestion de ses déchets radioactifs ont toutefois des conséquences dramatiques à long terme en cas d'accident nucléaire (cas de Fukushima en 2011 avec contamination radioactive sur plusieurs générations de l'eau de mer, des sols et des êtres vivants).

## DOC. 8 L'empreinte carbone

L'empreinte carbone indique la quantité de gaz à effet de serre émise par un produit ou une activité. Elle couvre à la fois les émissions directes (celles que nous produisons au quotidien) et les émissions indirectes (celles qui ont été nécessaires pour fabriquer un produit ou utiliser un service).

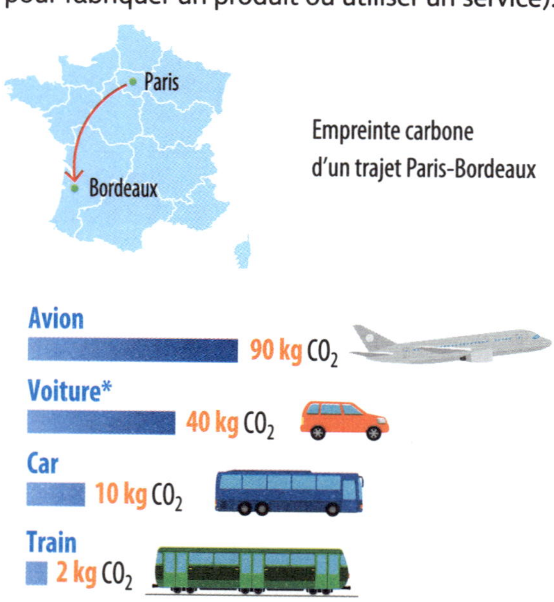


* Pour 4 passagers dans le véhicule

## DOC. 9 Voiture électrique ou thermique

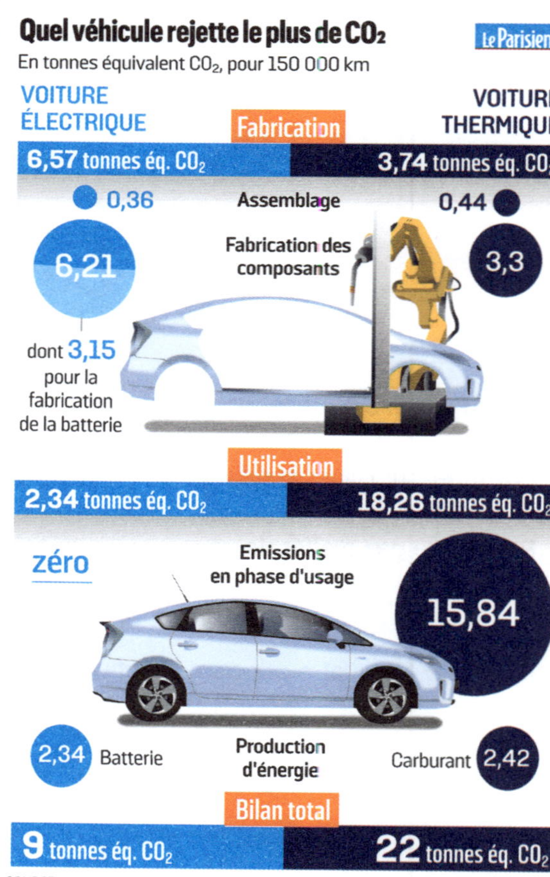

**5** **Indiquer**, à l'aide de vos connaissances et des **DOC. 6**, **7** et **8**, les principales conséquences de la consommation d'énergie sur l'environnement.

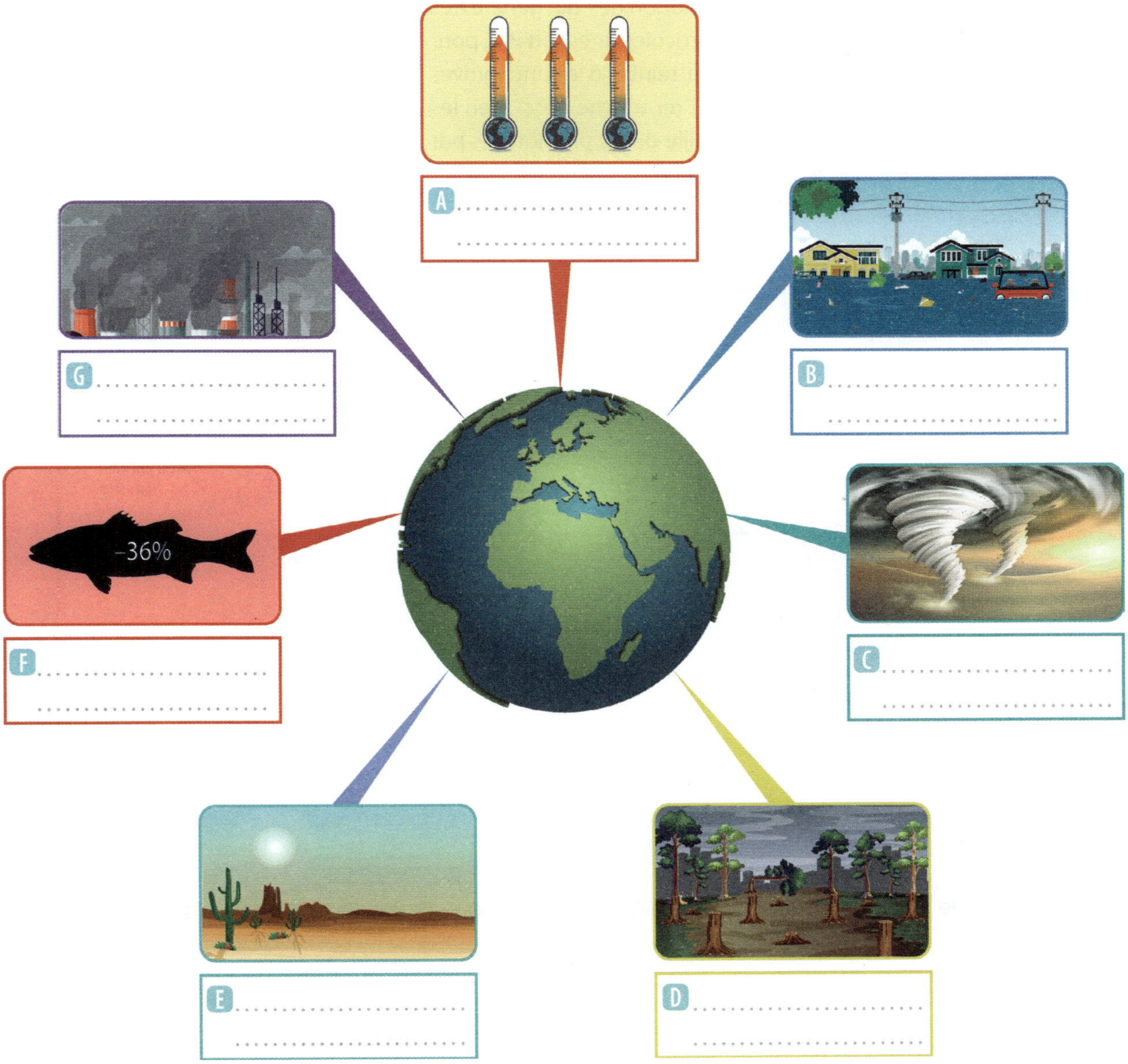


**6** **Entourer**, dans le **DOC. 8**, le moyen de transport qui a l'empreinte carbone la plus élevée.

**7** **Proposer**, à l'aide du **DOC. 7** et de vos connaissances, une explication sur la différence d'empreinte carbone entre un avion et un train sur un trajet Paris-Bordeaux.

..............................................................................................................................

..............................................................................................................................

..............................................................................................................................

**8** **Entourer**, dans le **DOC. 9**, l'étape correspondant à des émissions indirectes de $CO_2$ dans le calcul de l'empreinte carbone des deux véhicules.

**9** **Indiquer**, à l'aide du **DOC. 8**, le véhicule le moins nocif pour l'environnement. **Justifier**.

..............................................................................................................................

..............................................................................................................................

## DOC. 10 Énergies fossiles, pollution de l'air et effets sur la santé

L'Homme respire 15 000 litres d'air par jour. L'utilisation des énergies fossiles, principale cause de pollution de l'air, génère des gaz ($N_2O$, $SO_2$, $O_3$...), mais aussi des particules fines (ou PM, pour matières particulaires) responsables d'atteintes à la santé graves à court ou long terme. La pollution de l'air touche aussi bien les zones rurales qu'urbaines. Quarante mille décès prématurés par an en France sont liés à la pollution de l'air.

**Vidéo**
La pollution de l'air tue (3'32)
lienmini.fr/4607-b504

**Les polluants atmosphériques peuvent nous affecter**

Par **voie respiratoire**, principal point d'entrée de l'air et donc des polluants.

Par **voie digestive** : les polluants présents dans l'air peuvent contaminer notre alimentation.

Par **voie cutanée**, qui reste marginale.

**Leurs effets dépendent**

De leur **composition chimique**.

De la taille des **particules**.

De nos **caractéristiques** (âge, sexe...), **mode de vie** (tabagisme...) et **état de santé**.

Du degré d'**exposition** (spatiale et temporelle), de la **dose inhalée**.

**Les particules fines**

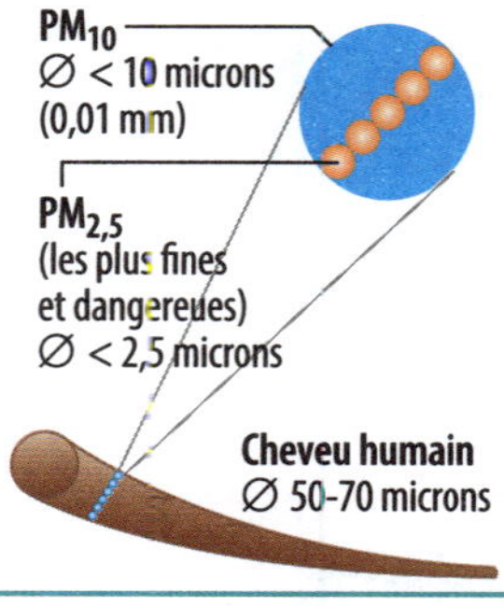


À l'aide du DOC. 10 et de vos connaissances :

**10** **Indiquer** un effet à court terme de la pollution de l'air.

– sur les yeux : ..........

– sur l'appareil respiratoire : ..........

– sur le cerveau : ..........

**11** **Compléter** le schéma ci-dessous en indiquant pour chaque organe une atteinte à la santé à long terme.

**Cerveau**
- Maladies neurodégénératives
- Troubles neurologiques
- ..........

**Poumons**
- Réduction des capacités respiratoires
- Asthme
- ..........

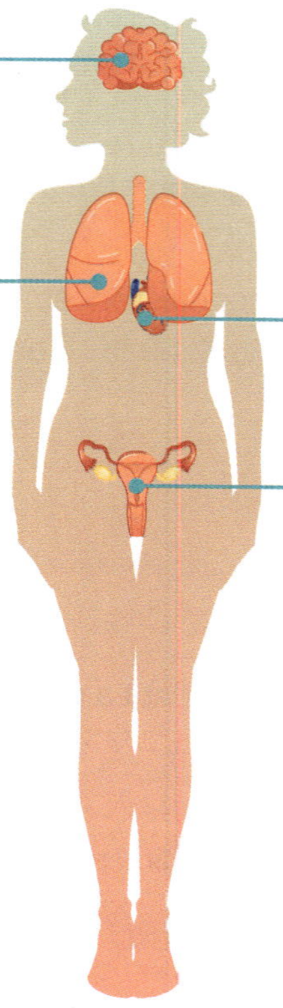

**Cœur et système cardiovasculaire**
- Altération de la fonction cardiaque
- Hypertension
- ..........

**Appareil reproducteur**
- Fausse couche
- ..........

# ACTIVITÉ 5 Des mesures pour réduire la consommation d'énergie

**Objectifs : repérer des mesures mises en place au niveau collectif pour maîtriser la consommation d'énergie et réduire l'émission de gaz à effet de serre ; proposer des mesures individuelles permettant de maîtriser la consommation en énergie et de réduire l'émission de gaz à effet de serre.**

## DOC. 11 Les mesures en faveur de la lutte contre le réchauffement climatique

La conférence mondiale sur le climat (COP) appelle l'ensemble des pays à présenter des plans concrets pour atteindre la neutralité carbone d'ici 2050 : un pays ne devrait pas émettre plus de gaz à effet de serre qu'il ne peut en absorber (par les forêts, les sols…).

La France a adopté en 2019 la loi Énergie-Climat qui évoque pour la première fois la notion d'urgence écologique et climatique. La réglementation prévoit un ensemble de mesures collectives visant notamment à réduire la consommation énergétique et à augmenter la part des énergies renouvelables afin d'arriver à la neutralité carbone d'ici 2050.

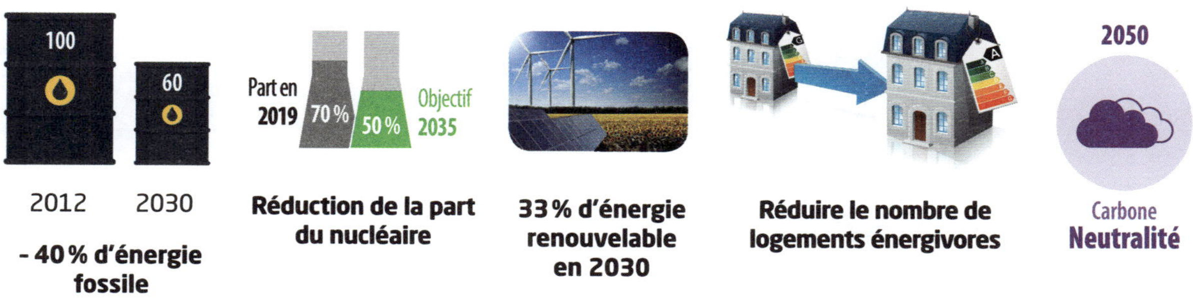


**1** **Surligner**, dans le DOC. 11, le contexte environnemental dans lequel cette loi a été adoptée.

**2** **Souligner**, dans le DOC. 11 :

- en rouge les deux principales mesures de la loi Énergie-Climat ;
- en vert l'objectif des deux principales mesures de la loi Énergie-Climat.

**3** **Entourer**, sur le DOC. 12, les deux classes de logements les plus énergivores.

**4** **Indiquer**, à l'aide du DOC. 12, en quoi la lutte contre les logements énergivores est aussi un enjeu pour les particuliers.

…………………………………………

…………………………………………

**5** **Expliquer** pourquoi l'origine de l'énergie consommée dans un logement est prise en compte dans le calcul de la valeur de l'étiquette climat.

…………………………………………

…………………………………………

…………………………………………

…………………………………………

## DOC. 12 L'énergie dans le bâtiment

L'**étiquette énergie** permet d'estimer la consommation énergétique d'un bâtiment (le classement A ou G de 100 m² fait varier la facture en énergie de 20 à 180 € par mois).

L'**étiquette climat** classe le bâtiment selon son émission de gaz à effet de serre en fonction de la consommation et de l'origine de l'énergie utilisée (énergie fossile, uranium, renouvelable…).

| Étiquette énergie | | Étiquette climat | |
|---|---|---|---|
| Logement économe | | Faible émission de GES | |
| ≤ 50 | A | ≤ 5 | A |
| 51 à 90 | B | 0 à 10 | B |
| 91 à 150 | C | 11 à 20 | C |
| 151 à 230 | D | 21 à 35 | D |
| 231 à 330 | E | 36 à 55 | E |
| 331 à 450 | F | 56 à 80 | F |
| > 450 kWhEP/m²/an | G | > 80 kg eq $CO_2$/m² | G |
| Logement énergivore | | Forte émission de GES | |

## DOC. 13 Les mesures individuelles pour préserver la ressource en énergie

Adopter des gestes écocitoyens afin de maîtriser sa consommation d'énergie et réduire l'émission de GES doit être une priorité de chacun.

**Vidéo**
Économisons sur l'électricité (2'09)
lienmini.fr/4607-b505

### Au niveau des transports :

6 min 12 min
Distance < 1 km

**1** ..................

Distance 1-1 000 km

**2** ..................

**3** ..................

**4** ..................

### Au niveau de la maison et des activités quotidiennes :

| | |
|---|---|
| **Éclairage**   | .................. |
| **Chauffage/isolation/eau chaude**   | .................. |
| **Électroménager/audiovisuel** 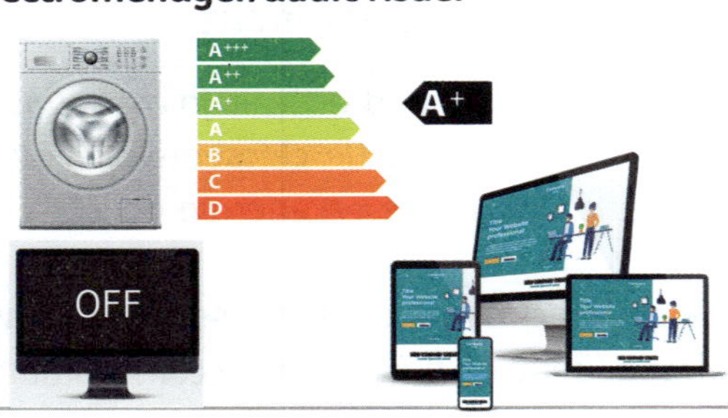  | .................. |

**6** **Indiquer**, pour chaque illustration du DOC. 13, les gestes écocitoyens réduisant la consommation d'énergie et l'émission de gaz à effet de serre.

## PROPOSER DES SOLUTIONS

**1** **Proposer** deux mesures individuelles que vous pouvez mettre rapidement en pratique afin de réduire les émissions de gaz à effet de serre.

..................

**2** **Indiquer** une mesure collective à l'échelle planétaire qui pourrait réduire les émissions de gaz à effet de serre.

..................

## Activité de synthèse

**NOTIONS CLÉS ASSOCIÉES ET MOTS-CLÉS**

- Atteintes à la santé
- Effet de serre
- Empreinte carbone
- Énergies épuisables
- Énergies non épuisables
- Énergies non renouvelables
- Énergies renouvelables
- Épuisement
- Épuisement de ces ressources
- Gestes écocitoyens
- Mesure collective
- Pollution
- Poste de consommation
- Réchauffement climatique
- Réglementation
- Répartition inégale

**Compléter le texte avec les notions clés et mots-clés ci-dessus.**

### Les ressources en énergie

Les .................................. s'épuisent plus rapidement qu'elles ne se renouvellent et tendent vers un ..................... Ces réserves limitées ont une ............................ sur la planète. Les ............................ sont les énergies fossiles (pétrole, gaz, charbon) et l'énergie fissile (uranium). Les .................................... (EnR) se reconstituent aussi rapidement qu'elles sont utilisées. Ces ......................................, respectueuses de l'environnement, sont présentes partout. Il s'agit des énergies solaire, éolienne, hydraulique, géothermique et de la biomasse.

### Impact de la consommation des énergies

L'utilisation intensive des énergies non renouvelables provoque un .................................... (il reste moins d'un siècle de réserve de pétrole) et une importante ............................ des sols, de l'eau et de l'air.

La production et la consommation d'énergies fossiles émettent des gaz à ...................., ou GES, dont le $CO_2$, qui sont responsables du ................................................... Elles provoquent aussi des .................................. comme des cancers, des pneumopathies...

### Les mesures d'économie d'énergie et de réduction de gaz à effet de serre

Une ...................................... adoptée par la France est l'adoption de la loi Énergie-Climat qui vise à réduire notamment l'utilisation des énergies non renouvelables et à favoriser l'isolation des logements énergivores en changeant la ..................................

Chaque individu peut réduire son ......................... (quantité de GES émise pour fabriquer un produit ou réaliser une activité) en adoptant des ........................ tels qu'acheter des ampoules LED ou utiliser des transports durables. Au niveau du ..................................... du chauffage, on peut réduire la température du chauffage et isoler son habitation.

## L'essentiel en image

### Les sources d'énergie et leurs caractéristiques

**Énergies non renouvelables**

Énergies fossiles : gaz, pétrole, charbon
Énergie fissile : uranium (nucléaire)

(polluantes, mal réparties sur la planète, stocks limités)

**Énergies renouvelables**

- Solaire (Soleil)
- Éolienne (vent)
- Hydroélectrique (eau)
- Géothermique (Terre)
- Biomasse (bois)

(non polluantes, gratuites, bien réparties sur la planète)

### Impacts de la consommation d'énergie

**Sur l'environnement**

Épuisement des ressources – Pollution

**Empreinte carbone élevée, augmentation des gaz à effet de serre**

**Sur la santé**

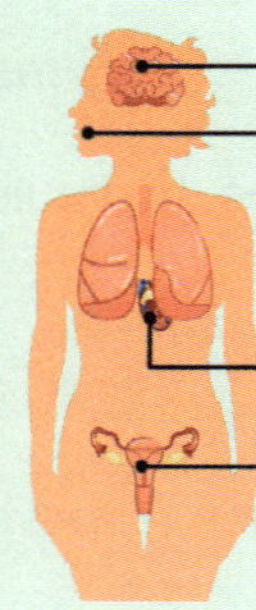


### Mesures pour réduire la consommation d'énergie et l'émission de GES

**Mesure collective** : loi Énergie-Climat

2030

Énergies fossiles
– 40 %

2035

Énergie nucléaire
50 %
de la production électrique

2050

Carbone
Neutralité

- Réduire la part des énergies fossiles.
- Mieux isoler les logements énergivores.

**Mesures individuelles**

**Pour les transports**
Utiliser les transports peu polluants : train, tramway, bus électrique, métro, vélo, etc.

**Pour l'habitat**
Ne pas surchauffer la maison, éteindre les appareils en veille, isoler son habitation, acheter des appareils économes en énergie.

**Exercice**

Tester ses connaissances en ligne
lienmini.fr/4607-b506

**Approfondir**

Vidéo : Comment réduire l'empreinte carbone de ses emails ? (2'17)
lienmini.fr/4607-b507

Nom ........................................

Prénom .............................. Date ....................



## SITUATION

Jill (22 ans) doit acheter un nouveau réfrigérateur car le sien est tombé en panne il y a déjà six jours. Son ancien appareil avait dix ans. Elle hésite depuis quelques jours entre deux modèles ayant le même prix et tous deux respectueux de l'environnement. Elle analyse toutes les caractéristiques des appareils car son choix s'inscrit dans une démarche globale visant à réduire son empreinte carbone. En effet, elle se rend au travail à vélo depuis peu pour éviter de consommer des énergies fossiles. En attendant, elle ne sait pas quel réfrigérateur acheter afin d'adopter un comportement écocitoyen.

## ANALYSER LA SITUATION

**1** **Surligner** la problématique de cette situation. ..... /1 pt

**2** **Identifier** les éléments de la situation. ..... /2,5 pts

**Qui ?** Qui est concerné ? ........................................

**Quoi ?** Quelle est l'origine du problème ? ........................................

**Quand ?** À quel moment le problème a-t-il été mis en évidence ? ........................................

**Comment ?** Quel élément a favorisé l'apparition du problème ? ........................................

........................................

**Pourquoi ?** Pourquoi Jill prend-elle du temps pour choisir son nouvel appareil ?

........................................

........................................

## MOBILISER DES CONNAISSANCES UTILES

**3** **Associer** chaque type d'énergie à sa caractéristique principale. **Proposer** un exemple d'énergie pour chaque type. ..... /2 pts

1 Énergies dont les stocks s'épuisent et dont la reconstitution est très longue. •

2 Énergies dont les réserves sont inépuisables. •

• A Énergies renouvelables → – Soleil ...........

• B Énergies non renouvelables → – Uranium ...........

**4** **Indiquer** à quel type d'énergie correspondent les énergies fossiles et **citer** un exemple d'énergie que Jill économise en privilégiant le vélo pour ses déplacements. ..... /2 pts

........................................

**5** **Citer** le principal gaz à effet de serre émis par la combustion des énergies fossiles. ..... /1 pt

........................................

**DOC. 1** Extrait d'une publicité concernant deux réfrigérateurs

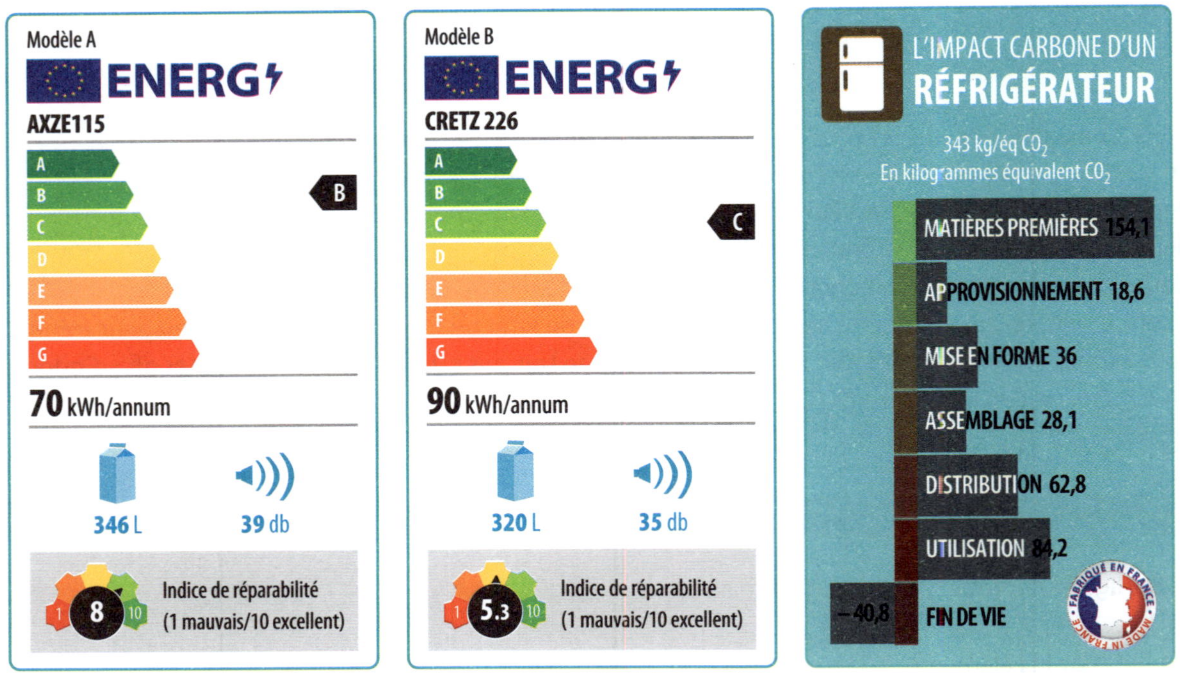


**6** **Définir** la notion d'empreinte carbone. ...../2 pts

.......................................................................................................................

**7** **Entourer**, dans le DOC. 1, la quantité de $CO_2$ qu'un réfrigérateur émet lors de son utilisation. ...../1 pt

**8** **Expliquer**, à l'aide de vos connaissances et du DOC. 1, en quoi l'indice de réparabilité est un élément fondamental dans le choix des équipements ménagers. ...../3 pts

– au niveau financier : .......................................................................................................

.......................................................................................................................

– au niveau environnemental : ...........................................................................................

.......................................................................................................................

**9** **Indiquer**, à l'aide du DOC. 1 et de vos connaissances, le modèle de réfrigérateur le moins favorable à l'environnement. **Justifier** par deux remarques. ...../3 pts

.......................................................................................................................

.......................................................................................................................

## PROPOSER DES SOLUTIONS

**10** **Indiquer** le réfrigérateur que Jill doit choisir afin d'être éco-responsable. ...../0,5 pt

.......................................................................................................................

**11** **Proposer** à Jill deux conseils à suivre s'il arrive qu'un appareil électrique soit en panne. ...../2 pts

.......................................................................................................................

.......................................................................................................................

Module **C.7**

# Le suivi de la santé au travail

**FINALITÉ** Appréhender l'importance de la surveillance médicale et des vaccinations obligatoires en milieu professionnel.

**Pour introduire le module**

**La surveillance médicale des salariés (3'55)**
lienmini.fr/4607-c701

## SITUATION

Amel, 20 ans, vient d'être embauchée comme agent de service hospitalier et a été affectée au service de médecine interne de la clinique qui accueille des patients atteints de pathologies diverses. Elle vient de recevoir une convocation des services de santé au travail pour une visite médicale. Elle ne comprend pas l'intérêt de cette visite d'information et de prévention, ou VIP, d'autant plus que celle-ci se fera deux semaines après sa prise de poste et qu'elle est en excellente santé. Elle doit apporter le questionnaire de santé complété avec le point sur ses vaccins ainsi que son carnet de santé.
Sa responsable lui explique qu'il est important de s'assurer que sa santé lui permet d'occuper ce poste et qu'elle ne risque pas de contaminer les patients.

## ANALYSER LA SITUATION

**1** **Surligner** la problématique de la situation.

**2** **Identifier** les éléments de la situation.

**Qui ?** Qui est concerné ? ……………………………………………

**Quoi ?** Quelle est l'origine du problème ? ……………………………………………
……………………………………………

**Où ?** Où Amel est-elle convoquée ? ……………………………………………

**Quand ?** À quel moment le problème apparaît-il ? ……………………………………………
……………………………………………

**Pourquoi ?** Pourquoi cette visite est-elle importante ? ……………………………………………
……………………………………………

# ACTIVITÉ 1 Les modalités du suivi médical des salariés

**Objectif : identifier les modalités de suivi individuel médical des salariés.**

## DOC. 1 Le suivi médical des salariés, une obligation légale

Tout employeur a l'obligation d'assurer un suivi médical régulier de ses salariés. Ce suivi relève de la compétence des services de santé au travail.

Le Code du travail en précise l'organisation en fonction de la vulnérabilité des salariés et/ou du niveau de risque du poste occupé. Il s'agit d'un suivi individuel (SI) ou d'un suivi individuel renforcé (SIR) en cas d'affectation à un poste avec risque particulier. Le temps des visites et des examens médicaux, ainsi que le temps pour s'y rendre, sont assimilés à du temps de travail.

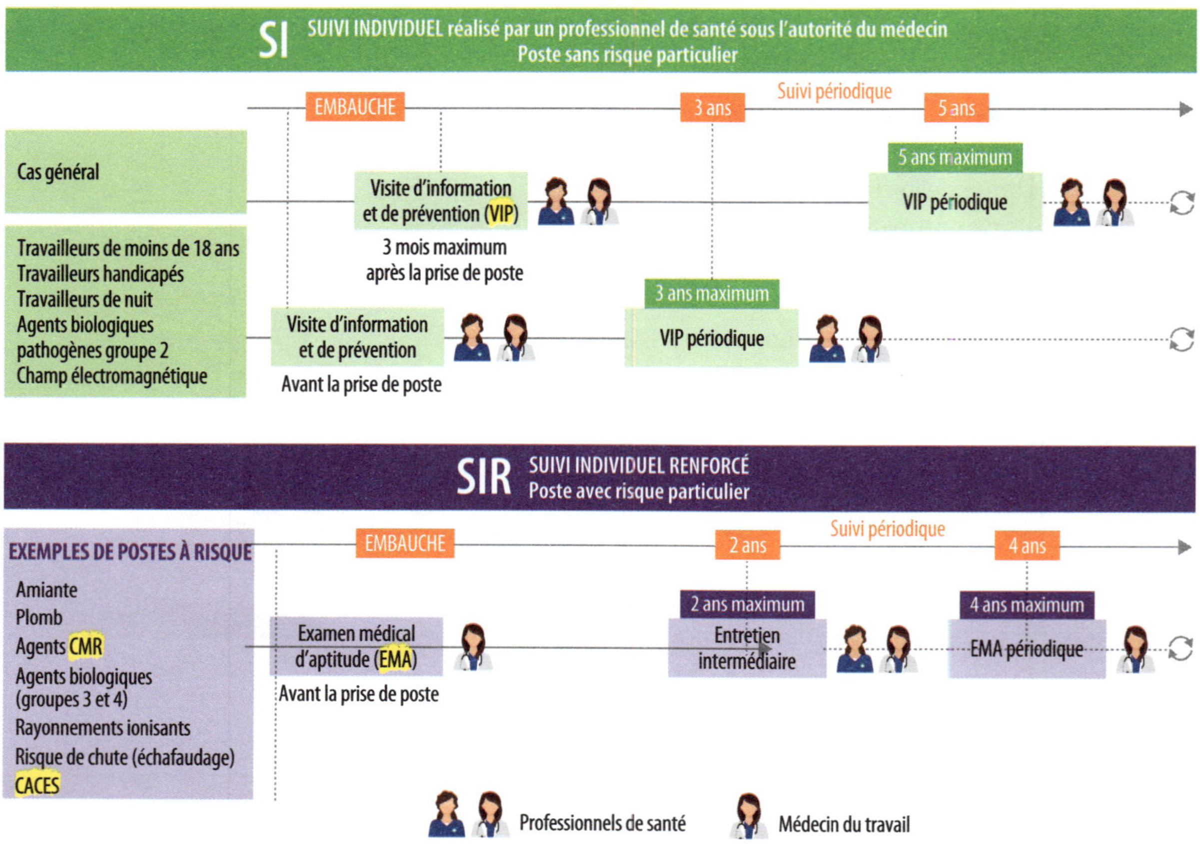


**1** **Souligner** dans le DOC. 1 les deux critères pris en compte dans l'organisation du suivi médical des salariés.

**2** **Entourer** dans le DOC. 1 l'instance en charge du suivi médical des salariés.

**3** **Relier** chaque type de suivi des salariés à la visite qui lui correspond à l'aide du DOC. 1.

| SUIVI DES SALARIÉS | VISITE |
| --- | --- |
| A Suivi individuel ou SI | 1 Examen médical d'aptitude (EMA) |
| B Suivi individuel renforcé ou SIR | 2 Visite d'information et de prévention (VIP) |

**4** **Indiquer**, à l'aide du **DOC. 1**, si les affirmations suivantes sont vraies ou fausses en cochant le tableau.

| Affirmations | VRAI | FAUX |
|---|---|---|
| **1.** Un travailleur non exposé à un risque particulier relève du SI. | ☐ | ☐ |
| **2.** Travailleurs de nuit et travailleurs de moins de 18 ans relèvent du SIR. | ☐ | ☐ |
| **3.** Les travailleurs exposés à l'amiante, aux CMR, aux agents biologiques de catégorie 3 relèvent du SI. | ☐ | ☐ |
| **4.** Le temps passé sur les visites médicales est assimilé à du temps de travail. | ☐ | ☐ |
| **5.** Les EMA se font trois mois après la prise de poste. | ☐ | ☐ |
| **6.** Les VIP se font dans les trois mois suivant la prise de poste. | ☐ | ☐ |
| **7.** C'est toujours le médecin du travail qui fait les visites. | ☐ | ☐ |
| **8.** Un grand nombre de visites sont faites par des personnels de santé sous la responsabilité du médecin du travail. | ☐ | ☐ |
| **9.** Après la VIP faite lors de l'embauche, il y a une nouvelle visite dite de suivi périodique au bout de trois et cinq ans. | ☐ | ☐ |
| **10.** Dans le cas du SIR, l'examen médical d'embauche est toujours fait par le médecin du travail. | ☐ | ☐ |
| **11.** Dans le cas du SIR, il y a une visite de contrôle tous les ans. | ☐ | ☐ |

www À partir du **DOC. 1** et des vidéos ci-contre :

**Vidéo**
**Le suivi individuel renforcé (SIR) (3'52)**
lienmini.fr/4607-c702

**Vidéo**
**La visite individuelle d'information et de prévention (VIP) (3'40)**
lienmini.fr/4607-c703

**5** **Citer** les trois principaux rôles de la visite d'information et de prévention, ou VIP.

..................................................

..................................................

..................................................

**6** **Indiquer** le rôle spécifique de l'examen médical d'aptitude, ou EMA.

..................................................

..................................................

..................................................

**7** **Justifier** l'intérêt de l'examen médical d'aptitude pour les salariés auxquels il s'adresse.

..................................................

..................................................

..................................................

..................................................

**8** **Indiquer** quel est le personnel de santé en charge de l'EMA. **Justifier.**

..................................................

..................................................

## DOC. 2 Les conséquences des visites médicales

Le médecin du travail peut proposer à l'employeur :
- des mesures individuelles d'aménagement, d'adaptation ou de transformation du poste de travail ;
- ou des mesures d'aménagement du temps de travail.

En cas d'impossibilité, et lorsque l'état de santé du travailleur justifie un changement de poste, il déclare le travailleur inapte à son poste de travail. L'avis d'inaptitude comporte alors des indications relatives au reclassement du travailleur. Dans le cadre du suivi individuel renforcé, le médecin du travail peut remettre un avis d'aptitude ou d'inaptitude au salarié et à l'employeur.

**Source : https://www.service-public.fr/particuliers/vosdroits/F2211**

**9** À partir du **DOC. 2** et de la liste suivante, **indiquer** pour chaque visite la nature du document qui est remis à l'employeur et au salarié : *avis d'inaptitude, proposition d'aménagement, attestation de suivi, avis d'aptitude.*

- Visite d'information et de prévention (VIP) : ..............................
- Examen médical d'aptitude (EMA) à l'issue duquel aucune incompatibilité avec le poste n'a été décelée : ..............................
- Examen médical d'aptitude à l'issue duquel une incompatibilité avec le poste a été décelée : ..............................
- EMA ou VIP au cours de laquelle des nécessités d'aménagement du temps ou de l'espace ont été mises en évidence pour la santé du salarié : ..............................

## DOC. 3 Les autres visites médicales

- **La visite de pré-reprise :** après un arrêt supérieur à trois mois, elle permet de préparer au mieux le retour au travail et de favoriser le maintien dans l'emploi, notamment par les aménagements nécessaires.
- **La visite de reprise :** elle est obligatoire après un arrêt d'au moins 30 jours pour maladie non professionnelle ou accident du travail, après un congé de maternité, ou après une absence pour cause de maladie professionnelle, quelle que soit la durée. Elle permet de vérifier l'aptitude médicale du salarié à reprendre son poste.
- **La visite à la demande :** elle est possible à l'initiative de l'employeur, du salarié ou du médecin du travail.

*Ces visites sont réalisées par le médecin du travail, son collaborateur ou l'interne.*

**10** **Surligner** dans le **DOC. 3** :
- en vert l'intérêt des visites de pré-reprise ;
- en rose l'intérêt des visites de reprise (vous pouvez aussi vous aider de la vidéo ci-contre).

**Vidéo**
**Visite médicale de reprise du travail (2'33)**
lienmini.fr/4607-c704

# ACTIVITÉ 2 Les vaccinations obligatoires dans le secteur professionnel

**Objectif : justifier les vaccinations obligatoires et les vaccinations préconisées dans le secteur professionnel concerné.**

## DOC. 4 Extrait du tableau des vaccinations en milieu professionnel

Le Code de la santé publique rend obligatoire certaines vaccinations pour des personnels exposés au risque microbiologique ou exposant à celui-ci les personnes dont ils ont la charge. Selon le Code du travail, l'employeur peut recommander une vaccination sur proposition du médecin du travail.

| Domaine concerné | Professionnels concernés | Vaccinations obligatoires (Obl) ou recommandées (Rec) selon les professions exercées | | | | | | | | | | |
|---|---|---|---|---|---|---|---|---|---|---|---|---|
| | | BCG | DTP | Coqueluche | Grippe saison | Hépatite A | Hépatite B | Leptospirose | Rage | Rougeole (vaccin ROR) | Typhoïde | Varicelle |
| Santé | Étudiants des professions médicales, paramédicales ou pharmaceutiques | Obl | Obl | Rec | Rec | | Obl | | | | | |
| Santé | Professionnels des établissements ou organismes de prévention et/ou de soins (liste selon arrêté du 15 mars 1991) dont les services communaux d'hygiène et de santé | Obl (exposés) | Obl | Rec | Rec | | Obl (si exposés) | | | Rec (y compris si nés avant 1980, sans ATCD) | | Rec (sans ATCD, séronég.) |
| Santé | Professionnels libéraux n'exerçant pas en établissements ou organismes de prévention et/ou de soins | | | Rec | Rec | | Rec | | | | | |

- BCG : Bacille de Calmette et Guérin (vaccin contre la tuberculose, maladie pulmonaire grave).
- DTP : diphtérie, tétanos, poliomyélite.

Obl = obligatoire – Rec = recommandé – ATCD = antécédents – Séronég = séronégatif

**1** **Surligner** dans le DOC. 4 les vaccins obligatoires pour les professionnels de santé.

**2** **Justifier** la nécessité de ces vaccinations à l'aide de vos connaissances et des DOC. 4 et 5.

..............................................................................

..............................................................................

..............................................................................

..............................................................................

**3** **Expliquer** pourquoi les vaccins ont un rôle de protection individuelle et de protection collective.

..............................................................................

..............................................................................

..............................................................................

..............................................................................

## DOC. 5 Affiche de l'ARS destinée aux établissements de santé

**4** **Rechercher** sur le site ci-contre les vaccins obligatoires en France et les rappels conseillés pour un adolescent. À rédiger sur une feuille de copie.

**@ Site**
Calendrier vaccinal simplifié 2019
lienmini.fr/4607-c705

**5** **Rechercher** sur le site ci-contre les vaccins obligatoires et les vaccins conseillés pour votre secteur professionnel et **justifier** leur nécessité. À rédiger sur une feuille de copie.

**@ Site**
Calendrier vaccinal des professionnels
lienmini.fr/4607-c706

# ACTIVITÉ 3 Les moyens de défense de l'organisme

**Objectif : expliquer les moyens de défense de l'organisme face à l'infection microbienne.**

## DOC. 6 Les trois lignes de défense de l'organisme

L'immunité est l'ensemble des défenses de l'organisme contre des substances étrangères, essentiellement les micro-organismes. Ce système complexe fait intervenir divers globules blancs ou leucocytes (phagocytes, lymphocytes…) et divers organes. Les micro-organismes qui pénètrent dans l'organisme se heurtent à trois lignes de défense qui entrent successivement en action en cas d'échec de la précédente.

**Immunité non spécifique ou immunité innée (présente dès la naissance, agit sur tous les micro-organismes)**

### 1re ligne de défense : la barrière cutanéo-muqueuse

Peau et muqueuses (membranes tapissant un organe communiquant avec l'extérieur) ont un rôle de :

- **barrière physique** : obstacle qui empêche la pénétration des micro-organismes tant qu'il n'est pas rompu (plaie ou piqûre) ;
- **barrière chimique :** rôle imperméabilisant du sébum (corps gras) à la surface de la peau, pH acide de l'estomac, enzymes contenues dans les larmes qui tuent les micro-organismes… ;
- **barrière biologique :** les flores, bactéries non pathogènes résidant naturellement sur la peau et les muqueuses, s'opposent à la pénétration de bactéries pathogènes (flore de la peau, flore nasale, flore intestinale…).

Si franchie

### 2e ligne de défense : la réaction inflammatoire et la phagocytose

Lorsque la peau et les muqueuses sont franchies, il y a dilatation des capillaires pour apporter des phagocytes (globules blancs) qui vont réaliser la phagocytose (destruction des micro-organismes par ingestion).
Cette dilatation génère localement gonflement, rougeur, chaleur et douleur : c'est la réaction inflammatoire.

**Réaction inflammatoire**

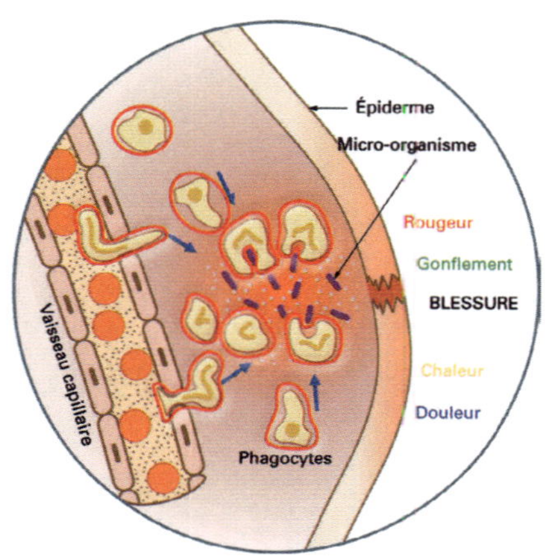


**Détails de la phagocytose**

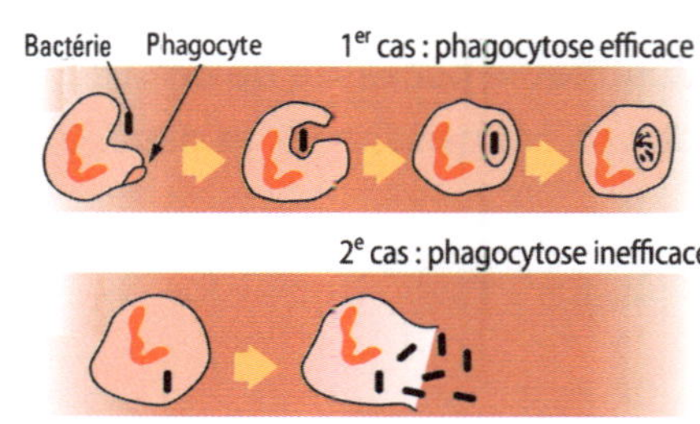


**Immunité spécifique ou acquise (se construit aux contacts des micro-organismes)**

Si franchie

### 3e ligne de défense : les anticorps et divers lymphocytes

**1er temps**

1. Les bactéries sont reconnues par les lymphocytes B qui se transforment en plasmocytes.
2. Les plasmocytes libèrent les anticorps spécifiques.
3. Les anticorps neutralisent et détruisent les bactéries.

**2nd temps**

Certains lymphocytes gardent la mémoire de la bactérie et au contact suivant, sa neutralisation et sa destruction sont immédiates.

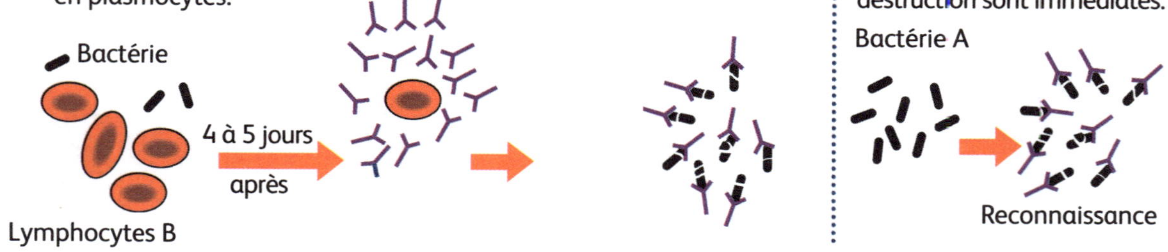

À partir du **DOC. 6** :

**1** **Expliquer** pourquoi la peau et les muqueuses ont un rôle important dans la défense de l'organisme (donner deux raisons).

.............................................................................................................

.............................................................................................................

**2** **Citer** les quatre signes de la réaction inflammatoire et **préciser** son intérêt pour la défense de l'organisme.

.............................................................................................................

.............................................................................................................

.............................................................................................................

**3** **Indiquer** l'ordre de mobilisation des lignes de défense en les numérotant de 1 à 4.

N° .... : phagocytose — N° .... : anticorps

N° .... : barrière cutanéo-muqueuse — N° .... : réaction inflammatoire

**Justifier** pourquoi on parle de réaction en cascade.

.............................................................................................................

**4** **Relier** chaque type de défense à ses particularités et ses moyens.

- **A** Immunité spécifique (défenses qui agissent sur un seul micro-organisme)
- **B** Immunité non spécifique (défenses qui agissent sur tous les micro-organismes)

- **1** Immunité innée (en place dès la naissance)
- **2** Immunité acquise (se construit lors des contacts avec les micro-organismes)

- **a** Peau et muqueuses
- **b** Anticorps
- **c** Phagocytose

**5** **Compléter** le texte ci-dessous, à l'aide des **DOC. 6** et **7** et des termes : *antigènes* (2 fois), *anticorps*, *mémoire immunitaire*, *acquise*.

Les micro-organismes portent à leur surface des molécules appelées ............................ . Les lymphocytes B fabriquent des ............................ spécifiques qui vont se fixer sur les ............................ dont ils sont complémentaires, ce qui va conduire à la destruction du micro-organisme. L'organisme garde en mémoire les antigènes, c'est la ............................, qui permet en cas de nouvelle pénétration dans l'organisme l'identification et la production immédiate d'anticorps pour les détruire. Ainsi se construit l'immunité ............................ .

**DOC. 7** **Antigènes et anticorps**

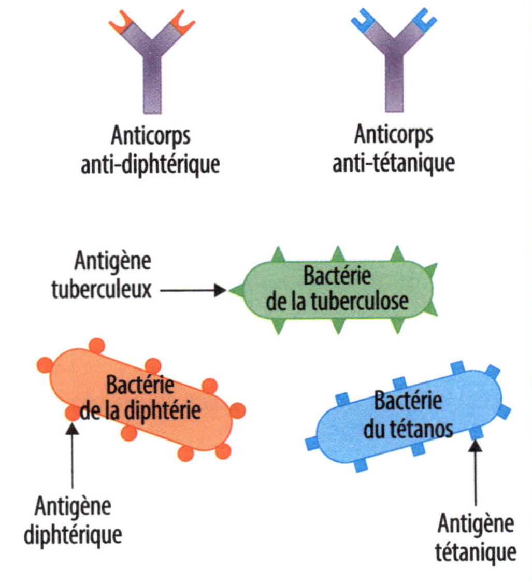

# ACTIVITÉ 4 Le principe de la vaccination

Objectif : expliquer le principe de la vaccination.

## DOC. 8 Le principe de la vaccination

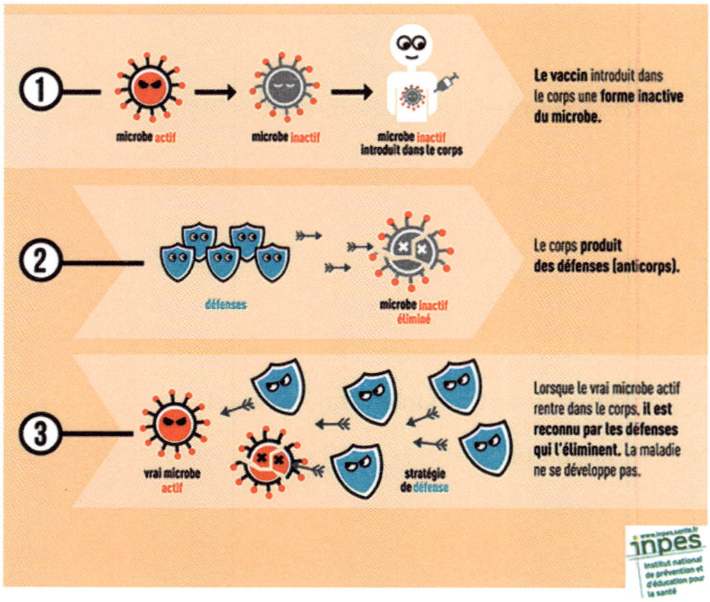


**Vidéo**
Principe de la vaccination (1'29)
lienmini.fr/4607-c707

**1** **Expliquer**, à l'aide du **DOC. 8** et de la vidéo, pourquoi l'injection d'un vaccin ne provoque pas la maladie.

..........................................................................................................................................

**2** **Expliquer**, à l'aide du **DOC. 8** et du **DOC. 6** (3ᵉ ligne de défense) le mode d'action d'un vaccin.

..........................................................................................................................................

..........................................................................................................................................

..........................................................................................................................................

..........................................................................................................................................

**3** **Expliquer** à l'aide du **DOC. 7** pourquoi un vaccin est spécifique.

..........................................................................................................................................

..........................................................................................................................................

## PROPOSER DES SOLUTIONS

**Indiquer** les conseils à donner à Amel concernant :

– Sa convocation pour la VIP : ..............................................................................

..........................................................................................................................................

– Les vaccins préconisés par le service de santé au travail : ..........................................

..........................................................................................................................................

– Les conseils de prévention reçus : ......................................................................

..........................................................................................................................................

## Activité de synthèse

**NOTIONS CLÉS ASSOCIÉES ET MOTS-CLÉS**

- Anticorps
- Antigènes
- Barrière cutanéo-muqueuse
- Examen médical d'aptitude
- Immunité non spécifique
- Immunité spécifique
- Mémoire immunitaire
- Protection collective
- Protection individuelle
- Risque microbiologique
- Suivi médical
- Visite d'information et de prévention

**Compléter le texte avec les notions clés ou mots-clés ci-dessus.**

### Le suivi médical des salariés

Tout employeur a l'obligation d'assurer le .......................................... régulier de ses salariés. Cette mission incombe au service de santé au travail.

Certains salariés (cas général, travailleurs handicapés, travailleurs de nuit) relèvent du suivi individuel (SI). La ................................................................. (VIP) est assurée après l'embauche par un professionnel de santé, sous la responsabilité du médecin du travail.

Les salariés affectés à un poste avec risques particuliers relèvent d'un suivi individuel renforcé (SIR). L'...................................................... (EMA) est réalisé avant l'embauche par le médecin du travail. Dans le cas du SI ou du SIR, des visites de contrôle, dites visites périodiques sont ensuite réalisées à une fréquence précisée par la loi.

### Les vaccinations obligatoires dans le secteur proessionnel

Selon les secteurs d'emploi, la réglementation prévoit que les salariés exposés au ................ ............................................... se soumettent à des vaccinations obligatoires. Chaque salarié bénéficie ainsi d'une ........................................... contre ce risque, mais la vaccination permet aussi d'éviter la propagation des maladies contagieuses et assure une ..................................... .

Un vaccin a un rôle préventif. Il est constitué de micro-organismes ayant perdu leur pouvoir pathogène. Au contact des ............................., l'organisme fabrique les ............................ spécifiques correspondants et développe sa ............................................................ .

### Les défenses immunitaires de l'organisme

La défense de l'organisme contre les micro-organismes est assurée par le système immunitaire. Il est constitué de trois lignes de défenses qui entrent successivement en action en cas d'échec. La première est la ..........................................................., qui a une action physique, chimique et biologique. Si les micro-organismes la franchissent, ils se heurtent à la deuxième ligne, la réaction inflammatoire, et à la phagocytose. Ces deux premières lignes constituent l'...................................... .

En cas d'échec intervient l'................................................., ou troisième ligne. Les anticorps spécifiques d'un antigène, capables de le neutraliser, se forment au fur et à mesure des rencontres.

## L'essentiel en image

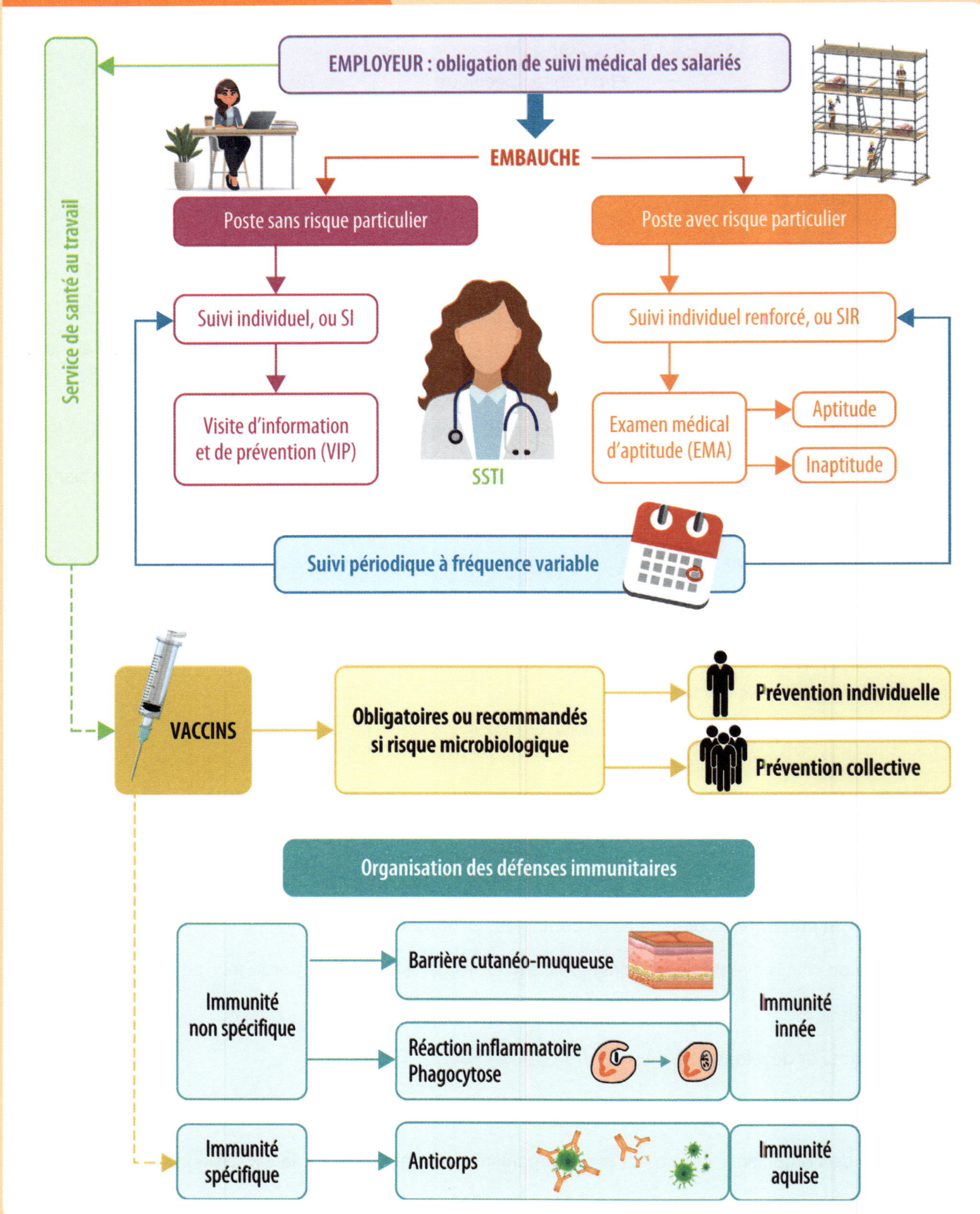


**Exercices**

**Tester ses connaissances en ligne**
lienmini.fr/4607-c708

**Approfondir**

**Vidéo : Témoignage d'un interne en médecine du travail (4'00)**
lienmini.fr/4607-c709

Nom ..................................................................................

Prénom .................................... Date ........................

## SYSTÈME

Le suivi médical des salariés est un système qui vise à s'assurer que l'activité professionnelle n'impacte pas la santé des travailleurs et à assurer les aménagements utiles si nécessaire. Les salariés affectés à un poste sans risque particulier relèvent d'un suivi individuel tandis que ceux affectés à un poste avec risque particulier relèvent d'un suivi individuel renforcé. La médecine du travail assure ce suivi lors des visites initiales à l'embauche et des visites périodiques ultérieures. Les vaccins obligatoires ou recommandés pour les travailleurs exposés au risque microbiologique complètent ce système.

## ANALYSER LE SYSTÈME

**1** **Surligner** dans le texte ci-dessus la finalité du système décrit. ...../1 pt

**2** **Compléter** le schéma ci-dessous en inscrivant les éléments soulignés dans le texte. ...../2 pts

## MOBILISER DES CONNAISSANCES UTILES

**1** **Indiquer** la signification des sigles suivants. ...../3 pts

– VIP : ..................................................................................

– EMA : ..................................................................................

**2** **Indiquer** si les caractéristiques concernent la VIP et/ou l'EMA en cochant le tableau. ...../3 pts

| Caractéristiques | VIP | EMA |
|---|---|---|
| **1.** Cette visite se réalise dans le cadre du suivi individuel. | ☐ | ☐ |
| **2.** Cette visite se réalise dans le cadre du suivi individuel renforcé. | ☐ | ☐ |
| **3.** Elle est toujours réalisée avant l'embauche. | ☐ | ☐ |
| **4.** Elle n'est pas toujours réalisée par le médecin du travail. | ☐ | ☐ |
| **5.** Elle peut donner lieu à un avis d'inaptitude. | ☐ | ☐ |
| **6.** Elle est assimilée à du temps de travail. | ☐ | ☐ |

**3** **Définir** la barrière cutanéo-muqueuse et **indiquer** son rôle dans la défense de l'organisme. ...../3 pts

..........................................................................................................................................

..........................................................................................................................................

..........................................................................................................................................

..........................................................................................................................................

**DOC. 1** **Affiche dans un atelier de chaudronnerie**

**DOC. 2** **Réaction de l'organisme à une injection de vaccin antitétanique**

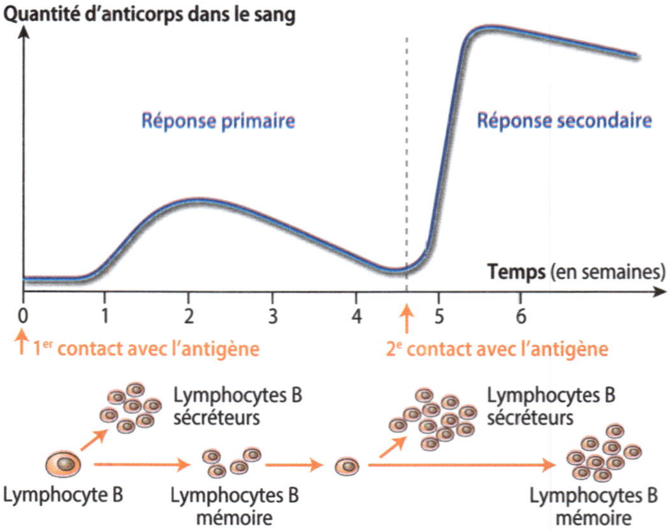


**4** **Expliquer** l'enjeu de l'affiche du **DOC. 1** présente dans un atelier de chaudronnerie où les salariés sont souvent victimes de coupures. ...../3 pts

..........................................................................................................................................

..........................................................................................................................................

..........................................................................................................................................

**5** **Expliquer** à l'aide du **DOC. 2** le principe de la vaccination. ...../3 pts

..........................................................................................................................................

..........................................................................................................................................

..........................................................................................................................................

..........................................................................................................................................

## SE SITUER DANS LE SYSTÈME

**1** **Indiquer** comment chaque salarié peut s'inscrire dans le système : ...../2 pts

– au niveau des visites médicales : ..........................................................................

..........................................................................................................................................

– au niveau des vaccins : ..........................................................................................

..........................................................................................................................................

# Déclaration et réparation des accidents du travail et des maladies professionnelles

Module **C.8**

**FINALITÉ** Expliquer les démarches à accomplir pour déclarer un accident du travail ou une maladie professionnelle.

**Pour introduire le module**
Accident du travail (2'32)
lienmini.fr/4607-c801

## SITUATION

Julie, 20 ans, logisticienne, vient de glisser sur de la graisse au niveau du quai de déchargement où elle travaille. Sa cheville s'est retournée et a doublé de volume. Malgré sa douleur, Julie est inquiète : la gravité de sa blessure va entraîner un long arrêt de travail, avec une perte de revenus et par conséquent engendrer des difficultés pour payer son loyer et ses dépenses courantes. Elle pense aussi aux dépenses de santé : médecin, radiologue, pharmacie, kinésithérapeute…
En attendant, Julie doit, pour la première fois, faire les démarches appropriées pour obtenir l'indemnisation de son accident du travail.

## ANALYSER LA SITUATION

**1** **Surligner** la problématique de la situation.

**2** **Compléter** les éléments de la situation.

**Qui ?** Qui est concerné ? ..........

**Quoi ?** Quelle est l'origine du problème ? ..........

..........

**Où ?** Où se déroule le problème ? ..........

**Comment ?** Quel élément a favorisé sa survenue ? ..........

**Pourquoi ?** Quelles sont les conséquences du problème posé ? ..........

..........

..........

# ACTIVITÉ 1 Accident du travail et maladie professionnelle

Objectif : différencier un accident du travail d'une maladie professionnelle.

## DOC. 1 Accident du travail et maladie professionnelle

*Accident du travail (AT)*

« Est considéré comme accident du travail, quelle qu'en soit la cause, l'accident survenu par le fait ou à l'occasion du travail à toute personne salariée ou travaillant, à quelque titre ou en quelque lieu que ce soit, pour un ou plusieurs employeurs ou chefs d'entreprise ». (Art L 411.1 du Code de la Sécurité sociale)

Trois conditions complètent cet article :
– action soudaine provoquant une lésion ;
– accident intervenu au temps et au lieu de travail ;
– rapport de cause à effet entre accident et lésion.

L'accident de trajet est aussi reconnu comme AT lorsque le trajet s'effectue entre :
– sa résidence ou tout autre lieu où le travailleur se rend de façon habituelle pour des motifs d'ordre familial ou pour du covoiturage et le lieu de travail.
– son lieu de travail et le lieu de restauration où le salarié se rend habituellement dans la mesure où le parcours n'a pas été interrompu ou détourné pour un motif dicté par l'intérêt personnel.

*Maladie professionnelle (MP)*

Une maladie professionnelle est la conséquence directe d'une exposition chronique plus ou moins prolongée d'un travailleur à un risque physique, chimique ou biologique, ou résulte des conditions dans lesquelles il exerce son activité professionnelle.

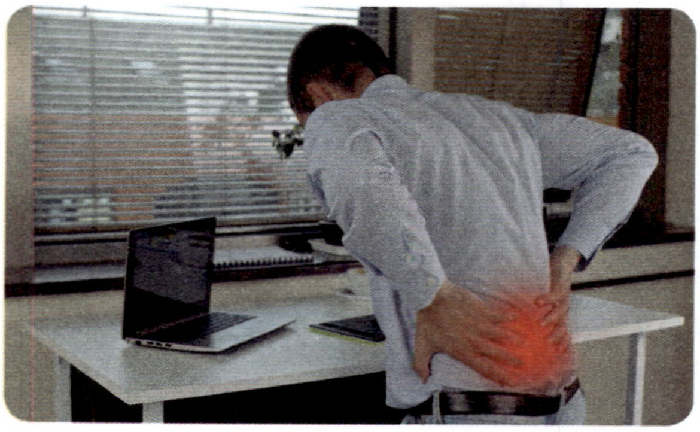

Pour reconnaître une maladie comme professionnelle, la Sécurité sociale a établi des tableaux de MP*. Si la maladie n'est pas inscrite dans ces tableaux, la procédure de reconnaissance est possible, mais plus longue.

*Un exemple de tableau de MP se trouve à la page 166.

À partir du DOC. 1 :

**1** **Souligner** trois critères permettant de qualifier un accident du travail.

**2** **Indiquer** l'outil utilisé par la Sécurité sociale permettant de reconnaître plus rapidement certaines maladies comme professionnelles.

..........................................................................................

**3** **Cocher** le type d'événement dont il s'agit pour chaque situation ci-dessous.

| Situation | AT | | MP |
|---|---|---|---|
| | proprement dit | trajet | |
| 1. Louna, 28 ans, est victime d'un accident de la route en allant au travail. Elle a fait un détour pour amener sa fille à l'école. | ☐ | ☐ | ☐ |
| 2. Lucas, vendeur de 18 ans, est retrouvé inconscient dans la réserve du magasin. Un carton lui est tombé sur la tête. | ☐ | ☐ | ☐ |
| 3. Mattéo, électricien depuis 20 ans, souffre du poignet depuis trois jours. Son médecin diagnostique un syndrome du canal carpien lié à l'utilisation de pinces pour découper les câbles électriques. | ☐ | ☐ | ☐ |

## ACTIVITÉ 2 Déclaration des AT/MP

**Objectif : identifier les différents acteurs impliqués, les étapes, les délais et les documents nécessaires dans une procédure de déclaration.**

À l'aide du DOC. 2 et de vos connaissances :

**1** **Indiquer** :

– le délai dont dispose le salarié pour avertir l'employeur d'un accident du travail.

...............................................

...............................................

– la personne qui doit envoyer la déclaration d'accident du travail à la caisse d'assurance maladie. **Préciser** le délai d'envoi.

...............................................

...............................................

...............................................

**2** **Relever** le nom du document que le médecin remet au salarié suite à son accident du travail.

...............................................

...............................................

...............................................

...............................................

**3** **Justifier** l'intérêt pour le salarié de récupérer au plus vite une feuille de déclaration d'accident du travail (DAT) auprès de l'employeur.

...............................................

...............................................

...............................................

...............................................

...............................................

### DOC. 2 Procédure de déclaration d'un accident du travail (AT)

#### Ce que je fais en tant qu'assuré

Je retrouve ci-après les démarches à effectuer pour bénéficier de mes prestations.

**JE DÉCLARE MON ACCIDENT**

24 h Délai — Je préviens rapidement mon employeur de mon accident, en précisant les circonstances et l'identité du (ou des) témoin(s) éventuel(s).

J'envoie le « certificat médical initial » (CMI) remis par mon médecin après mon accident à ma caisse d'assurance maladie.

**JE M'ASSURE QUE MON EMPLOYEUR A FAIT LES DÉMARCHES DE SON CÔTÉ**

Une fois informé de mon accident, mon employeur doit remplir plusieurs obligations :

sous 48 h

- déclarer à ma caisse d'assurance maladie l'accident que j'ai eu sur mon lieu de travail ou sur le trajet, en renvoyant la « déclaration d'accident du travail » (DAT) ;
- me remettre une « feuille d'accident du travail » dès que possible ;
- en cas d'arrêt de travail, il doit remplir une attestation de salaire et l'envoyer au plus tôt à ma caisse d'assurance maladie, qui calculera ainsi le montant de mes indemnités journalières ;

L'employeur peut émettre des réserves, s'il a un doute sur le caractère professionnel de cet événement. Il a 10 jours francs (à partir de la DAT) pour le faire.

**J'UTILISE MA FEUILLE D'ACCIDENT DU TRAVAIL**

- Je la présente aux professionnels de santé que je consulte. Elle me dispense de l'avance des frais.
- À la fin de mon traitement ou dès qu'elle est entièrement remplie, je la renvoie à ma caisse d'assurance maladie.

À l'aide du **DOC. 3**

**4** **Relever** la personne qui déclare la MP.

............................................

............................................

**5** **Indiquer** le délai dont dispose le salarié pour envoyer la déclaration.

............................................

............................................

**6** **Souligner** le délai dont dispose la CPAM pour statuer sur un dossier de MP inscrite dans un tableau.

**7** **Surligner** la condition nécessaire pour qu'un dossier de maladie inscrite dans un tableau aboutisse à une reconnaissance de celle-ci en maladie professionnelle.

## DOC. 3 Procédure de déclaration d'une maladie professionnelle

Le salarié adresse à la CPAM dans les 15 jours suivant l'arrêt de travail : la déclaration de MP, deux exemplaires du certificat médical initial (CMI) remis par son médecin et sa dernière attestation de salaire.

↓

**CPAM : étude de la reconnaissance du caractère professionnel de la maladie**

**2 cas**

- Maladie inscrite dans un tableau de MP
  - ↓ La CPAM enquête et transmet le dossier à l'employeur et au salarié pour d'éventuelles observations. Elle dispose ensuite de 120 jours pour rendre sa décision.
    - ↓ ✅ MP reconnue — Les 3 critères du tableau de MP sont validés. Fin de la procédure.
    - ↓ ❌ MP non reconnue → Dossier transmis au CRRMP, qui a 120 jours supplémentaires pour donner son avis.
- Maladie non inscrite dans un tableau de MP
  - ↓ Un médecin conseil va estimer le taux d'IP (incapacité permanente)
    - IP > 25 % → Dossier transmis au CRRMP, qui a 120 jours supplémentaires pour donner son avis.
    - IP < 25 % → ❌ MP non reconnue. Fin de la procédure.

## DOC. 4 MP tableau 71 : affections oculaires dues au rayonnement thermique

| Désignation des maladies | Délai de prise en charge* | Liste limitative des travaux susceptibles de provoquer ces maladies |
| --- | --- | --- |
| Cataracte | 15 ans | Travaux exposant habituellement au rayonnement thermique de verre ou de métal porté à incandescence. |

* Délai entre le constat de la maladie et la fin de l'exposition au danger.

**8** **Indiquer**, à l'aide des **DOC. 3** et **4**, si les situations ci-dessous remplissent les trois critères de validation du tableau 71 des maladies professionnelles.

| Situations | Oui | Non |
| --- | --- | --- |
| **1.** Vincent, chaudronnier, travaille depuis 10 ans face à du métal en fusion. En arrêt de travail depuis trois jours, le médecin lui a diagnostiqué une cataracte. | ☐ | ☐ |
| **2.** Ahmed est à la retraite depuis 20 ans. Ancien souffleur de verre, son travail consistait à assembler des pièces de verre en fusion. Il est atteint de cataracte. | ☐ | ☐ |
| **3.** Louna est souffleuse de verre depuis trois ans. Depuis une semaine, sa vison diminue et devient floue. Le médecin lui diagnostique une cataracte. | ☐ | ☐ |

# ACTIVITÉ 3 L'indemnisation des victimes

Objectif : repérer les modalités d'indemnisation des victimes.

## DOC. 5 Les prestations liées à un accident du travail ou à une maladie professionnelle

La reconnaissance d'un accident du travail ou d'une maladie professionnelle permettra au salarié de bénéficier de deux types de prestations versées par la caisse d'assurance maladie.

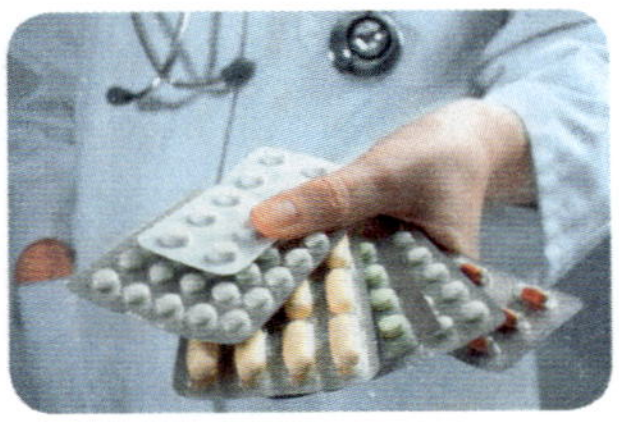

Prestations en nature : elles correspondent à la prise en charge totale des frais médicaux (médecin, médicament, radiologie, hospitalisation…).
La prise en charge se fait grâce à la feuille de déclaration d'AT ou de MP que le salarié fait voir à chaque consultation.

Prestations en espèces de plusieurs types :

- **indemnité journalière (IJ)** : elle permet de compenser la perte de salaire et se calcule à partir du salaire brut du mois précédant l'arrêt de travail. Le salaire brut, divisé par 30,42, détermine le salaire journalier de base. L'indemnité journalière se calcule ainsi :
  - du 1er au 28e jour de l'arrêt de votre travail : IJ = 60 % du salaire journalier de base ;
  - à partir du 29e jour d'arrêt de travail : IJ = 80 % du salaire journalier de base.
- **rente d'incapacité** : lorsque la victime présente des séquelles et souffre d'une diminution durable de ses capacités physiques ou mentales, une indemnisation est versée en fonction du taux d'incapacité établi par la caisse d'assurance maladie ;
- **rentes aux ayant droits** (conjoint survivant, enfants ou parents) en cas de décès de la victime.

## SITUATION

L'entreprise XFLY est spécialisée dans la vente de matériel de sport. Lors du rangement des stocks, Marc, vendeur, se fait une entorse au poignet. Le médecin des urgences lui prescrit un arrêt de travail de 15 jours, une radiographie et de la kinésithérapie. La Sécurité sociale va lui verser une indemnité journalière dont le montant est calculé à partir de son dernier salaire brut (1 800 €/mois).

**1** **Surligner** dans la situation, à l'aide du **DOC. 5** :
– en rose, les prestations en nature ;
– en vert, la prestation en espèces.

**2** **Calculer**, à l'aide du **DOC. 5**, le montant de l'indemnité journalière perçue par Marc et versée par la caisse d'assurance maladie.

.................................................................................................................................

.................................................................................................................................

**3** **Indiquer** le type de prestation dont peut bénéficier Marc s'il s'avère que son entorse provoque une séquelle permanente.

.................................................................................................................................

**4** **Expliquer** pourquoi l'indemnité journalière est supérieure à partir du 29e jour d'arrêt de travail.

.................................................................................................................................

.................................................................................................................................

# ACTIVITÉ 4 Les responsabilités civiles et pénales de l'employeur

**Objectif : différencier responsabilité civile et responsabilité pénale de l'employeur.**

## DOC. 6 La responsabilité de l'employeur en cas de faute inexcusable

L'employeur a une obligation générale de sécurité. Il commet une faute inexcusable lorsqu'il expose son salarié à un danger dont il avait ou aurait dû avoir conscience et qu'il n'a pas pris les mesures nécessaires pour l'en préserver. La conséquence juridique d'un AT ou d'une MP varie en fonction des circonstances et des responsabilités engagées.

| Responsabilité civile | Responsabilité pénale |
| --- | --- |
| → Mécanisme de réparation<br>→ Objectif : réparer le préjudice sous forme de dommages et intérêts versés en complément des prestations en espèces versées par la CPAM. | → Mécanisme de répression<br>→ Objectif : sanctionner l'employeur pour des infractions définies par le Code du travail ou le Code pénal. |

## DOC. 7 Un employeur devant la justice

Théo, 25 ans, est victime d'un choc électrique après avoir touché une ligne électrique avec le bras de déchargement de son camion. Il a subi des dommages très lourds : amputation d'une main, brûlures graves, souffrances psychologiques… Un accident similaire avait déjà eu lieu. Théo n'a jamais été formé à l'utilisation du bras de déchargement et le document unique de l'entreprise ne mentionnait pas ce risque. Les juges condamnent l'employeur à rembourser 155 000 € à la caisse d'assurance maladie qui a fait l'avance des frais au salarié pour les préjudices esthétiques, les souffrances endurées et les frais d'adaptation du logement et du véhicule. Le tribunal le condamne aussi à 1 500 € d'amende pour faute inexcusable.

À l'aide du DOC. 6 :

1 **Surligner** dans le DOC. 7 :

- en vert les éléments qui ont permis de démontrer la faute inexcusable de l'employeur dans l'accident de Théo ;
- en bleu les éléments pris en compte pour calculer l'indemnisation au titre de la responsabilité civile.

2 **Relever**, dans le DOC. 7, le montant que devra payer l'employeur au titre de la responsabilité pénale.

..........................................................

# PROPOSER DES SOLUTIONS

1 **Indiquer** les démarches que doit faire Julie pour être indemnisée de son accident du travail.

..........................................................

..........................................................

..........................................................

..........................................................

2 **Indiquer** par quoi sera compensé son salaire, sachant qu'elle a 90 jours d'arrêt de travail.

..........................................................

..........................................................

..........................................................

## Activité de synthèse

**NOTIONS CLÉS ASSOCIÉES ET MOTS-CLÉS**

- Conséquence juridique
- Déclaration
- Délai
- Faute inexcusable
- Prestations en espèces
- Prestations en nature
- Procédure
- Reconnaissance
- Rente d'incapacité
- Responsabilité civile
- Responsabilité pénale

**Compléter le texte avec les notions clés ou mots-clés ci-dessus.**

### La déclaration d'un accident du travail

La victime doit informer l'employeur dans un .................... de 24 heures. L'employeur doit faire la .................... d'accident du travail à la Sécurité sociale dans les 48 heures.

Le certificat médical établi par le médecin et la feuille d'accident du travail remise par l'employeur permettent une prise en charge totale des frais de santé.

### La déclaration d'une maladie professionnelle

La .................... de déclaration de maladie professionnelle est réalisée par la victime. Elle doit envoyer à la caisse d'assurance maladie un formulaire de déclaration accompagné du certificat médical établi par le médecin et d'une attestation de salaire.

La .................... du caractère professionnel est plus rapide si la maladie figure dans l'un des tableaux des maladies professionnelles établis par la caisse d'assurance maladie.

### L'indemnisation des victimes

La caisse d'assurance maladie versera à la victime d'un AT ou d'une MP des ...................., qui correspondent à la prise en charge totale des frais de santé, et des ...................., qui compensent la perte de salaire lors d'un arrêt de travail. Dans les cas les plus graves, lorsque la victime présente une inaptitude à effectuer certaines tâches au travail à cause d'un AT ou d'une MP, une .................... peut être versée.

### La responsabilité de l'employeur

Lorsque l'employeur expose un salarié à un danger dont il avait ou aurait dû avoir conscience et qu'il n'a pas pris les mesures nécessaires pour l'en préserver, il commet une ...................., qui a une .................... : l'employeur est obligé d'indemniser l'ensemble des préjudices subis au titre de la .....................

Si l'employeur n'a pas respecté les obligations de sécurité prévues dans le Code du travail, sa .................... peut aussi être engagée, car il a commis une infraction.

## L'essentiel en image

# Déclaration et réparation des accidents du travail (AT) et des maladies professionnelles (MP)

**Salarié victime d'un AT**

Informe dans les 24 heures

**Employeur**

Si faute inexcusable de l'employeur pour un AT ou un MP : responsabilité civile et/ou pénale engagée

Envoie le certificat médical initial délivré par le médecin

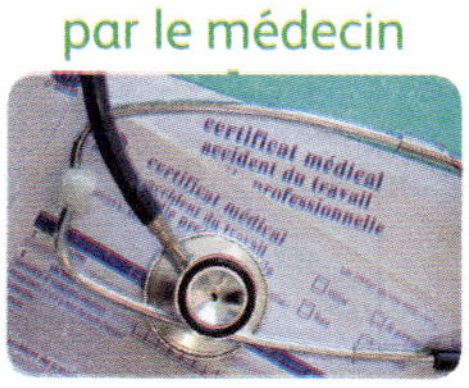

Déclare l'AT dans les 48 heures

**Salarié victime d'une MP**

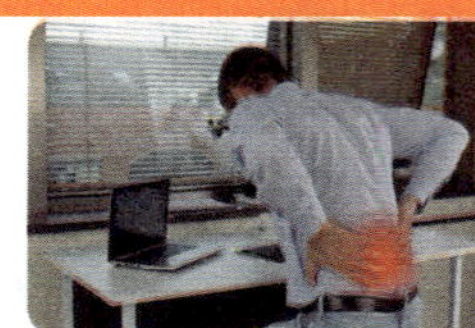

Déclaration
- Déclaration de MP
- Certificat médical initial
- Attestation de salaire

Indemnisation

Indemnisation

**RECONNAISSANCE PAR LA CAISSE PRIMAIRE D'ASSURANCE MALADIE (CPAM)**

**PRESTATIONS**

**En nature**

Prise en charge de toutes les dépenses de santé

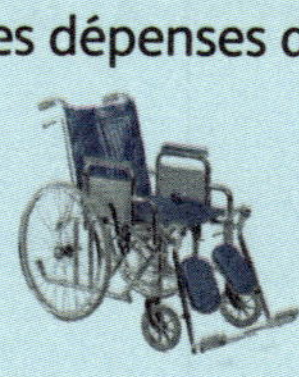

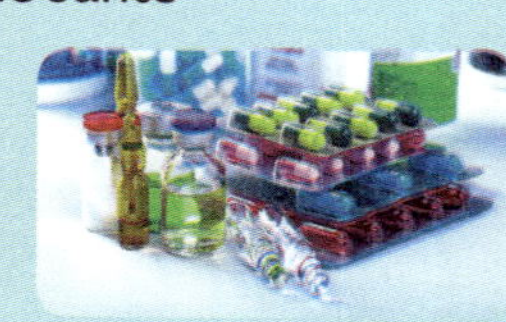

**En espèces**
- Indemnités journalières
- Rente d'incapacité
- Rente aux ayants droits si décès

**Exercice**

**Tester ses connaissances en ligne**
lienmini.fr/4607-c802

**Approfondir**

**Vidéo : La « faute inexcusable de l'employeur », comment ça marche ? (2'50)**
lienmini.fr/4607-c803

Nom ..........................................................................

Prénom ...................................... Date ...........................

## SITUATION

Tristan, 28 ans, électricien dans la société Bati-pro depuis 8 ans, ressent des douleurs intenses au poignet. Après un examen radiologique, le médecin lui diagnostique le syndrome du canal carpien, qui pourrait être lié à son travail. Tristan doit se faire opérer et il sera en arrêt de travail durant deux mois. Il n'aura aucune séquelle après l'intervention chirurgicale. La perte de revenus l'inquiète car les frais d'hospitalisation et de rééducation vont être importants. De plus, il ne touchera pas sa prime d'assiduité. Il est fort probable qu'il ait besoin d'une aide pour les tâches quotidiennes, comme le ménage, et il ne pourra pas faire de sport. Pour faire face financièrement à cette situation, Tristan doit faire les démarches appropriées pour obtenir l'indemnisation de sa maladie professionnelle.

## ANALYSER LA SITUATION

**1** **Surligner** la problématique de la situation. ...../1 pt

**2** **Compléter** le diagramme causes-effet à l'aide des éléments de la situation. ...../3 pts

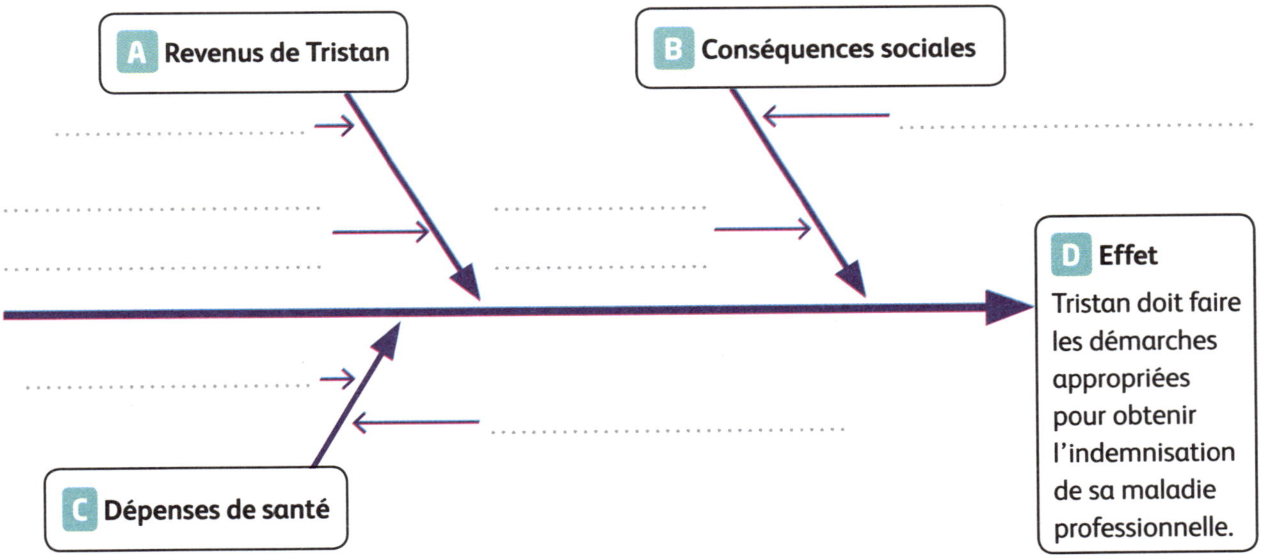


## MOBILISER DES CONNAISSANCES UTILES

**1** **Citer** la personne qui doit envoyer la déclaration de maladie professionnelle à la caisse d'assurance maladie. ...../2 pts

..........................................................................................................

**2** **Définir** la notion de maladie professionnelle. ...../2 pts

..........................................................................................................

..........................................................................................................

**DOC. 1** **Extrait du tableau RG 57 des maladies professionnelles**

**Affections périarticulaires provoquées par certains gestes et postures de travail**

| Désignation des maladies | Délai de prise en charge * | Liste limitative des travaux susceptibles de provoquer ces maladies |
|---|---|---|
| Syndrome du canal carpien | 30 jours | Travaux comportant de façon habituelle, soit des mouvements répétés ou prolongés d'extension du poignet ou de préhension de la main, soit un appui carpien, soit une pression prolongée ou répétée sur le talon de la main. |
| Syndrome de la loge de Guyon | 30 jours | |

* Délai maximal entre la constatation de la maladie et la date à laquelle le travailleur a cessé d'être exposé au risque.

**3** **Justifier**, à l'aide du DOC. 1 et de la situation, pourquoi le syndrome du canal carpien de Tristan peut être reconnu comme maladie professionnelle. ...../3 pts

..............................................................................................................

..............................................................................................................

..............................................................................................................

..............................................................................................................

**4** **Associer**, à l'aide de vos connaissances et de la situation, chaque type de prestation à la définition qui lui correspond et **entourer** celle(s) dont Tristan peut bénéficier. ...../4 pts

**PRESTATIONS**

- **A** Rente d'incapacité •
- **B** Prestation en nature •
- **C** Prestation en espèces •

**DÉFINITIONS**

- • **1** Prise en charge des dépenses de santé.
- • **2** Aide financière destinée à compenser une invalidité partielle ou totale liée à un accident du travail ou à une maladie professionnelle.
- • **3** Indemnités journalières destinées à compenser la perte de salaire du salarié lors de l'arrêt de travail.

## PROPOSER DES SOLUTIONS

**1** **Indiquer** les démarches que doit faire Tristan pour être indemnisé de sa maladie professionnelle. ...../3 pts

..............................................................................................................

..............................................................................................................

..............................................................................................................

..............................................................................................................

**2** **Indiquer** par quoi sera compensé une partie du salaire de Tristan lors de son arrêt de travail. ...../2 pts

..............................................................................................................

Module
C.9

# Les risques psychosociaux

**FINALITÉ** Appréhender les causes et les effets des RPS pour mieux s'en protéger.

**Pour introduire le module**

**La prévention des risques psycho-sociaux (RPS) dans l'entreprise (2'06)**
lienmini.fr/4607-c901

## SITUATION

Titulaire d'un Bac pro ASSP option domicile, Sophie gère une petite équipe d'aides à domicile qui interviennent chez les personnes âgées du quartier. Ces salariés doivent effectuer leur mission en un temps restreint ①, réaliser pour chaque bénéficiaire des tâches ménagères multiples ②, s'adapter aux ressources matérielles variées du domicile ③, s'adapter aux exigences d'organisation des bénéficiaires ④ tout en échangeant avec eux ⑤. Les bénéficiaires sont parfois exigeants, voire agressifs ⑥. Leur emploi du temps est imposé ⑦, ainsi que l'ordre de leur tournée ⑧. Leur salaire est légèrement supérieur au SMIC ⑨ et les perspectives d'évolution de carrière faibles ⑩. En lisant une brochure sur les risques psychosociaux (RPS) remise par le SSTI, Sophie en arrive à la conclusion que les aides à domicile sont exposés aux RPS, et notamment au stress professionnel.

## ANALYSER LA SITUATION

1 **Surligner** la problématique dans la situation.

2 **Compléter** le diagramme causes-effet avec les éléments soulignés dans la situation ou les numéros correspondants.

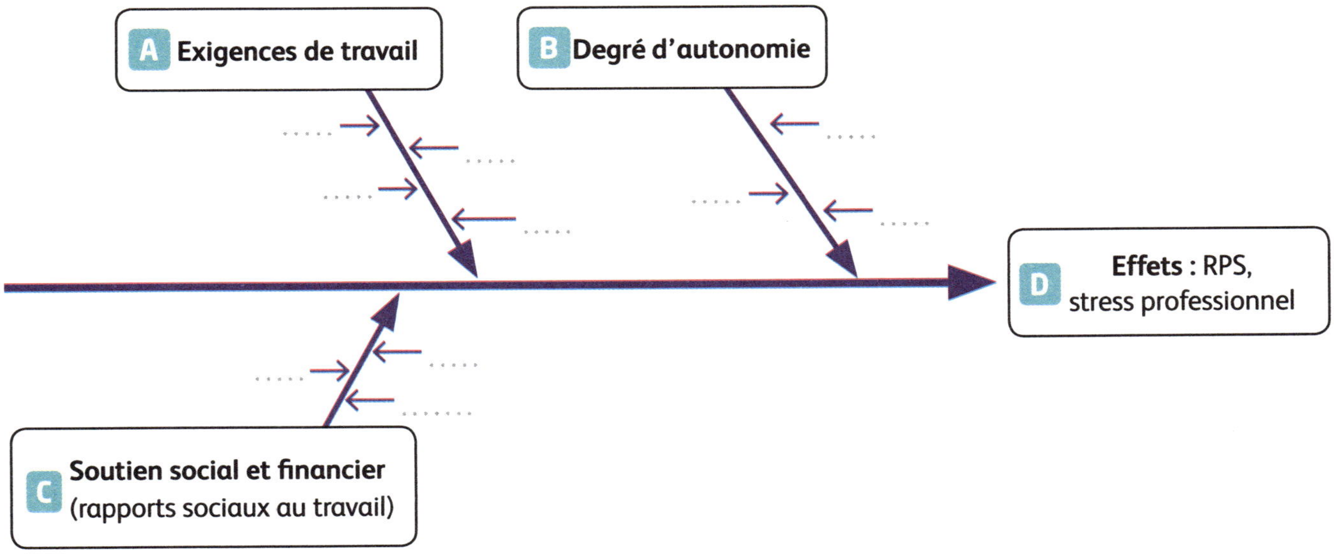

# MOBILISER LES CONNAISSANCES UTILES

## ACTIVITÉ 1 Les facteurs de risques psychosociaux

**Objectif : repérer les principaux facteurs de risques psychosociaux.**

### DOC. 1 La nature des risques psychosociaux ou RPS

Les RPS sont définis comme des situations de travail où sont présents, combinés ou non :

– le stress provenant du sentiment de décalage entre ses ressources et les attentes de l'entreprise ;
– des violences internes commises par des salariés ;
– des violences externes commises sur les salariés par des personnes extérieures à l'entreprise.

Les RPS ont un impact sur la santé physique, mentale et sociale des salariés. Ils sont source de souffrance au travail.

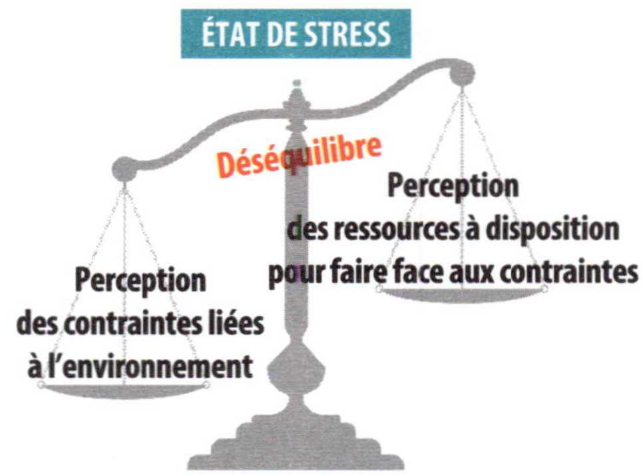


**1** **Retrouver**, à l'aide des éléments surlignés du **DOC. 1**, la nature du RPS présent sur chaque photo.

**A** ..............................

..............................

**B** ..............................

..............................

**C** ..............................

..............................

**2** **Expliquer**, à l'aide du **DOC. 1**, pourquoi les RPS sont un réel problème pour les salariés.

..............................

..............................

**3** **Rappeler**, à l'aide de l'illustration du **DOC. 1**, l'origine du stress en milieu professionnel.

..............................

..............................

..............................

**4** **Rappeler** ce qu'est le stress au sens biologique (voir **module A.8**).

..............................

..............................

..............................

..............................

**5** **Expliquer** pourquoi les trois types de RPS sont liés et en interaction.

.......................................

.......................................

.......................................

.......................................

.......................................

.......................................

.......................................

.......................................

**6** **Entourer** sur le **DOC. 2** les facteurs de risque de RPS liés :

– à l'activité : en rouge ;
– à l'organisation : en bleu ;
– aux relations au travail : en vert.

**DOC. 2** **Les facteurs de risques de RPS**

SCHÉMA D'APPARITION DES RISQUES PSYCHOSOCIAUX

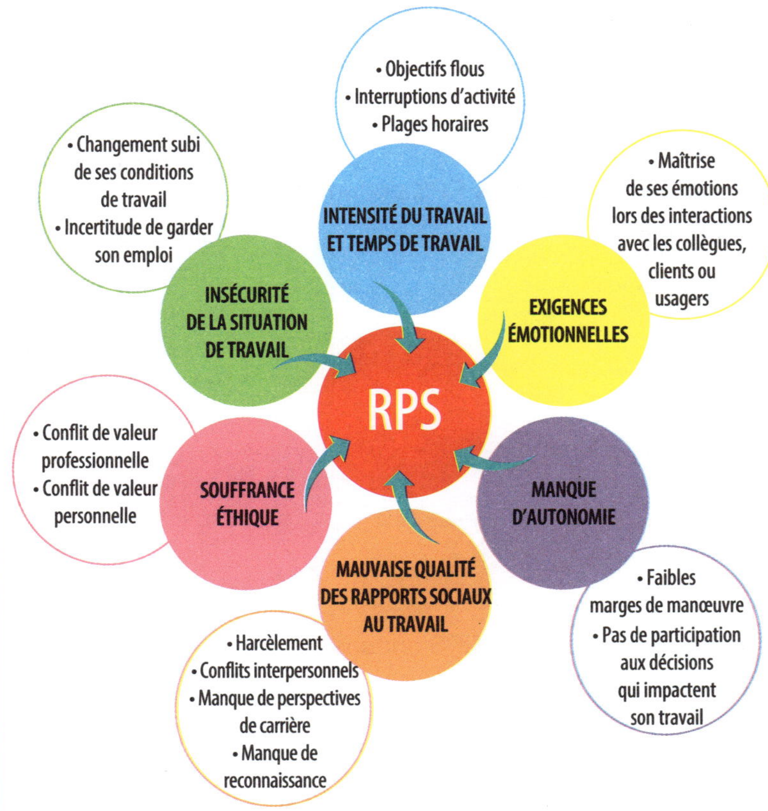


**7** **Indiquer** pour chaque situation, à l'aide du **DOC. 2**, le facteur de risque de RPS présent.

| Situations | Facteurs de risques de RPS |
|---|---|
| 1. Lisa est inquiète car il y a peu de commandes et une procédure de licenciement économique est évoquée. | Insécurité de la situation de travail. |
| 2. Eva subit les avances insistantes de son chef. | ....................................... |
| 3. Travaillant à la chaîne, Jack fait un travail répétitif. | ....................................... |
| 4. La journée continue, avec seulement une pause de 30 minutes pour déjeuner, est pénible pour Ali. | ....................................... |
| 5. L'activité auprès des personnes âgées est mal vécue. | ....................................... |
| 6. Les directives de la hiérarchie sont contraires aux valeurs que respecte José. | ....................................... |

**8** **Expliquer** pourquoi une charge mentale élevée est un facteur de RPS.

.......................................

.......................................

.......................................

# ACTIVITÉ 2 Les conséquences des risques psychosociaux

**Objectifs : identifier les principales conséquences des risques psychosociaux sur la santé ; identifier les conséquences des risques psychosociaux sur l'entreprise.**

À partir du DOC. 3 :

**1** **Expliquer** pourquoi les RPS portent atteinte à :

– l'intégrité physique :

– l'intégrité mentale :

**2** **Indiquer** pourquoi les RPS ont une incidence sur la vie sociale.

**3** **Expliquer** pourquoi les RPS peuvent être à l'origine de conduites addictives.

## DOC. 3 Les conséquences des RPS

Le stress est le risque psychosocial qui résulte de tous les autres. Il peut porter atteinte à l'intégrité physique (atteinte de la santé physique) et à l'intégrité mentale (atteinte de la santé mentale) des salariés. Ces dommages ont un coût pour l'entreprise et impactent son climat social (degré de satisfaction des salariés).

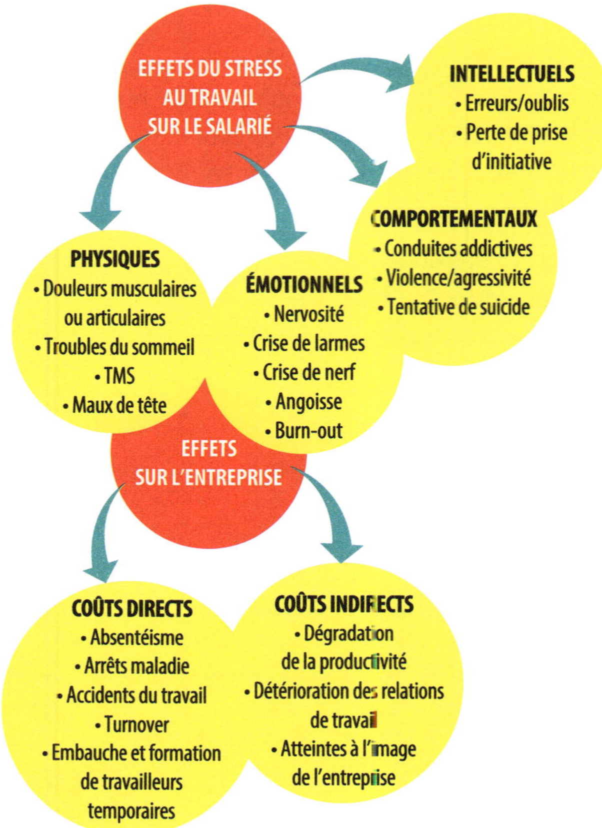


WWW **4** **Expliquer** les conséquences financières des RPS pour l'entreprise. Vous pouvez vous aider de la vidéo ci-contre.

**Vidéo**
La souffrance au travail est un fléau en France (2'06)
lienmini.fr/4607-c902

**5** **Expliquer** pourquoi les RPS impactent le climat social de l'entreprise.

# ACTIVITÉ 3 La prévention des risques psychosociaux

**Objectif : proposer des mesures de prévention limitant les risques psychosociaux.**

## DOC. 4 La réglementation

**L4121-1 du Code du travail :** l'employeur prend les mesures nécessaires pour assurer la sécurité et protéger la santé physique et mentale des travailleurs.

**L1152-1 du Code du travail :** aucun salarié ne doit subir les agissements répétés de harcèlement moral qui ont pour objet ou pour effet une dégradation de ses conditions de travail susceptible de porter atteinte à ses droits et à sa dignité, d'altérer sa santé physique ou mentale ou de compromettre son avenir professionnel.

**L1153-1 du Code du travail :** aucun salarié ne doit subir des faits :

1° soit de harcèlement sexuel, constitué par des propos ou comportements à connotation sexuelle répétés qui soit portent atteinte à sa dignité en raison de leur caractère dégradant ou humiliant, soit créent à son encontre une situation intimidante, hostile ou offensante ;

2° soit assimilés au harcèlement sexuel, consistant en toute forme de pression grave, même non répétée, exercée dans le but réel ou apparent d'obtenir un acte de nature sexuelle, que celui-ci soit recherché au profit de l'auteur des faits ou au profit de tiers.

Cette interdiction vaut également pour toute « personne en formation ou en stage, candidat à un recrutement, à un stage ou à une formation » (article L1153-2).

**1** **Surligner** les points clés liés à la prévention des RPS dans les extraits du Code du travail présentés dans le DOC. 4.

**2** **Indiquer** pour chaque facteur de RPS le(s) numéro(s) du (ou des) conseils(s) de prévention du DOC. 5 adapté(s).

| Facteur de RPS | N° de l'affiche |
|---|---|
| **1.** Intensité du travail et temps de travail. | ............ |
| **2.** Exigences émotionnelles. | ............ |
| **3.** Manque d'autonomie. | ............ |
| **4.** Mauvaise qualité des rapports sociaux au travail. | ............ |
| **5.** Souffrance éthique. | ............ |
| **6.** Insécurité de la situation de travail. | ............ |

## DOC. 5 Comment prévenir les RPS ?

## DOC. 6 Les niveaux de prévention des RPS

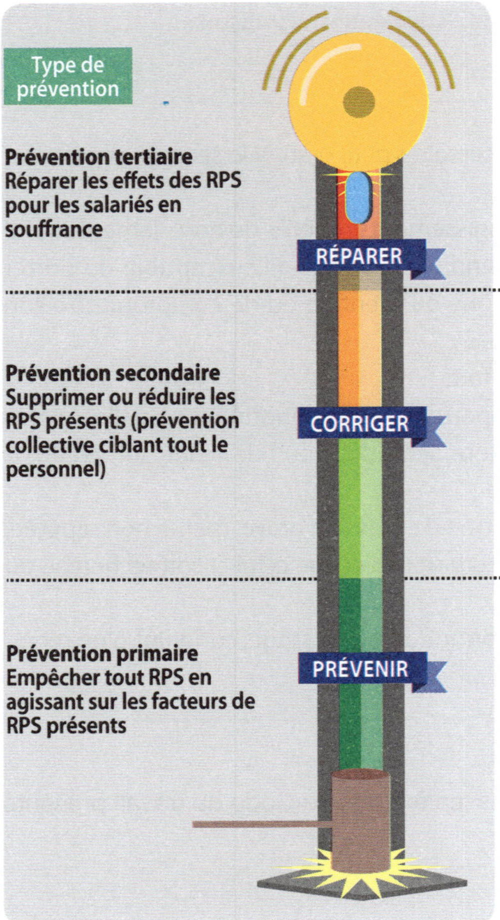


**Exemples d'actions correspondantes**

- Prise en charge thérapeutique, psychologique, individuelle ou collective.
- Écoute des salariés en souffrance par le médecin du travail.
- ..............................................................................................

..............................................................................................

- Actions ciblant les violences internes et externes.
- Information des personnels sur les manifestations du stress professionnel.
- Primes pour les fortes charges de travail.

..............................................................................................

..............................................................................................

- Formation des managers à la prévention des RPS, sensibilisation à l'importance des rapports sociaux.
- Adaptation de l'espace de travail à l'activité.
- Marges de manœuvre suffisantes (autonomie).
- Développement de la cohésion d'équipes, de l'entraide entre personnels et de la communication.

..............................................................................................

..............................................................................................

**3** **Indiquer**, à l'aide du **DOC. 6**, le niveau de prévention le plus efficace et **justifier**.

..............................................................................................

**4** **Reporter** dans le **DOC. 6** les actions de prévention suivantes au niveau qui leur correspond : *mise en place de numéros d'écoute ; évolutions de carrière favorisées ; formations sur la gestion du temps, du stress, sur la relaxation ; valorisation du travail effectué.*

## PROPOSER DES SOLUTIONS

**Proposer** pour chaque niveau de prévention une mesure que Sophie peut mettre en place pour protéger son équipe d'aides à domicile.

| **Prévention primaire**<br>→ Agir sur les causes de RPS pour éviter leur apparition. | **Prévention secondaire**<br>→ Faire face à des RPS déjà présents. | **Prévention tertiaire**<br>→ Réparer les effets des RPS chez les salariés en souffrance. |
|---|---|---|
| .................................... | .................................... | .................................... |
| .................................... | .................................... | .................................... |
| .................................... | .................................... | .................................... |
| .................................... | .................................... | .................................... |
| .................................... | .................................... | .................................... |

## Activité de synthèse

**NOTIONS CLÉS ASSOCIÉES ET MOTS-CLÉS**

- Climat social
- Coût
- Dommages
- Formation
- Information
- Intégrité mentale
- Intégrité physique
- Prévention collective
- Risque psychosocial
- Stress
- Violences externes
- Violences internes

**Compléter le texte avec les notions clés ou mots-clés ci-dessus.**

### Les facteurs de risques psychosociaux

Les RPS sont définis comme des situations de travail où sont présents, combinés ou non, du .........., des .............................. commises par des personnes internes à l'entreprise (salariés, employeur) et des .............................., commises sur les salariés par des personnes externes à l'entreprise. Ils sont sources de souffrance au travail.

Les facteurs de RPS identifiés sont l'intensité du travail et le temps de travail, le manque d'autonomie, l'insécurité de la situation de travail, les exigences émotionnelles, la mauvaise qualité des rapports sociaux au travail, la souffrance éthique.

### Les conséquences des risques psychosociaux

Les RPS ont un impact sur la santé des salariés. Ainsi, le stress est le .................................... qui résulte de tous les autres. Il peut porter atteinte à l'.................................................... et à l'................................. des salariés.

Ces ...................... ont un ................... direct et indirect pour l'entreprise et un impact sur son .......................... ou degré de satisfaction des salariés.

### Les mesures de prévention limitant les risques psychosociaux

La prévention primaire vise à prévenir l'apparition des RPS en agissant sur tous les facteurs ; elle passe par la ...................... du personnel d'encadrement et l'........................... des personnels. La prévention secondaire vise à réduire ou supprimer les RPS déjà présents par des mesures de .................................. protégeant l'ensemble des salariés. La prévention tertiaire vise à réparer les effets des RPS sur les salariés qui en ont été victimes.

## L'essentiel en image

# Les risques psychosociaux (RPS)

### Stress

### Violences externes

Agression, incivilité, vandalisme…

### Violences internes

Harcèlement, conflits…

## Facteurs de RPS

- Intensité du travail
- Temps de travail
- Exigences émotionnelles
- Faible autonomie
- Rapports sociaux au travail
- Conflits de valeurs
- Insécurité de la situation de travail…

## Conséquences des RPS

### Sur l'individu

**Atteintes physiques :** douleurs, TMS, troubles du sommeil…

**Atteintes mentales :** angoisses, agressivité, burn-out…

### Sur l'entreprise

**Coûts directs et indirects :** absentéisme, arrêts maladie, accidents du travail, baisse de la productivité…

**Dégradation du climat social**

## Prévention des RPS

| Prévention primaire | Prévention secondaire | Prévention tertiaire |
|---|---|---|
| PRÉVENIR | CORRIGER | RÉPARER |
| **Agir sur les facteurs** de RPS présents. 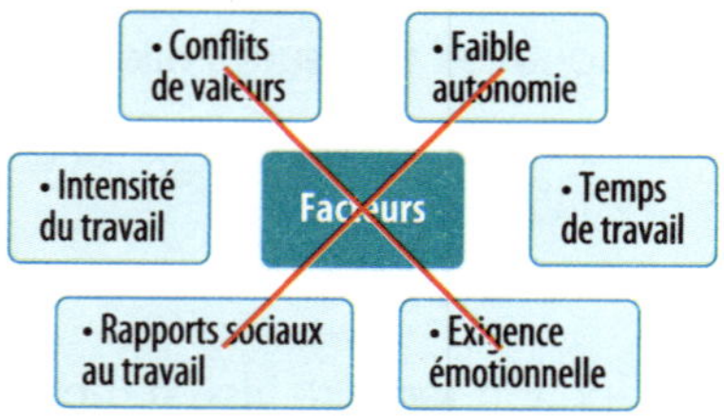  | **Réduire et corriger** les RPS présents par un accompagnement.  | **Réparer les effets** des RPS pour les salariés en ayant été victimes.   |

### Exercices

Tester ses connaissances en lignes

lienmini.fr/4607-c903

### Approfondir

Vidéo : Risques psychosociaux : comment les repérer et les prévenir (13'06)

lienmini.fr/4607-c904

# Maîtriser le Module C.9

Nom ...........................................................................

Prénom ................................... Date .......................

## SITUATION

Titulaire d'un Bac pro, Lia, 20 ans, travaille depuis trois mois dans l'entreprise X. Elle effectue consciencieusement son travail, qui l'intéresse beaucoup et est unanimement appréciée par ses collègues et par les clients. Régulièrement, son chef de service lui fait des réflexions désobligeantes sur sa tenue vestimentaire pourtant soignée, sur un supposé bureau mal rangé, sur le fait qu'elle arrive trop longtemps en avance ou, au contraire, avec cinq minutes de retard alors qu'il y a grève des transports en commun, tout est prétexte à la critique. Elle a plus fréquemment que ses collègues les horaires de travail les plus contraignants. Depuis deux semaines, elle se rend au travail angoissée, se demandant ce qu'il lui sera encore reproché. Elle dort mal, a des troubles digestifs et souvent envie de pleurer.

## ANALYSER LA SITUATION

**1** **Surligner** les problèmes soulevés dans la situation. ...../1 pt

**2** **Identifier** les éléments de la situation. ...../2 pts

**Qui ?** Qui est concerné ? ..........................................................................

**Quoi ?** Quelle est l'origine du problème ? ..........................................................................

..........................................................................

**Où ?** Où le problème apparaît-il ? ..........................................................................

**Quand ?** Depuis quand le problème apparaît-il ? ..........................................................................

## MOBILISER DES CONNAISSANCES UTILES

**3** **Indiquer** et **justifier** à partir DOC. 1 de quoi est victime Lia. ...../2 pts

..........................................................................

..........................................................................

### DOC. 1 Des agissements punis par la loi

Le harcèlement moral se manifeste par des agissements malveillants répétés : remarques désobligeantes, intimidations, insultes... Ces agissements entraînent une forte dégradation des conditions de travail de la victime, et peuvent porter atteinte à ses droits et à sa dignité, altérer sa santé physique ou mentale, ou compromettre son avenir professionnel.
Ces agissements sont interdits, même en l'absence de lien hiérarchique entre vous et l'auteur des faits.

Source : www.service-public.fr

**4** **Définir** les risques psychosociaux et **indiquer** celui que subit Lia. ...../2,5 pts

..........................................................................

..........................................................................

..........................................................................

**5** **Citer** trois causes de RPS liées au travail. ...../3 pts

– ....................

– ....................

– ....................

**6** **Indiquer** trois conséquences possibles des risques psychosociaux pour les salariés. ...../4,5 pts

– sur l'intégrité physique : ....................

– sur l'intégrité mentale : ....................

– sur la vie sociale : ....................

**7** **Justifier** le fait que les RPS sont source de souffrance au travail. ...../1 pt

....................

**8** **Indiquer** une conséquence pour l'entreprise des faits subis par Lia, unanimement estimée. ...../1 pt

....................

## PROPOSER DES SOLUTIONS

**9** **Proposer** une mesure de prévention pour que des faits similaires ne se reproduisent pas. ...../1 pt

....................

### DOC. 2 Accueil du site d'une association

**10** **Indiquer** à Lia qui elle peut contacter. ...../2 pts

• pour l'accompagner dans la gestion de sa souffrance au travail :

....................

• pour l'aider à faire valoir ses droits :

....................

# Les risques liés à l'activité physique

Module **C.10**

**FINALITÉ** Identifier les facteurs de risques liés à l'activité physique pour mieux les prévenir.

**Pour introduire le module**

**Les risques professionnels dans les salons de coiffure (1'37)**
lienmini.fr/4607-c1001

## SITUATION

Raphaëlle, 18 ans, élève en Bac pro commerce, travaille dans une grande surface durant les vacances d'été.
Elle effectue de la mise en rayon tous les matins, souvent accroupie, à genoux ou les bras au-dessus de la tête pour accéder aux rayonnages les plus hauts ; elle soulève aussi des charges lourdes des palettes aux rayonnages.
En consultant une brochure distribuée par le service de santé au travail, elle découvre que les postures contraignantes et le port de charges lourdes sont des facteurs aggravant le risque de troubles musculo-squelettiques (TMS). Elle réalise qu'elle effectue tous les jours durant quatre heures des tâches qui l'exposent à ces dommages, notamment au niveau des épaules, poignets, dos et genoux.

## ANALYSER LA SITUATION

**1** **Compléter**, pour l'activité de travail de Raphaëlle, le schéma ITAMaMi ci-dessous à partir des éléments soulignés dans la situation (vous pouvez aussi répondre aux questions QUI ? QUOI ? AVEC QUOI ? COMMENT ? OÙ ? sur une feuille de copie).

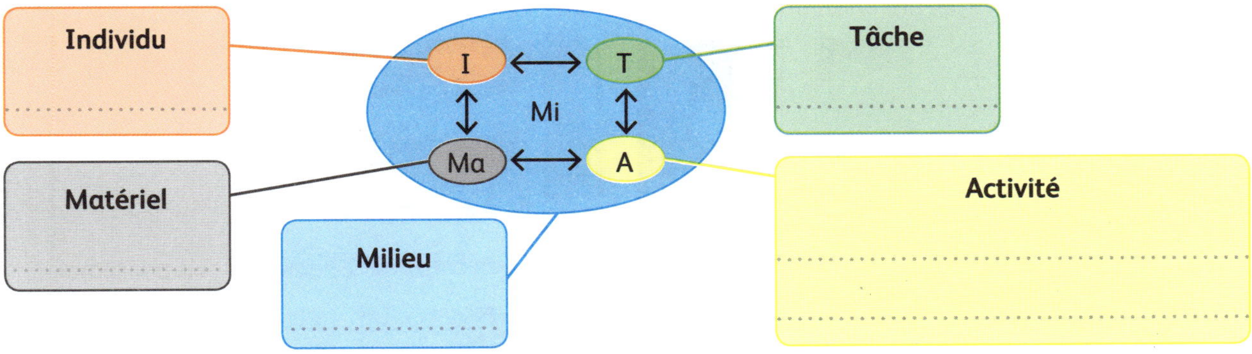


**2** **Identifier** les éléments d'apparition du dommage et les **mettre en relation**.

- Danger : ..............................
- La situation dangereuse : ..............................
- L'événement déclencheur : ..............................
- Le dommage : ..............................

# MOBILISER LES CONNAISSANCES UTILES

## ACTIVITÉ 1 Les facteurs de risques liés à l'activité physique

**Objectif : identifier les facteurs de risque liés à l'activité physique dans une situation de travail.**

### DOC. 1 Activité dynamique et activité statique

L'activité physique (mise en action de l'appareil locomoteur) peut avoir différentes formes en milieu professionnel. Quand il s'agit de se déplacer, transporter, soulever, bouger, tirer, pousser, actionner, il y a mouvement. Il se caractérise par une succession de contractions et relâchements musculaires, on parle alors d'activité dynamique. Intense et prolongée, elle est un facteur de pénibilité.
Toutefois, dans certains emplois, l'activité physique est un état prolongé de contractions musculaires, généralement dans le but de maintenir une posture ou une position (travail assis ou debout). On parle alors d'activité statique.

### DOC. 2 Les facteurs de risque

On parle de facteur de risque lié à l'activité physique lorsque l'individu est soumis à une **contrainte physique intense**. La dangerosité est aussi liée à la fréquence et à la durée d'exposition au danger, comme par exemple :

- **Position debout ou piétinement :** 20 heures ou plus par semaine.
- **Manutention manuelle de charges :** 20 heures ou plus par semaine.

- **Gestes répétitifs :** 10 heures ou plus par semaine.

- **Vibrations transmises aux membres supérieurs :** 10 heures ou plus par semaine.

- **Contraintes posturales (à genoux, bras en l'air, accroupi ou en torsion) :** 2 heures ou plus par semaine.

Les risques liés à l'activité physique sont augmentés par d'autres facteurs : l'environnement (bruit, température…), l'organisation du travail, les risques psychosociaux et aussi par les facteurs personnels (âge, état de santé…).

**1** **Cocher** pour chaque situation ci-dessous s'il s'agit d'une tâche essentiellement statique ou d'une tâche essentiellement dynamique puis **indiquer** le facteur de risque présent. S'aider du DOC. 1 et des termes en rose dans le DOC. 2. Il peut y avoir plusieurs réponses par photographie.

**1** ☐ Statique ☐ Dynamique

Facteur(s) de risque : ..............

..................................

..................................

**2** ☐ Statique ☐ Dynamique

Facteur(s) de risque : ..............

..................................

..................................

**3** ☐ Statique ☐ Dynamique

Facteur(s) de risque : ..............

..................................

..................................

**4** ☐ Statique ☐ Dynamique

Facteur(s) de risque : ..............

..................................

..................................

**5** ☐ Statique ☐ Dynamique

Facteur(s) de risque : ..............

..................................

..................................

**6** ☐ Statique ☐ Dynamique

Facteur(s) de risque : ..............

..................................

..................................

**7** ☐ Statique ☐ Dynamique

Facteur(s) de risque : ..............

..................................

..................................

**8** ☐ Statique ☐ Dynamique

Facteur(s) de risque : ..............

..................................

..................................

**9** ☐ Statique ☐ Dynamique

Facteur(s) de risque : ..............

..................................

..................................

**2** **Retrouver**, à l'aide des DOC. 1 et 2, des situations contraignantes ou dangereuses pour votre secteur professionnel. **Justifier** cette particularité.

..................................................................................................

..................................................................................................

# ACTIVITÉ 2 Les atteintes à la santé liées à l'activité physique au travail

**Objectifs : identifier la nature de l'atteinte à la santé causée par une activité physique au travail ; caractériser les atteintes à la santé liées à l'activité physique.**

## DOC. 3 Les principales atteintes liées à l'activité physique au travail

Une activité physique importante et/ou répétitive, qu'elle soit statique ou dynamique, a un impact sur l'organisme. Elle peut être à l'origine d'accidents ou de maladies, dont certaines peuvent être reconnues comme professionnelles. Les atteintes sont dites **aiguës** quand elles surviennent soudainement et disparaissent rapidement et **chroniques** lorsqu'elles apparaissent progressivement et s'installent dans la durée. Les principales sont :

– la **fatigue musculaire** : c'est l'incapacité progressive d'un muscle, auparavant trop sollicité, à répondre correctement à un ordre. Les muscles se chargent en déchets (acide lactique entre autres) et il y a apparition de crampes, de contractures, de courbatures ;

– les **traumatismes physiques** : les efforts physiques, les chocs, les chutes de plain-pied lors de déplacements peuvent causer entorse (traumatisme des ligaments), fracture, claquage (déchirure musculaire), plaie, tendinite (traumatisme des tendons), luxation (déboitement de l'articulation) ;

– les **troubles musculo-squelettiques ou TMS** : ce sont des atteintes des tissus mous au niveau des articulations (muscles, tendons, nerfs). Ils sont source de souffrance au travail et dans la vie quotidienne et peuvent conduire au handicap. Ils ont un coût humain et social élevé : ils représentent 87 % des maladies professionnelles déclarées ;

– les **troubles circulatoires** : le muscle du mollet agit comme une pompe pour les veines profondes de la jambe, favorisant le retour du sang vers le cœur. En l'absence de contractions musculaires (travail debout statique), le retour veineux est moins efficace, favorisant certaines pathologies. Les varices résultent de la distension des valves ne remplissant plus leur fonction et les « jambes lourdes » de la sortie de liquide vers les tissus.

Vidéo
**Fini les jambes lourdes ! (2'18)**
lienmini.fr/4607-c1002

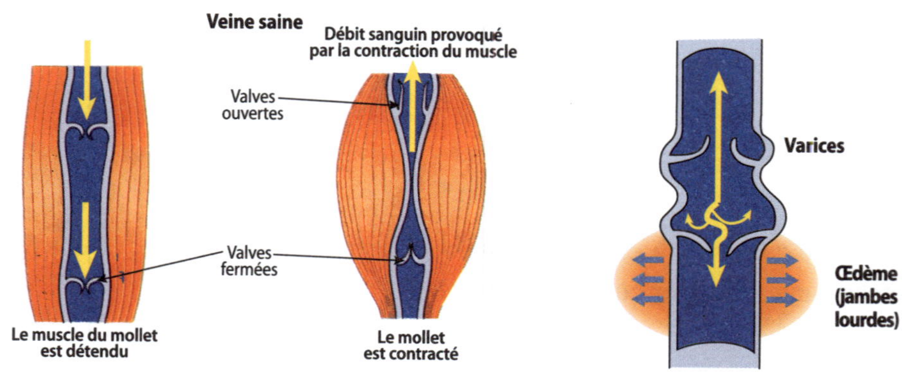

À partir du **DOC. 3** :

**1** **Indiquer** l'origine de la fatigue musculaire lors de l'activité physique au travail.

...........................................................................................................................

**2** **Proposer** une définition simple des troubles musculo-squelettiques.

...........................................................................................................................

**3** **Expliquer** pourquoi la station debout prolongée et le piétinement favorisent les troubles circulatoires.

...........................................................................................................................

...........................................................................................................................

**4** **Indiquer** pour chaque situation ci-dessous la nature de l'atteinte à la santé causée par l'activité physique et **cocher** sa caractéristique pour les situations A, C et D.

| | |
|---|---|
|  | **A** Sophie souffre depuis six mois de douleurs au poignet. Le médecin diagnostique un syndrome du canal carpien.<br>Nature de l'atteinte : ..............................<br>Caractéristique de l'atteinte ☐ Aiguë ☐ Chronique |
| 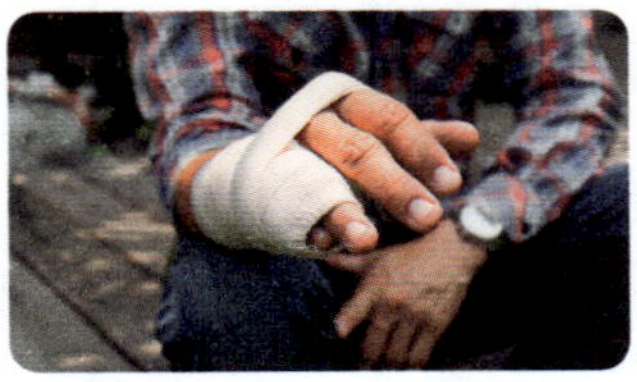 | **B** Léo, 18 ans, a chuté de l'escabeau dans la réserve du magasin. Il a une fracture de deux doigts et est en arrêt durant deux semaines.<br>Nature de l'atteinte : .............................. |
|  | **C** Sarah, 22 ans, hôtesse d'accueil à la foire exposition de Paris, a les jambes lourdes et gonflées en fin de journée. Elle est continuellement debout de 9 heures à 17 heures et ne marche pas.<br>Nature de l'atteinte : ..............................<br>Caractéristique de l'atteinte ☐ Aiguë ☐ Chronique |
|  | **D** Alexis, 49 ans, intervient dans des espaces réduits et doit contracter ses muscles sans bouger afin de tenir des câbles. Lorsque cette tâche dure quelques minutes, il a des crampes.<br>Nature de l'atteinte : ..............................<br>Caractéristique de l'atteinte ☐ Aiguë ☐ Chronique |

**5** **Expliquer** pourquoi les atteintes à la santé causées par une activité physique au travail constituent un réel problème :

– pour les travailleurs : ..............................................................................................

– pour l'entreprise : ..................................................................................................

...........................................................................................................................

**6** **Indiquer** les atteintes auxquelles vous êtes plus particulièrement exposé dans votre secteur professionnel.

...........................................................................................................................

## ACTIVITÉ 3 Les atteintes de la colonne vertébrale

**Objectif : décrire les atteintes de la colonne vertébrale à l'aide de supports.**

### DOC. 4 Anatomie et fonctions

Bon nombre de gestes et postures de travail nécessitent un mouvement du tronc rendu possible par l'anatomie de la colonne vertébrale. De cette anatomie résultent ses différentes fonctions.

- **Posture :** elle soutient la tête et le tronc et permet la position debout. C'est un axe avec deux cambrures constituées d'un empilement de 32 à 35 vertèbres avec, de haut en bas : 7 vertèbres cervicales au niveau du cou, 12 vertèbres dorsales sur lesquelles sont fixées les côtes, 5 vertèbres lombaires au niveau des reins, 3 à 5 vertèbres sacrées soudées sur lesquelles s'appuie le bassin, 2 à 4 vertèbres soudées et atrophiées qui constituent le coccyx.
- **Protection :** elle protège la moelle épinière. La moelle épinière se loge dans la colonne vertébrale et passe dans le canal vertébral de chaque vertèbre. Les nerfs rachidiens sortent au niveau de chaque vertèbre par les trous de conjugaison. Ils innervent des parties déterminées de notre corps. Ainsi, les deux nerfs qui sortent au niveau de la 4ᵉ lombaire descendent au niveau des jambes : ce sont les nerfs sciatiques.
- **Mouvement :** elle amortit et répartit les pressions qui s'exercent sur elle et permet le mouvement grâce au disque intervertébral qui sépare chaque vertèbre (c'est une articulation semi-mobile). Ce disque est un anneau fibreux constitué de lamelles avec au centre un noyau gélatineux d'où partent des nerfs sensitifs. Lorsqu'on se penche en avant (flexion), le noyau gélatineux est repoussé vers l'arrière ; lorsqu'on se met en arrière (extension), le noyau gélatineux est repoussé vers l'avant. Normalement, au repos, le noyau revient au centre du disque.

**1** **Annoter** les schémas 1, 2 et 3 ci-dessous à l'aide des éléments soulignés dans le DOC. 4.

**Schéma nº 1 : vue de profil de la colonne vertébrale**

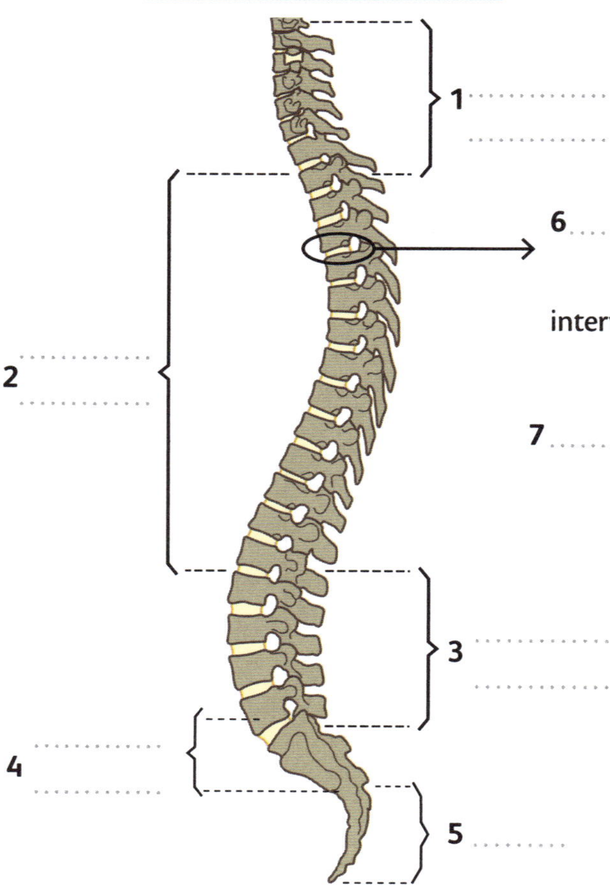


**Schéma nº 2 : articulation entre 2 vertèbres (vue de profil)**

Le disque intervertèbral permet la mobilité et répartit les pressions

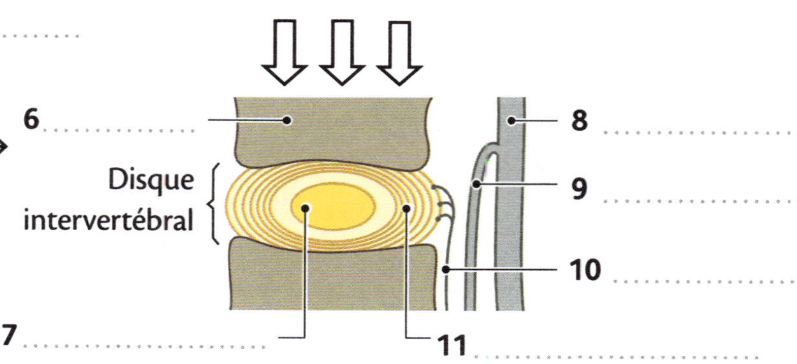


**Schéma nº 3 : déformations du disque intervertébral lors des mouvements de flexion et d'extension**

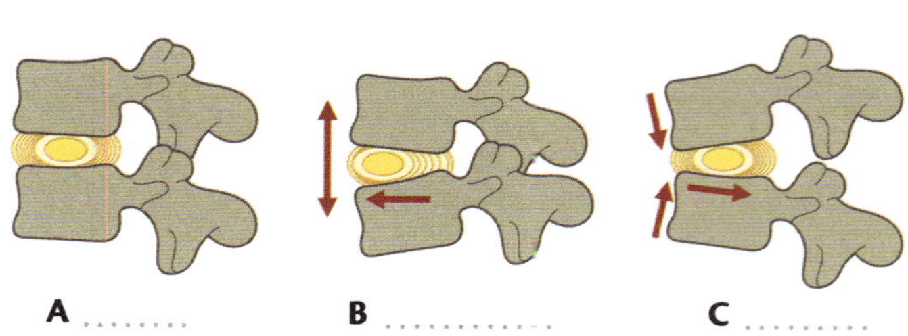

## DOC. 5 Les pathologies de la colonne vertébrale liées à l'activité physique

Une activité physique importante et/ou réalisée dans de mauvaises conditions peut entraîner des douleurs au niveau de la colonne vertébrale. Selon où sont situées les douleurs sur la colonne, on les appelle des cervicalgies, des dorsalgies ou des lombalgies, qui sont les plus fréquentes. Elles sont favorisées par le stress chronique, l'insuffisance musculaire, l'obésité et des déformations de la colonne vertébrale.

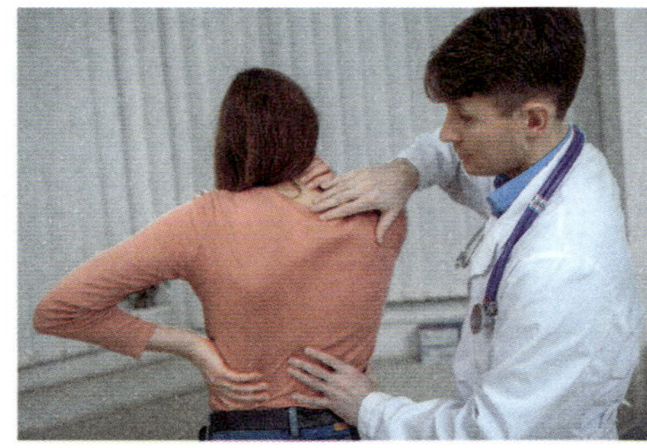

***La douleur peut être d'origine musculaire*** : en effet, de mauvaises postures créent des déséquilibres musculaires avec apparition de tensions et de raideurs entraînant des douleurs plus ou moins importantes.

***La douleur peut être d'origine discale.*** Les pathologies les plus courantes sont :

- Le lumbago : lors d'un mouvement, le noyau ne revient pas au centre de l'anneau car il est coincé dans des lamelles abîmées. Il touche les nerfs sensitifs et une violente douleur apparaît, provoquant un blocage musculaire en position semi-fléchie. C'est une affection généralement aiguë.
- La sciatique : la déformation créée par le noyau gélatineux vient toucher le nerf sciatique, provoquant une vive douleur qui descend dans la jambe.
- La hernie discale : l'enveloppe du disque est étirée, parfois déchirée ; le nerf rachidien et parfois la moelle épinière sont atteints.
- Le tassement discal : il y a détérioration du disque, le noyau disparaît dans les lamelles abîmées.

  Ces trois dernières pathologies peuvent être reconnues comme MP :

  – tableau N° 97 du régime général : affection chronique du rachis lombaire provoquée par des vibrations de basses et moyennes fréquences transmises au corps entier ;

  – tableau N° 98 du régime général : affection chronique du rachis lombaire provoquée par la manutention manuelle de charges lourdes.

*Remarque : les atteintes de la colonne vertébrale, articulation semi-mobile, sont assimilées à des TMS.*

**2** **Indiquer** sur les schémas ci-dessous les atteintes de la colonne vertébrale correspondantes, soulignées dans le DOC. 5. S'aider de la vidéo ci-contre.

**Vidéo**
**Prévention des risques liés à l'activité physique (Industrie) (0'43)**
lienmini.fr/4607-c1003

**Schéma n° 4 : atteintes du disque intervertébral**

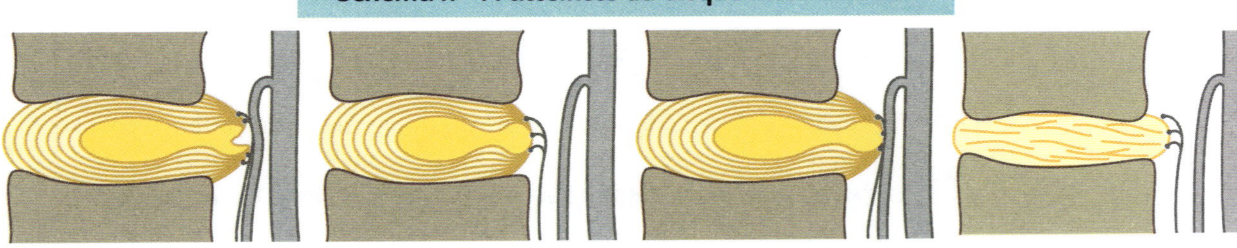

A ..........................
B ..........................
C ..........................
D ..........................

**3** **Indiquer** à l'aide du DOC. 5 et de vos connaissances, les affections fréquentes de la colonne vertébrale dans votre secteur professionnel.

........................................................................................................................

........................................................................................................................

## DOC. 6 Les déformations de la colonne vertébrale, un facteur aggravant

Outre les conditions de manutention, des facteurs liés à la personne augmentent le risque de pathologies au niveau de la colonne vertébrale, notamment :

– **l'âge** : au niveau des disques intervertébraux, le noyau gélatineux devient granuleux et l'anneau fibreux moins élastique ; le risque de lésion est accru ;

– **les déformations de la colonne vertébrale :**

- l'hyperlordose se caractérise par une accentuation de la courbure lombaire ;
- l'hypercyphose se caractérise par une accentuation de la courbure du dos, le dos est rond ;
- la scoliose : la colonne vertébrale n'est pas rectiligne mais a une forme en S.

Remarque : lordose et cyphose designent les courbes naturelles de la colonne vertébrale.

**4** **Inscrire** le nom de chaque déformation de la colonne vertébrale soulignée dans le **DOC. 6** sous l'illustration correspondante.

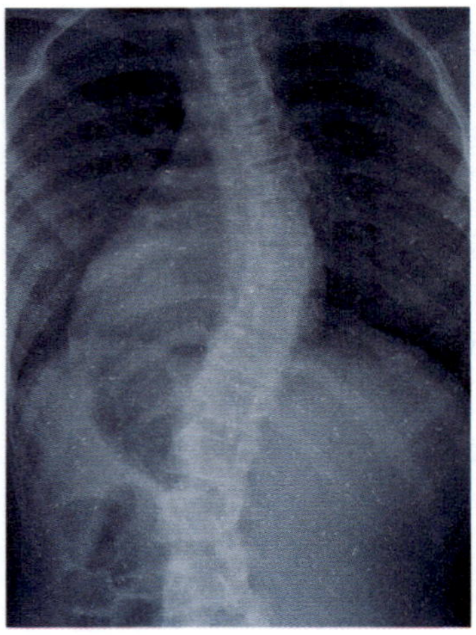

**A** ..............................

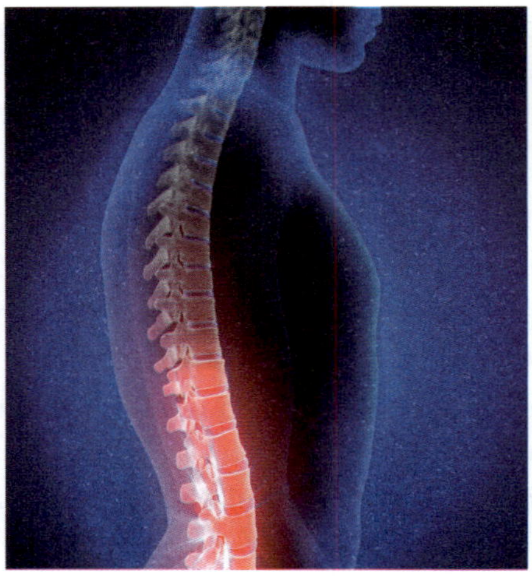

**B** ..............................

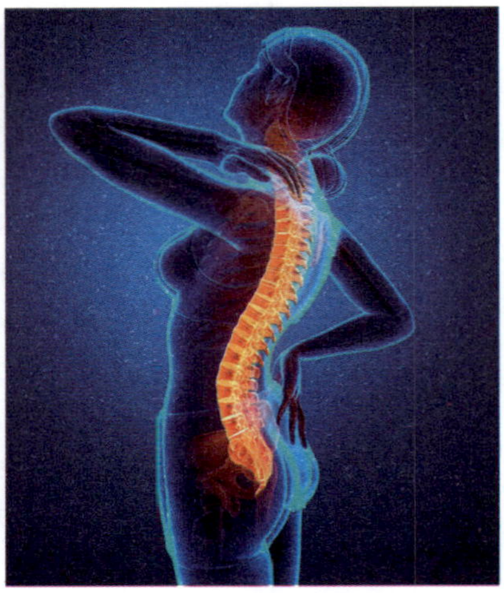

**C** ..............................

**5** **Indiquer** l'atteinte de la colonne vertébrale correspondant à chaque description à l'aide des **DOC. 5** et **6** et de vos connaissances.

| Nom de l'atteinte | Description |
|---|---|
| .............................. | La colonne vertébrale n'est pas droite, elle a la forme d'un S. |
| .............................. | Douleur au niveau des vertèbres lombaires. |
| .............................. | Le noyau gélatineux disparaît dans les lamelles du disque intervertébral usé. |
| .............................. | Le noyau gélatineux déformé est en contact avec le nerf sciatique, générant une vive douleur. |
| .............................. | Douleur au niveau des vertèbres dorsales. |
| .............................. | L'enveloppe du disque intervertébral est étirée et parfois déchirée. |

# ACTIVITÉ 4 La prévention des risques liés à l'activité physique

Objectif : proposer des mesures de prévention hiérarchisées.

## DOC. 7 La réglementation sur la manutention

Le respect du Code du travail et des principes généraux de prévention impose de supprimer ou de réduire au maximum les risques liés à l'activité physique. Il est recommandé de privilégier la manutention mécanique (transpalette, palan, chariot) ou, à défaut, de limiter la masse de la charge manipulée en fonction de l'âge et du sexe.

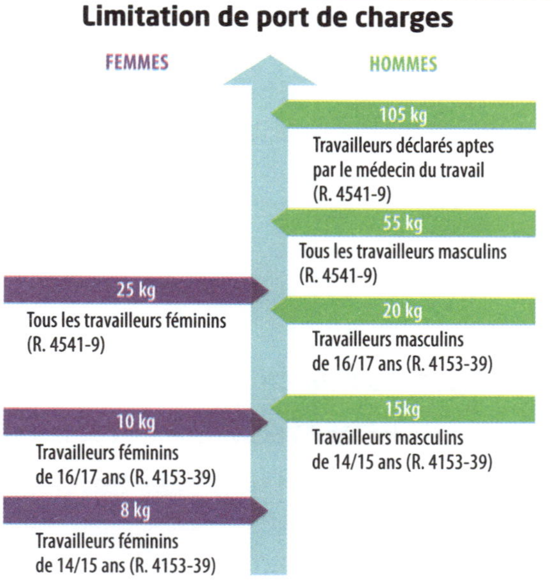


Source : Code du travail

## DOC. 8 Postures de manutention et économie d'effort

### ✗ Posture fatiguante

Lorsque la posture mise en œuvre pour soulever une charge est mauvaise (éloignement trop important de la charge, dos rond) :

– la charge est soulevée avec un effort cinq fois plus important ;

– la pression qui s'exerce sur les disques intervertébraux est cinq fois plus importante et, de plus, inégalement répartie, d'où les risques de lumbago et de hernie discale.

Le risque est encore plus élevé en cas de torsion de la colonne lors de la manutention.

### ☑ Posture pour une économie d'éffort

Lorsque la colonne vertébrale reste droite quand on soulève un poids, la pression qui s'exerce sur les disques intervertébraux est également répartie dans toutes les directions : la charge est soulevée avec un effort minimum.

**Vidéo**
**Prévention des TMS (1'16)**
lienmini.fr/4607-c1004

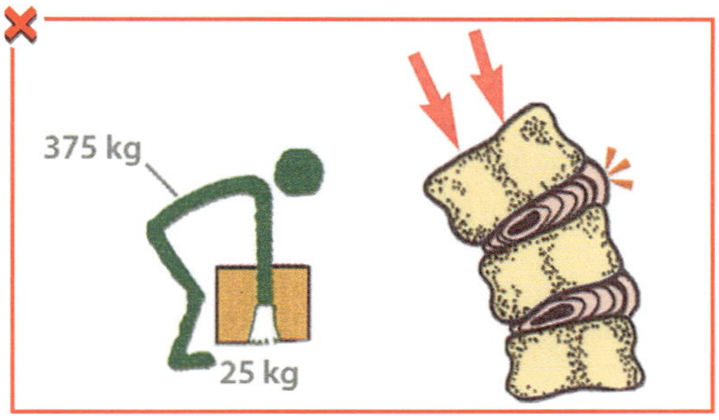


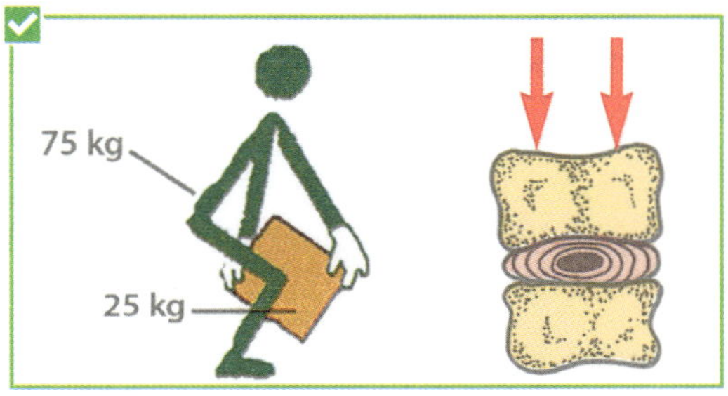


**Comment soulever un poids en préservant sa colonne vertébrale**

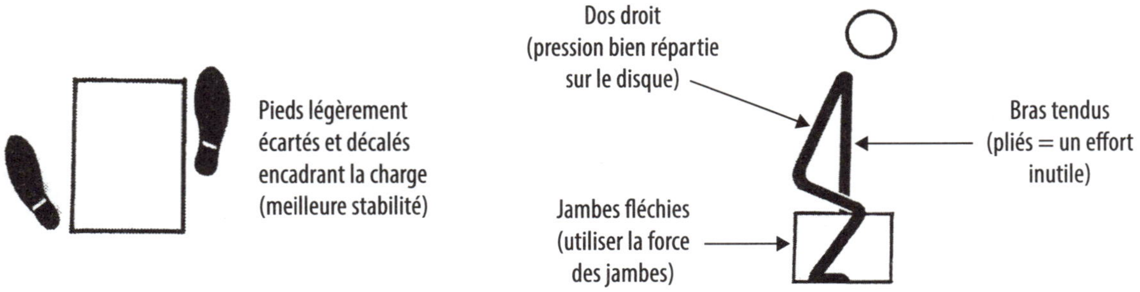

**1** **Surligner**, dans le **DOC. 7**, la mesure de prévention préconisée par le Code du travail en première intention lors du port de charge.

**2** **Justifier**, à l'aide du **DOC. 8**, pourquoi il faut éviter de soulever des poids en ayant le dos rond.

.....................................................................................................................................

.....................................................................................................................................

**3** **Justifier**, à l'aide du **DOC. 8**, l'intérêt d'une bonne technique pour soulever une charge.

.....................................................................................................................................

.....................................................................................................................................

## DOC. 9 Mesures collectives concernant le dimensionnement du poste de travail

Une hauteur adaptée à l'activité permet de travailler en gardant le dos droit et de limiter les gestes contraignants, ce qui limite les risques d'apparition de traumatismes physiques et/ou de TMS.

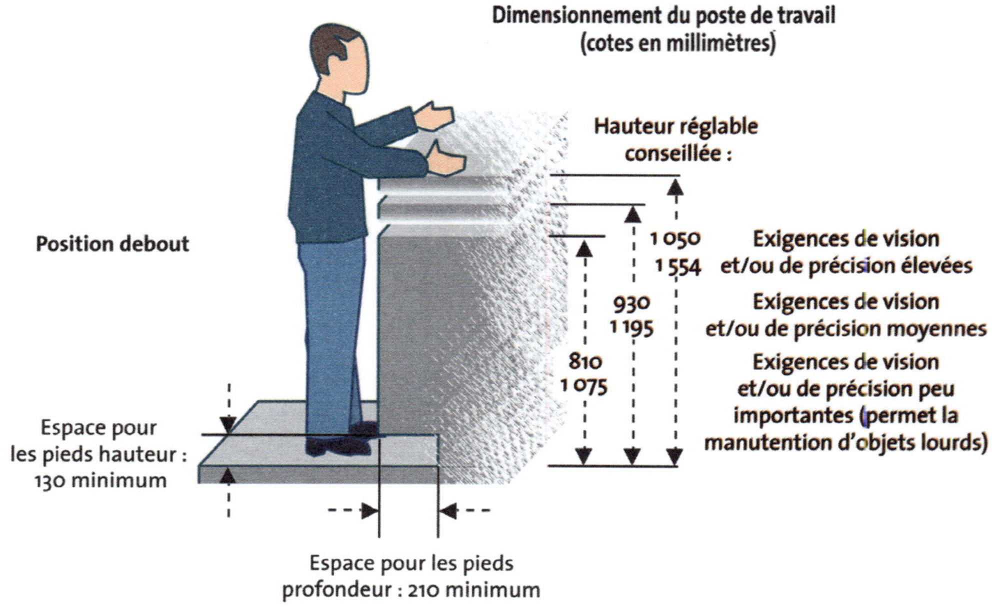


**4** **Entourer** sur le **DOC. 9**, pour une activité donnée, la hauteur du poste de travail conseillée en fonction des exigences visuelles de votre métier.

**5** **Surligner** dans le **DOC. 9** l'intérêt d'une hauteur de poste de travail adaptée à l'activité.

**6** **Entourer**, pour chacune des deux situations ci-dessous, la posture à adopter.

**Situation 1**

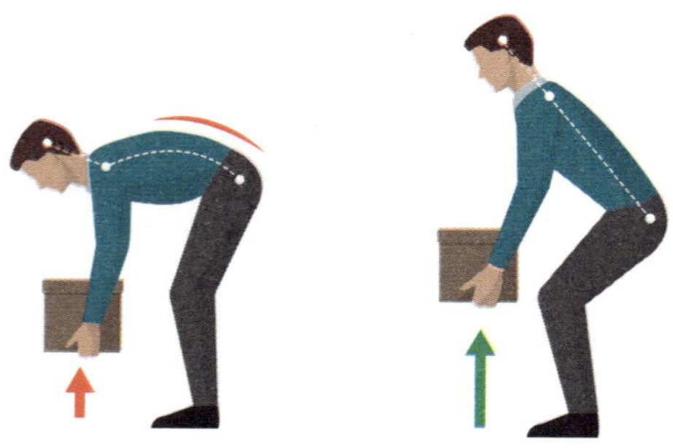

**Situation 2**

**7** **Indiquer** pour chaque illustration du tableau ci-dessous les mesures de prévention contre les risques liés à l'activité physique. S'aider des **DOC. 7** à **9**, de la vidéo, du site ci-contre et de vos connaissances.

**Vidéo**
**Idée reçue (3'38)**
lienmini.fr/4607-c1005

**@ Site**
**Bossons fûté**
lienmini.fr/4607-c1006

| Situations | Mesures de prévention |
|---|---|
| Karl, 29 ans, opérateur dans une usine.  | NIVEAU 1 : suppression du risque ou réduction du risque<br>Réduction du temps d'exposition par rotation du personnel.<br>…………<br>NIVEAU 2<br>Protection collective : …………<br>Protection individuelle : …………<br>NIVEAU 3<br>Instruction - Formation : ………… |
| Célia, 28 ans, commerçante  | NIVEAU 1 : *suppression* ou *réduction du risque*<br>…………<br>NIVEAU 2<br>Protection individuelle : …………<br>NIVEAU 3<br>Instruction : …………<br>Formation : formation PRAP IBC (Prévention des Risques liés à l'Activité Physique pour les secteurs industrie, bâtiment, commerce). |
| Lucas, 25 ans, aide-soignant 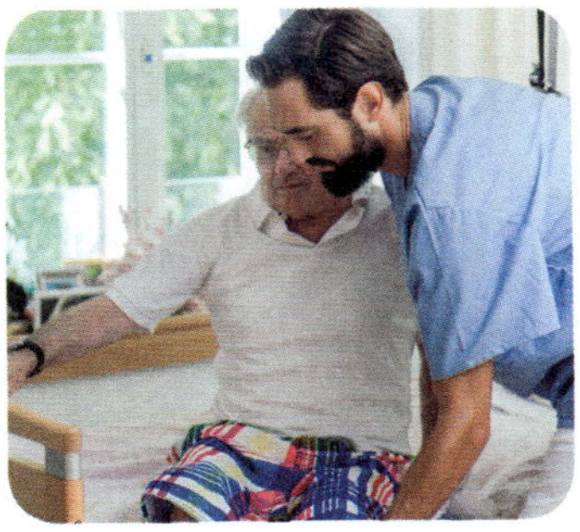 | NIVEAU 1 : …………<br>…………<br>NIVEAU 2<br>Protection individuelle : …………<br>NIVEAU 3<br>Instruction : …………<br>Formation : formation PRAP2S (Prévention des Risques liés à l'Activité Physique dans le secteur sanitaire et social). |
| Une activité de votre secteur professionnel<br>…………<br>…………<br>…………<br>…………<br>………… | NIVEAU 1 : *suppression ou réduction du risque*<br>NIVEAU 2<br>Protection collective : …………<br>Protection individuelle : …………<br>NIVEAU 3<br>Instruction : …………<br>Formation : ………… |

# PROPOSER DES SOLUTIONS

**1** **Compléter**, pour la situation de Raphaëlle, le schéma du processus d'apparition du dommage en y reportant les informations identifiées à l'étape 1. Vous pouvez aussi réaliser sur une feuille de copie un autre type de schématisation (voir exemples dans le module C.5).

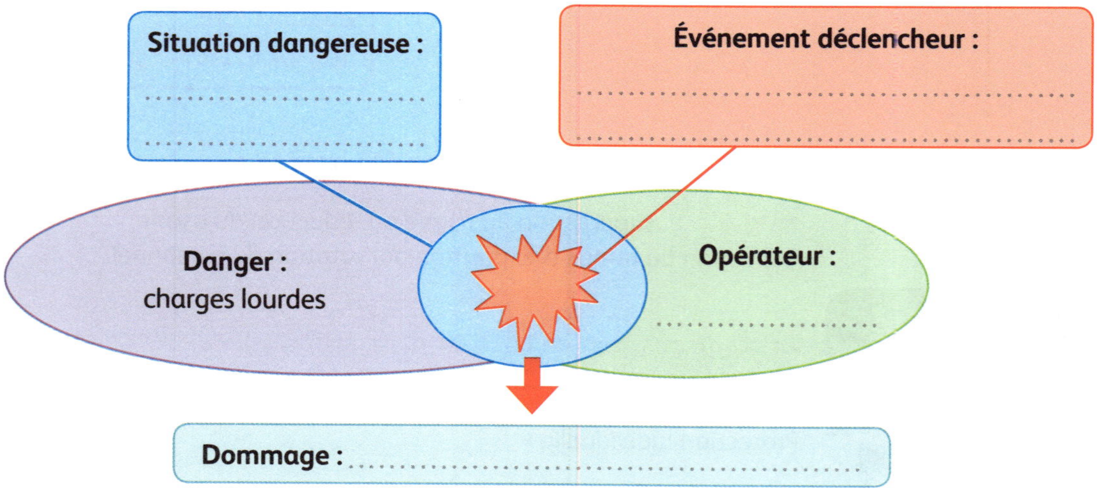


**2** **Indiquer**, à l'aide du schéma ci-dessous et en vous appuyant au besoin sur les échelles d'estimation du rabat n° 4 de l'ouvrage :

– la gravité du dommage encouru : ......................

– la probabilité d'apparition du dommage : ..............

➔ La réduction du risque est donc : ........................

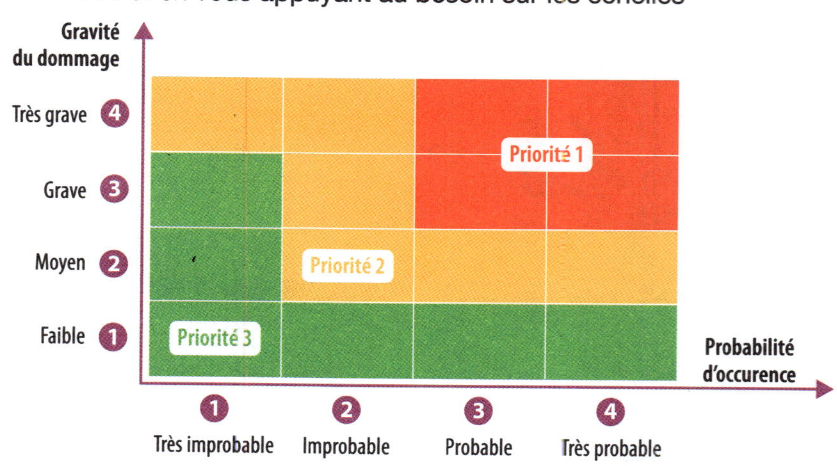


**Cocher** sur le schéma.

**3** **Proposer** des mesures de prévention. Vous pouvez vous aider de la fiche pratique téléchargeable ci-contre.

| | |
|---|---|
| **NIVEAU 1**<br>Suppression du risque ou réduction du risque | ..........................................................<br>..........................................................<br>.......................................................... |
| **NIVEAU 2**<br>Protection collective<br>Protection individuelle | ..........................................................<br>..........................................................<br>.......................................................... |
| **NIVEAU 3**<br>Instructions, formations | ..........................................................<br>..........................................................<br>.......................................................... |

**Document**

**Vous occupez un poste de mise en rayon dans une grande ou moyenne surface ? Protégez-vous...**

lienmini.fr/4607-c1007

## Activité de synthèse

**NOTIONS CLÉS ASSOCIÉES ET MOTS-CLÉS**

- Activité dynamique
- Activité physique
- Activité statique
- Aigu
- Chronique
- Déformations
- Détériorations
- Disque intervertébral
- Économie d'effort
- Fatigue musculaire
- Noyau
- Posture
- Protection collective
- Protection individuelle
- Réduction du risque
- Suppression du risque
- Traumatismes physiques
- Troubles circulatoires
- Troubles musculo-squelettiques
- Vertèbres

**Compléter le texte avec les notions clés ou mots-clés ci-dessus.**

### Les facteurs de risques liés à l'activité physique au travail

Ils sont multiples : efforts intenses prolongés, port de charges lourdes, gestes répétitifs, piétinement… Toute situation de travail repose sur l'.............................. qui mobilise l'appareil locomoteur. Cette activité peut être une .............................................. au cours de laquelle contractions et relâchements musculaires se succèdent (manutention, déplacements…), mais aussi une ............................., comme dans le cas d'un travail de bureau. Les muscles sont alors contractés pour maintenir une ...........

### Les atteintes à la santé

La ......................... est la conséquence normale de toute activité physique. Outre ce phénomène naturel, les risques d'atteinte à la santé résultant de l'activité physique au travail sont multiples. Ainsi, l'activité peut générer des .............................. tels que des plaies, fractures, entorses… Les atteintes les plus nombreuses sont cependant les ........................................., atteintes des tissus mous au niveau des articulations (87 % des MP déclarées). La station debout et le piétinement favorisent les ............................

La colonne vertébrale est un empilement de 32 à 35 ................. séparées par un ........................ comportant en son centre un ................. gélatineux qui permet une semi-mobilité. L'activité physique peut générer des atteintes, comme un tassement discal, une hernie discale ou une sciatique. Elles résultent de .......................... du disque intervertébral. Les .................................. de la colonne vertébrale augmentent encore les risques encourus lors de l'activité physique au travail.

Les atteintes sont de type .................. si elles surviennent soudainement et disparaissent rapidement, ou de type ....................... si elles apparaissent progressivement et s'installent dans la durée.

### Les mesures de prévention hiérarchisées

Elles se mettent en place selon le schéma suivant :

– Niveau 1 : ........................... ou ..................................... par l'automatisation de tâches ;

– Niveau 2 : ..........................................., comme la mise à disposition de matériel d'aide à la manutention et/ou ........................................... ;

– Niveau 3 : formation (PRAP), prévention des risques liés à l'activité physique basée sur les gestes et postures de travail et l'.................................... lors de la manutention.

## L'essentiel en image

### ACTIVITÉ PHYSIQUE STATIQUE
- Inactivité musculaire
- Posture contraignante

### ACTIVITÉ PHYSIQUE DYNAMIQUE
- Gestes contraignants
- Gestes répétitifs
- Port de charges lourdes

Fatigue

Facteurs de risques

#### Troubles circulatoires

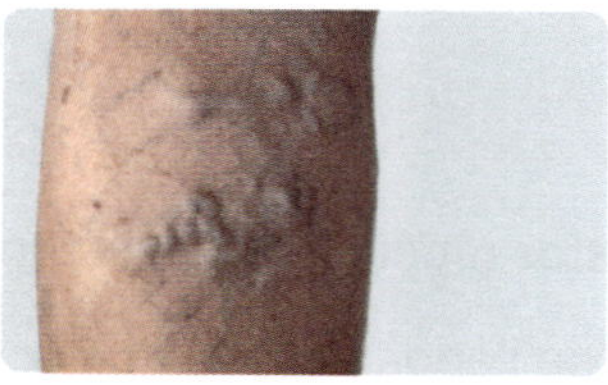

#### Traumatismes physiques

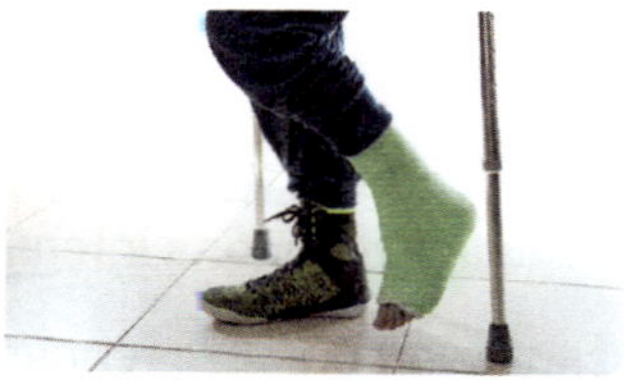

### TMS
### (Troubles Musculo-Squelettiques)

Atteinte des tissus mous (tendons, nerfs, muscles) au niveau des articulations

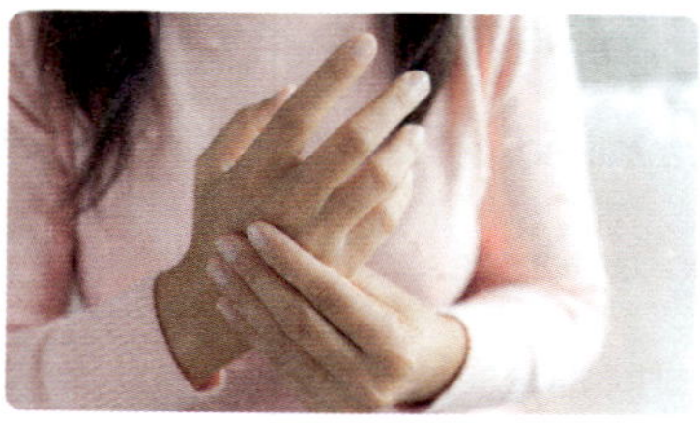

- Douleur
- Gêne au travail, dans la vie quotidienne

Lorsque les TMS touchent la colonne vertébrale :

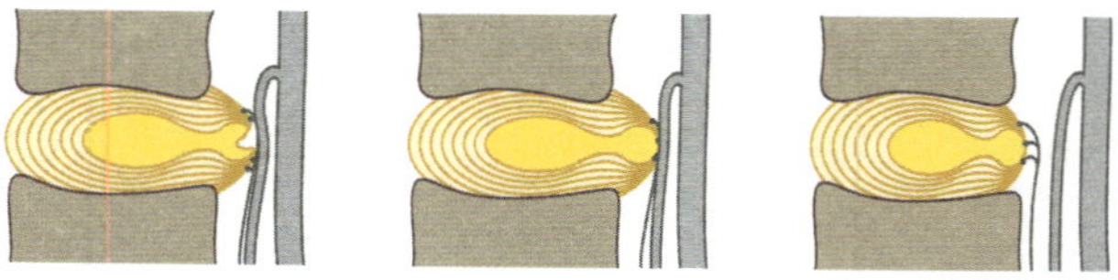

Hernie discale — Sciatique — Lumbago

Les douleurs associées sont les cervicalgies, lombalgies, dorsalgies.

**Certains TMS sont reconnus comme MP.**
**Ils constituent 87 % des MP reconnues et indemnisées par la Sécurité sociale.**

### PRÉVENTION

**Niveau 1**
**Suppression et/ou réduction du risque**
- Automatisation de certaines tâches

**Niveau 2**
**Protection collective et/ou individuelle**
- Matériel de manutention et de transfert des charges
- Port d'EPI

**Niveau 3**
**Formation/information**
- Formation PRAP
- Organisation rationnelle du travail
- Alternance des tâches

**Exercices**
Tester ses connaissances en ligne
lienmini.fr/4607-1008

**Approfondir**
VIDÉO : Allégez la charge ! (10'25)
lienmini.fr/4607-c1009

Nom ..............................................................................

Prénom ........................................ Date ..........................

## SITUATION

Alex, élève de terminale Bac pro commerce, effectue sa PFMP dans un magasin de meubles. Il participe au déchargement et à l'installation d'un canapé pour réaménager un rayon. Il dépose cette charge lourde de manière brusque, le dos rond et en torsion. Son tuteur intervient en lui expliquant qu'il s'expose à un lumbago et lui indique qu'il doit procéder autrement.

## ANALYSER LA SITUATION

**1** **Repérer** les composantes de l'activité de travail en utilisant l'outil ci-dessous. ..... /2,5 pts

**Q**ui ? Qui est concerné ? ..............................................................

**Q**uoi ? Quelle est la tâche réalisée ? ..............................................................

**A**vec quoi ? Avec quel matériel est-elle réalisée ? ..............................................................

**C**omment ? De quelle manière est-elle réalisée ? ..............................................................

**O**ù ? Dans quel endroit est-elle réalisée ? ..............................................................

**2** **Identifier** les éléments d'apparition du dommage. ..... /2 pts

- Le danger : ..............................................................
- La situation dangereuse : ..............................................................
- L'événement déclencheur : ..............................................................
- Le dommage : ..............................................................

**3** **Mettre en relation** les éléments du processus d'apparition du dommage à l'aide du modèle de schéma ci-dessous. ..... /2 pts

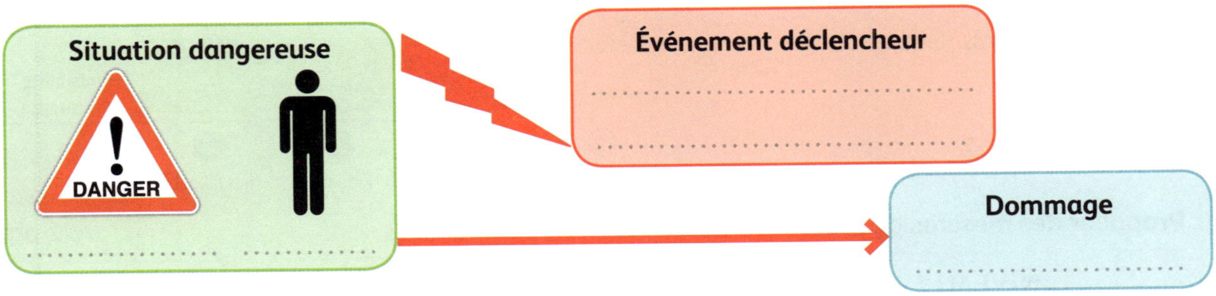


## MOBILISER DES CONNAISSANCES UTILES

**4** **Indiquer** si l'activité physique décrite est statique ou dynamique puis **justifier**. ..... /2 pts

..............................................................................................................

**5** **Compléter** le schéma de la zone intervertébrale saine avec les termes suivants : ...../2 pts

*vertèbre – anneau fibreux – noyau gélatineux – nerf sensitif*

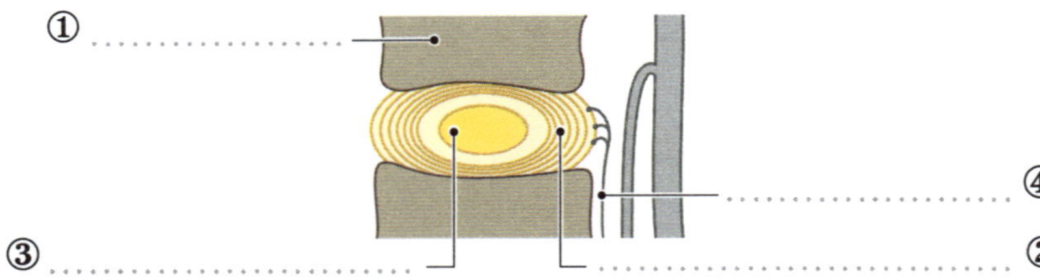


Zone intervertébrale saine

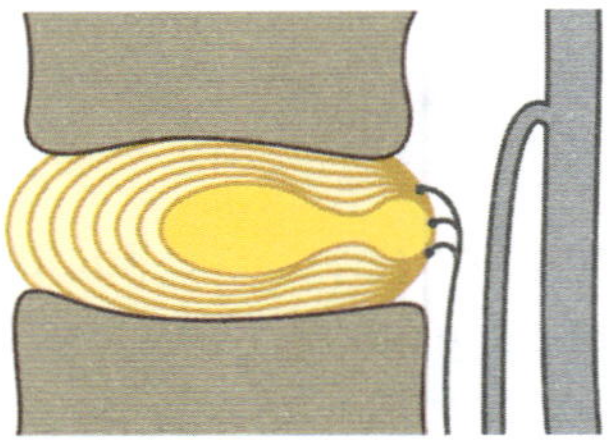

*Lumbago*

**6** **Décrire** le disque correspondant au lumbago. ...../2 pts

..........................................................................................

..........................................................................................

**7** **Indiquer** en cochant, et à l'aide de la situation, si le lumbago est une atteinte : ...../2 pts

☐ aiguë ☐ chronique Justification : ..........................................

☐ de type maladie ☐ accident du travail Justification : ..........................................

**8** **Nommer** le type de maladie (ou trouble) le plus fréquent résultant du risque lié à l'activité physique et **proposer** une définition. ...../1,5 pts

..........................................................................................

..........................................................................................

## ESTIMER ET ÉVALUER LES RISQUES

**9** **Indiquer**, à l'aide du schéma ci-dessous et en vous appuyant au besoin sur les échelles d'estimation du rabat nº 4 de l'ouvrage : ...../2 pts

– la gravité du dommage encouru : ....................

– la probabilité d'apparition du dommage : ..............

➔ La réduction du risque est donc : ......................

**Cocher** sur le schéma.

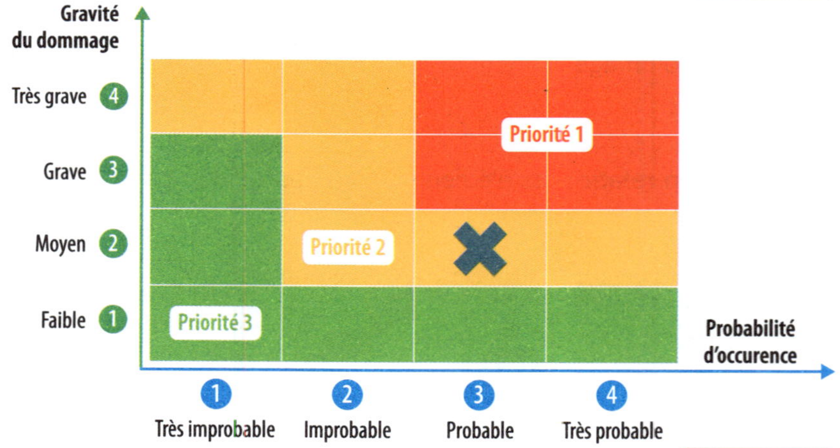


**10** **Proposer** des mesures de prévention. ...../2 pts

| | |
|---|---|
| **NIVEAU 1**<br>Suppression/réduction du risque | ..........................................<br>.......................................... |
| **NIVEAU 2**<br>Protection collective/protection individuelle | .......................................... |
| **NIVEAU 3**<br>Instructions, formations | ..........................................<br>..........................................<br>.......................................... |

# L'analyse d'une situation de travail

Module **C.11**

**FINALITÉ** Appliquer une méthode d'analyse à une situation de travail comportant une activité physique.

**Pour introduire le module**

**La préparation de commandes pour tous grâce à l'ergonomie ! (2'54)**
lienmini.fr/4607-c1101

**!** **La méthodologie de l'analyse d'une situation de travail est détaillée dans la fiche méthode n° 5 des rabats. Il est indispensable de s'y référer pour réaliser ce module.** La situation proposée ci-dessous sera la base de toutes les activités de ce module.

## SITUATION

Olivier, 24 ans, 1,90 m et 90 kg, titulaire d'un CAP opérateur logistique, travaille en CDI depuis 18 mois comme cariste (conducteur de chariots de manutention) sur une plateforme logistique. Son travail consiste à préparer des colis pour différents clients dans un entrepôt de 75 000 m² mal chauffé. Ses horaires sont, à raison d'un rythme d'une semaine sur deux : 5 heures-13 heures ou 13 heures-21 heures. Il a deux jours consécutifs de repos tous les sept jours de travail. Les cadences sont élevées : 120 colis préparés par heure. Dans la majorité des cas, les colis de 5 kg sont portés à mains nues puis mis sur un chariot préparateur de commandes : il porte chaque jour presque 3 tonnes de colis. Olivier a eu plusieurs arrêts de travail pour des troubles musculo-squelettiques (lombalgies). Ses collègues faisant le même travail ont 6 arrêts par an en moyenne et il apparaît que 80 % des arrêts de travail de l'entreprise concernent des lombalgies. Il est malgré tout satisfait, il apprécie notamment le travail d'équipe et la bonne ambiance qui règne dans l'entrepôt. Par ailleurs, le chiffre d'affaires a augmenté (+ 10 %) cette année et les clients recommandent cette entreprise.

## IDENTIFIER LA PROBLÉMATIQUE DE LA SITUATION DE TRAVAIL

**1** **Surligner** dans le texte ci-dessus le problème rencontré par Olivier.

**2** **Formuler** la problématique générale qui ressort de cette situation de travail.

.................................................................................................................................

**3** **Citer** deux indicateurs qui vous ont permis de formuler cette problématique.

.................................................................................................................................

.................................................................................................................................

# ANALYSER LA SITUATION ET METTRE EN ÉVIDENCE LES LIENS DE CAUSALITÉ

## ACTIVITÉ 1 Les composantes d'une situation de travail

**Objectif : répertorier de manière exhaustive les composantes d'une situation de travail présentant une problématique liée à l'activité physique.**

### DOC. 1 Inventaire des déterminants et des effets de la situation de travail

L'analyse d'une situation comportant une activité physique est souvent mobilisée pour traiter un problème lié à l'ergonomie. Cette analyse permet de proposer des mesures destinées à limiter ou éviter les risques d'atteintes à la santé sur le long terme.

**Après avoir identifié le problème, l'étape suivante consiste à recueillir des informations sur les déterminants et les effets de la situation de travail.**

Le recueil d'informations indispensables à l'analyse se fait par observation, questionnement des salariés et/ou consultation des documents de l'entreprise.

| | |
|---|---|
| **Déterminants opérateur** : ce sont les éléments qui caractérisent l'opérateur (âge, sexe, taille, poids, formation, type de contrat…). | • Homme de 24 ans<br>• CAP opérateur logistique<br>• ……………………<br>• …………………… |
| **Déterminants entreprise** : ce sont les éléments qui caractérisent l'entreprise (matériel utilisé ou à disposition, environnement, organisation du travail, relations dans le travail…). | • Entrepôt de 75 000 m² mal chauffé<br>• 120 colis préparés par heure<br>• ……………………<br>• …………………… |
| **Effets sur l'opérateur** : ce sont les conséquences (positives ou négatives) du travail sur l'opérateur sur le plan de la santé, de la sécurité, du bien-être… | • Arrêt de travail<br>• ……………………<br>• …………………… |
| **Effets sur l'entreprise** : ce sont les conséquences (positives ou négatives) du travail sur l'entreprise : productivité, qualité, coût, « image » de l'entreprise, absentéisme… | • Les clients recommandent l'entreprise<br>• Arrêts de travail des salariés<br>• ……………………<br>• …………………… |

**1** **Inscrire**, à l'aide des éléments soulignés du **DOC. 1**, le type de déterminant ou d'effet qui correspond à chaque élément fléché ci-dessous.

**A** ……………………
……………………

**Déterminant opérateur : Olivier**

**B** ……………………
……………………

**C** ……………………
……………………

**2** **Reporter** les composantes de la situation de travail soulignées dans la situation page 199 dans la colonne de droite du tableau du **DOC. 1**.

## DOC. 2 Travail prescrit/travail réel

Pour chaque situation de travail, il faut distinguer le travail prescrit, ce que l'on demande au salarié de faire, du travail réel, ce qu'il fait concrètement.
Le **travail prescrit**, c'est le travail que l'employé est censé faire conformément aux exigences de l'employeur et donné au salarié sous la forme de procédures et de consignes verbales et écrites (ex. : livraison de la marchandise à un client).
Le **travail réel**, c'est le travail tel qu'il est effectivement réalisé au quotidien dans chaque situation. Il correspond à ce qui est concrètement mis en œuvre par l'opérateur.

Il se décompose en tâches et en activités :

- **Tâche réelle** (ce que l'opérateur fait) : tâche réalisée par l'opérateur en fonction des exigences de chaque situation. Elle se décrit en termes d'actions sur les objets et l'environnement (ex. : décharger une palette).
- **Activité** (comment l'opérateur le fait) : description des actions physiques, mentales et sensorielles pour accomplir la tâche. Plusieurs activités sont développées pour mener à bien la tâche réelle (ex. : saisir manuellement les colis, calculer le nombre de colis restant).

**3** **Surligner**, dans le DOC. 2, les éléments définissant le travail prescrit, le travail réel, les tâches et les activités.

**4** **Différencier**, en cochant le tableau ci-dessous, le travail prescrit, le travail réel, les tâches et les activités de la situation de travail d'Olivier. S'aider du DOC. 2.

| Propositions concernant la situation de travail d'Olivier | Travail prescrit | Travail réel | |
|---|---|---|---|
| | | Tâches | Activités |
| **1.** Préparer les colis pour différents clients. | ☐ | ☐ | ☐ |
| **2.** Réceptionner les bons de commande des clients. | ☐ | ☐ | ☐ |
| **3.** Vérifier et gérer le niveau de stock des produits sur ordinateur. | ☐ | ☐ | ☐ |
| **4.** Rotation du tronc pour déposer le colis. | ☐ | ☐ | ☐ |
| **5.** Contrôler la qualité et la quantité des colis. | ☐ | ☐ | ☐ |
| **6.** Avoir les jambes tendues pour soulever le carton. | ☐ | ☐ | ☐ |
| **7.** Récupérer les colis au niveau des étagères. | ☐ | ☐ | ☐ |
| **8.** Se pencher avec le dos rond pour saisir un colis. | ☐ | ☐ | ☐ |
| **9.** Calculer mentalement la masse des colis à porter. | ☐ | ☐ | ☐ |

## DOC. 3 Observation du travail réel

L'observation du travail réel permet de mettre en évidence des écarts avec le travail prescrit. L'analyse de ces écarts permet de déceler des risques professionnels qui seraient passés inaperçus. Cela permet de proposer des actions préventives adaptées à la situation de travail et à la personne.

**5** **Indiquer**, à l'aide du DOC. 3, l'intérêt de prendre en compte le travail réel de l'opérateur dans le cadre de l'analyse d'une situation de travail.

........................................................................................................................

........................................................................................................................

# ACTIVITÉ 2 Les liens de causalité entre effets et causes

**Objectif : mettre en évidence la relation entre un effet constaté et les facteurs de cause dans la situation de travail.**

**1** **Expliquer**, à l'aide du **DOC. 4**, l'intérêt de comprendre comment se produisent les effets négatifs.

..........................................................................

..........................................................................

..........................................................................

..........................................................................

**DOC. 4 De causes à effets**

Comprendre comment et pourquoi les activités et les tâches ont des effets négatifs sur l'opérateur fait partie de la démarche de prévention des risques professionnels.
Établir les liens de causalité entre les effets négatifs et les causes possibles revient à chercher les facteurs de cause à partir de l'analyse de la situation de travail : qu'est-ce qui a pu entraîner cet effet négatif ?

**DOC. 5 Liens de causalité**

L'effet négatif relève généralement de plusieurs facteurs de cause : il est multifactoriel.
La formulation d'hypothèses peut permettre de mettre en évidence les liens de causalité qu'il conviendra de vérifier. Une hypothèse peut être formulée sous la forme d'une phrase à compléter avec les éléments de la situation.

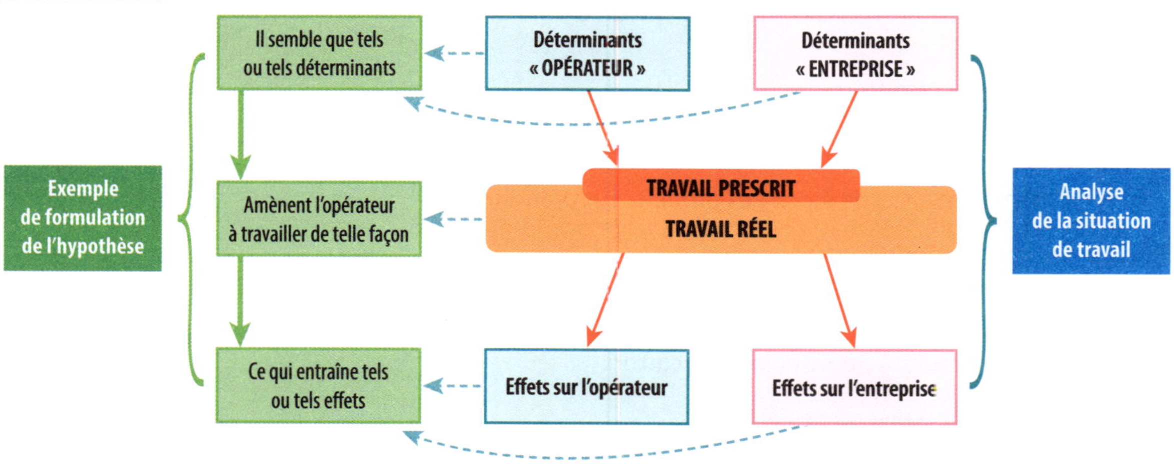


**2** **Expliquer**, à l'aide du **DOC. 5**, en quoi un effet est multifactoriel.

..........................................................................

**3** **Indiquer**, à l'aide du **DOC. 5**, le rôle de la formulation d'hypothèses.

..........................................................................

**4** **Proposer** pour chaque composante de la situation d'Olivier (page 200) une cause possible liée à l'effet lombalgie (douleurs au bas du dos) ; s'aider de la question 4 de l'activité 1 (p. 201).

| Composante de la situation de travail | | Cause possible (une seule demandée) |
|---|---|---|
| Déterminant opérateur | | .......................................... |
| Déterminant entreprise | | .......................................... |
| Travail réel | Tâche | .......................................... |
| | Activité | .......................................... |

| Effet |
|---|
| Lombalgie |

## DOC. 6 Schéma de compréhension de la situation de travail d'Olivier

La mise en relation de toutes les données collectées peut se faire grâce à plusieurs outils, dont le schéma de compréhension de la situation de travail. Il permet de classer les composantes de l'activité afin de lier les causes qui ont pu être à l'origine d'un effet à étudier.

**Causes**

**Déterminants « OPÉRATEUR »**

- Olivier, 24 ans
- 1,90 m, 90 kg
- ……………………………
- ……………………………

**Déterminants « ENTREPRISE »**

- Entrepôt de 75 000 m² non chauffé
- Étagères dans la zone d'entreposage
- Horaires de travail : 5 heures-13 heures ou 13 heures-21 heures
- Cadence de 120 colis de 5 kg/heure
- ……………………………
- ……………………………

**TRAVAIL PRESCRIT :** ……………………………

**TRAVAIL RÉEL**

**TÂCHES RÉELLES**

- ……………………………
- ……………………………
- Contrôler la qualité et la quantité des colis.
- Récupérer les colis au niveau des étagères.
- Amener les colis au client à l'aide du chariot préparateur de commandes.

**ACTIVITÉS RÉELLES**

- Calculer mentalement la masse de colis à porter.
- ……………………………
- Jambes tendues pour soulever le carton.
- Déplacer 3 tonnes/jour.
- ……………………………

**Effet**

**Effets sur l'OPÉRATEUR**

- Lombalgie (mal de dos)
- Satisfait de son travail
- ……………………………

**Effets sur l'ENTREPRISE**

- Arrêts de travail
- ……………………………
- ……………………………

**5** **Compléter** sur le DOC. 6 le schéma de compréhension de la situation de travail d'Olivier à l'aide des données recueillies tout au long du module (situation et question 4 de l'activité 1).

**6** **Établir** les liens de causalité qui, dans la situation de travail d'Olivier, ont pour effet une lombalgie. Pour cela, **relier** sur le DOC. 6 par une flèche chaque cause possible à la flèche verte centrale causes/effet.

**7** **Formuler** l'hypothèse concernant l'effet « lombalgie » en complétant la phrase ci-dessous à partir du DOC. 6.

Il semble que le fait que ……………………………

conduisent ……………………………

……………………………, ce qui entraîne …………………….

# PROPOSER DES MESURES DE PRÉVENTION

**Objectif : proposer une mesure de prévention visant à la suppression ou à la réduction du risque.**

## DOC. 7 Favoriser le retour à l'emploi du salarié lombalgique

L'entreprise mobilisant la démarche « cadre vert » peut permettre au salarié lombalgique un retour au travail le plus tôt possible, éviter des arrêts de longue durée et une évolution vers un stade chronique.
Les postes « cadre vert », lorsqu'ils existent, fixent les limites des contraintes présentant des risques.

LE CADRE **VERT** pour prendre en charge un salarié lombalgique

## DOC. 8 Actions techniques et organisationnelles

- Automatisation de la manutention manuelle : palans, préhenseurs à ventouse, robots de palettisation.
- Aménagement de la zone de logistique : réduction des distances de déplacements.
- Alternance des postes de travail pour éviter les gestes répétitifs.
- Formation du personnel à la PRAP.

## DOC. 9 Les exosquelettes

Les exosquelettes de travail sont des structures articulées externes d'assistance à l'effort, portées par l'opérateur, mécaniques, électro-mécaniques ou mécatroniques, destinées à renforcer les capacités physiques des travailleurs et leur productivité, tout en cherchant à lutter contre les troubles musculo-squelettiques (TMS) : notamment pour soulager le port manuel de charge, les postures contraignantes et les gestes répétitifs.

Source : www.officiel-prevention.com

**Proposer** des mesures de prévention pour limiter les arrêts de travail pour lombalgies d'Olivier. S'aider des DOC 7, 8 et 9 et de vos connaissances.

| | |
|---|---|
| **NIVEAU 1**<br>**Suppression ou réduction du risque** | • Favoriser le retour du salarié après l'arrêt de travail.<br>• ……………………<br>• ……………………<br>• ……………………<br>• …………………… |
| **NIVEAU 2**<br>**Protection collective**<br>**Protection individuelle** | • ……………………<br>• ……………………<br>…………………… |
| **NIVEAU 3**<br>**Information**<br>**Formation** | • ……………………<br>• …………………… |

## Activité de synthèse

**NOTIONS CLÉS ASSOCIÉES ET MOTS-CLÉS**

- Activités
- Causalité
- Déterminants
- Effets
- Ergonomie
- Formation
- Information
- Multifactoriel
- Protection collective
- Protection individuelle
- Réduction du risque
- Suppression du risque
- Tâches
- Travail prescrit
- Travail réel

**Compléter le texte avec les notions clés ou mots-clés ci-dessus**

### Les composantes de la situation de travail

L'analyse d'une situation de travail comportant une activité physique s'appuie sur des notions d'........................ (adaptation du travail à l'Homme) afin de proposer des mesures de prévention pour répondre à une problématique.

Elle nécessite un recueil des données et la description de la situation, qui comporte :

– les ........................ « opérateur » qui caractérisent l'opérateur et les déterminants « entreprise » qui caractérisent l'entreprise ;

– la nature du ........................ ou travail défini par l'entreprise de manière globale ;

– la nature du ........................ ou travail mis en œuvre concrètement par le salarié avec :

  ○ les .................. : ce que fait l'opérateur ;

  ○ les .................. : comment l'opérateur accomplit la tâche ;

– les .................. « opérateur » et « entreprise » qui sont les conséquences positives ou négatives de la situation de travail.

### Mise en évidence de la relation entre un effet sur la santé et les facteurs de cause

Le schéma de compréhension de la situation de travail permet de mettre en relation les éléments d'une situation en établissant des liens de .................. entre ses composantes (déterminants, travail réel). Les facteurs de cause relatifs à un effet sont multiples (effet ..............................). Le schéma de compréhension facilite la formulation d'une hypothèse.

### Proposition de mesures de prévention

Les mesures de prévention mobilisées après l'analyse de la situation de travail sont classées en trois niveaux d'efficacité décroissante :

- Niveau 1 : ...................................................... ou ......................................................
- Niveau 2 : ...................................................... et/ou ......................................................
- Niveau 3 : ...................................................... et/ou .......................................... des opérateurs.

## L'essentiel en image

### L'ANALYSE D'UNE SITUATION DE TRAVAIL

**Identifier la problématique de la situation de travail**

**Recueil d'indicateurs**

- Quelles plaintes ?
- Quel est le taux d'absentéisme ?
- Quelle est l'origine des arrêts de travail ?
- Quels sont les AT ?
- Quelles sont les MP déclarées ?

**Analyser la situation et mettre en évidence les liens de causalité**

**Description des composantes de la situation**

**Déterminants « OPÉRATEUR »**
Ce sont les éléments qui caractérisent l'opérateur.

**Déterminants « ENTREPRISE »**
Ce sont les éléments qui caractérisent l'entreprise.

**TRAVAIL PRESCRIT**
Description globale du travail attendu par l'entreprise.

**TRAVAIL RÉEL**
Détail des opérations effectuées pour accomplir le travail réel.

**TÂCHES RÉELLES**
Actions (= étapes) de l'opérateur sur les objets ou sur l'environnement

**ACTIVITÉS RÉELLES**
Description des actions physiques et mentales

**Effets sur l'opérateur**
Ce sont les conséquences positives ou négatives du travail réel sur le salarié.

**Effets sur l'entreprise**
Ce sont les conséquences positives ou négatives du travail effectué par le salarié sur l'entreprise, par exemple en termes de productivité.

**Mise en relation des facteurs de causes et d'un effet**

| Formulation hypothèse | | Analyse de la situation de travail | |
|---|---|---|---|
| Il semble que tels ou tels déterminants | ← | Déterminants « OPÉRATEUR » | Déterminants « ENTREPRISE » |
| Amènent l'opérateur à travailler de telle façon | ← | TRAVAIL PRESCRIT / TRAVAIL RÉEL | |
| Ce qui entraîne tels ou tels effets | ← | Effets sur l'opérateur | Effets sur l'entreprise |

Un effet à plusieurs facteurs de causes → multifactoriel

**Proposer des mesures de prévention**

**Proposition de mesures pour limiter l'effet négatif constaté**

+ efficace

1. Suppression/réduction du risque
2. Protection collective et individuelle
3. Information/formation pour l'opérateur

– efficace

**Exercices**
Tester ses connaissances en ligne
lienmini.fr/4607-c1102

**Approfondir**
Vidéo : Mavimplant. La conception en 3D à la portée de tous (4'00)
lienmini.fr/4607-c1103

Nom ..........................................................................

Prénom ........................................ Date ........................

# Maîtriser le Module C.11

## SITUATION

Stéphanie, 34 ans, titulaire du CAP employé de vente, est hôtesse de caisse. Elle travaille soit de 9 heures à 17 heures, soit de 14 heures à 22 heures. Son travail consiste principalement à encaisser les achats des clients au rythme d'environ 3 minutes par client. Pour enregistrer les articles, toutes les trois secondes, elle saisit par rotation droite du tronc un article sur le tapis roulant, le soulève pour le scanner à 20 cm de hauteur, puis par rotation gauche du tronc évacue les articles scannés. Fatiguée, à la fin de la journée, elle souffre de douleurs au dos et aux épaules comme ses collègues affectés au même poste.

Son environnement de travail est le suivant :

- caisse enregistreuse avec clavier, scanner, tapis roulant, rouleaux glissants ;
- packs de marchandises (jusqu'à 8 kg), 250 kg en moyenne manipulés par heure ;
- poste en sortie de magasin près des portes : courants d'air, chaleur, froid ;
- exposition au bruit (animations, musique d'ambiance…) et éclairage artificiel éblouissant.

## IDENTIFIER LA PROBLÉMATIQUE DE LA SITUATION DE TRAVAIL

**1** **Formuler** la problématique qui ressort de la situation de travail. ...../2 pts

..........................................................................................................

..........................................................................................................

## ANALYSER LA SITUATION ET METTRE EN ÉVIDENCE LES LIENS DE CAUSALITÉ

**2** **Compléter** au verso le schéma de compréhension de l'activité de travail de Stéphanie à l'aide des éléments soulignés dans la situation. ...../8 pts

**3** **Établir**, sur le schéma au verso, les liens de causalité dans la situation de travail de Stéphanie pour l'effet « douleurs aux épaules ». Pour cela, **relier** par une flèche chaque cause possible à la flèche verte associant causes et effet. ...../4 pts

**4** **Formuler** l'hypothèse concernant l'effet « douleurs aux épaules » en complétant la phrase ci-dessous. ...../3 pts

Il semble que le fait de ..........................................................................

conduise ..........................................................................................

.........................................................................................................,

ce qui entraîne ..................................................................................

# Schéma de compréhension de la situation de travail

**Causes**

### Déterminants « OPÉRATEUR »

- ……………………………………………
- CAP employé de vente

### Déterminants « ENTREPRISE »

- Hypermarché
- ……………………………………………
- ……………………………………………
- Courants d'air, bruit, lumière éblouissante
- Poste de caisse exigu

**TRAVAIL PRESCRIT :**

**TRAVAIL RÉEL**

### TÂCHES RÉELLES

- Accueillir les clients
- Contrôler les produits
- Enregistrer les articles et les déposer en bout de caisse
- Vérifier que l'article est scanné
- Maintenir son espace de travail propre

### ACTIVITÉS RÉELLES

- ……………………………………………
……………………………………………
- ……………………………………………
……………………………………………
- ……………………………………………
……………………………………………
- Écouter le bip sonore du scan

### Effets sur l'OPÉRATEUR

**Effet**

- Douleurs aux épaules
- ……………………
- Jambes lourdes
- ……………………………………………

### Effets sur l'ENTREPRISE

- Absentéisme
- Mauvaise ambiance de travail

## PROPOSER DES MESURES DE PRÉVENTION

**5** **Proposer** trois mesures de prévention. ...../3 pts

| Suppression ou réduction du risque | Protection collective/ individuelle | Instructions/ Formation du personnel |
|---|---|---|
| …………………… | …………………… | …………………… |
| …………………… | …………………… | …………………… |
| …………………… | …………………… | …………………… |
| …………………… | …………………… | …………………… |
| …………………… | …………………… | …………………… |

Module
# C.12

# L'égalité de traitement au travail

**FINALITÉ** Identifier les différentes dimensions de l'égalité au travail et les personnes à contacter en cas de discrimination.

**Pour introduire le module**

**Qu'est-ce qu'elle a ma gueule ? Enquête sur la discrimination au travail (2'58)**

lienmini.fr/4607-c1201

## SITUATION

Lucie, 18 ans, tout juste diplômée dans le secteur de la logistique, a postulé dans plusieurs entreprises. Elle n'a eu que des refus, pour divers motifs, dont : « Le travail est trop dur et non adapté aux femmes », « trop jeune, on ne prend que des gens expérimentés », « vous avez un nom de famille à rallonge, vos bulletins de salaire vont être compliqués à remplir », « il faut être musclé pour faire ce travail, ça n'a pas l'air d'être votre cas ». Lucie est victime de discrimination à l'embauche ; démotivée et très affectée, elle n'a plus le courage de poursuivre les recherches pour ce premier emploi.

## ANALYSER LA SITUATION

**1** **Surligner** la problématique de la situation.

**2** **Identifier** les éléments de la situation.

**Qui ?** Qui est concerné ? ..........

**Quoi ?** Quelle est l'origine du problème ? ..........

..........

**Quand ?** À quel moment le problème apparaît-il ? ..........

..........

**Comment ?** Quel phénomène favorise l'apparition du problème ? ..........

..........

**Pourquoi ?** Quelle est la conséquence du problème posé ? ..........

..........

# MOBILISER LES CONNAISSANCES UTILES

## ACTIVITÉ 1 Les différentes formes de discrimination au travail

**Objectif : repérer les différentes catégories de discrimination au travail en identifiant les publics considérés.**

### DOC. 1 Ce que dit le Code du travail - Article L1132-1

« Aucune personne ne peut être écartée d'une procédure de recrutement ou de nomination ou de l'accès à un stage ou à une période de formation en entreprise, aucun salarié ne peut être sanctionné, licencié ou faire l'objet d'une mesure discriminatoire, directe ou indirecte, telle que définie à l'article 1er de la loi n° 2008-496 du 27 mai 2008 portant diverses dispositions d'adaptation au droit communautaire dans le domaine de la lutte contre les discriminations, notamment en matière de rémunération, au sens de l'article L. 3221-3, de mesures d'intéressement ou de distribution d'actions, de formation, de reclassement, d'affectation, de qualification, de classification, de promotion professionnelle, de mutation ou de renouvellement de contrat en raison de son origine, de son sexe, de ses mœurs, de son orientation sexuelle, de son identité de genre, de son âge, de sa situation de famille ou de sa grossesse, de ses caractéristiques génétiques, de la particulière vulnérabilité résultant de sa situation économique, apparente ou connue de son auteur, de son appartenance ou de sa non-appartenance, vraie ou supposée, à une ethnie, une nation ou une prétendue race, de ses opinions politiques, de ses activités syndicales ou mutualistes, de ses convictions religieuses, de son apparence physique, de son nom de famille, de son lieu de résidence ou de sa domiciliation bancaire, ou en raison de son état de santé, de sa perte d'autonomie ou de son handicap. »

**1** **Proposer** une définition de la discrimination.

..............................................................................................................

**2** **Surligner** dans le **DOC. 1** :

- en rose les catégories de discrimination au travail envisagées par la loi. Exemple : accès à un stage ;
- en vert les critères ou motifs pouvant conduire à une discrimination. Exemple : orientation sexuelle.

**3** **Indiquer** pour les situations ci-dessous, à l'aide du **DOC. 1**, l'objet de la discrimination (exemple : augmentation de salaire) et le motif (exemple : ethnie).

| | | |
|---|---|---|
| **Objet :** .............................. | **Objet :** .............................. | **Objet :** .............................. |
| .............................................. | .............................................. | .............................................. |
| **Motif :** .............................. | **Motif :** .............................. | **Motif :** .............................. |

| | |
|---|---|
| **D** « [...] le directeur du ballet de l'Opéra de Lyon a été condamné ce mercredi en appel à 1 500 euros d'amende avec sursis pour discrimination et 5 000 euros de dommages et intérêts à verser à une ancienne danseuse pour avoir demandé le non-renouvellement du contrat de cette dernière à son retour de congé maternité. [...] Lors d'un autre enregistrement, le directeur du ballet lui dit : *"Tu peux rester à Lyon pour faire ta gym et t'occuper de ton truc"*, en parlant de son enfant. » (Source : www.lyoncapitale.fr) | **Objet :** ........................<br>........................<br>........................<br>**Motif(s) :** ........................<br>........................ |
| **E** « Elle poursuivait l'entreprise ferroviaire pour discrimination en raison du sexe et discrimination syndicale. Et elle a gagné : la SNCF a été condamnée en appel à payer une amende de 99 362 euros pour le préjudice matériel et 20 000 euros de préjudice moral à la plaignante. La plaignante rapporte également avoir été rétrogradée à des tâches subalternes, qui ne correspondaient pas à ses compétences. Une étude comparative sur sept salariés diplômés en même temps qu'elle montre également que l'agente a été la dernière à accéder au statut de cadre, avec un salaire inférieur de 700 euros brut à celui des hommes non syndiqués. » (Source : www.francebleu.fr) | **Objet :** ........................<br>........................<br>........................<br>**Motif(s) :** ........................<br>........................<br>........................ |

## DOC. 2 Les inégalités de traitement à l'embauche prévues par la loi

Il existe des situations en apparence discriminantes qui ne sont pas reconnues comme telles au regard de la loi (discriminations dites positives). Il s'agit dans ce cas de favoriser certains groupes de personnes pour rétablir l'égalité des chances : les femmes, les travailleurs handicapés ou encore les jeunes peuvent faire l'objet d'une telle discrimination.
De plus, certaines activités peuvent être réservées expressément à une femme ou un homme, ou à partir d'un âge particulier pour des raisons de sécurité et de protection de la santé des travailleurs. Quant au secteur public, le recrutement est limité aux seuls citoyens français pour les emplois dits de souveraineté (police, armée, justice, affaires étrangères...).

**4** **Surligner** en vert dans le **DOC. 2** les groupes de personnes pour lesquels les inégalités de traitement sont prévues par la loi.

**5** **Expliquer** à l'aide du **DOC. 2** ce qu'est la discrimination positive.

..........................................................................................................................

..........................................................................................................................

**6** **Justifier**, à partir des données ci-dessous, une des raisons pour lesquelles les personnes en situation de handicap font partie des personnes dont l'inégalité de traitement à l'emploi est prévue par la loi.

**L'obligation légale**

6 % de travailleurs en situation de handicap

Pour une société d'au moins 20 salariés

**Le taux de chômage des personnes en situation de handicap**

**2 fois** plus élevé que la moyenne nationale

18 % contre 8,5 % pour la population globale

..........................................................................................................................

..........................................................................................................................

## ACTIVITÉ 2 Égalité professionnelle entre les femmes et les hommes

**Objectif : identifier les obligations en termes d'égalité professionnelle entre les femmes et les hommes.**

### DOC. 3 Les obligations légales en termes d'égalité professionnelle femmes-hommes

Quelle que soit leur taille, les entreprises doivent respecter les principes d'égalité professionnelle et de non-discrimination en raison du sexe, inscrits dans la Constitution française. Les entreprises ne respectant pas cette législation se verront subir des sanctions économiques et financières. L'égalité professionnelle désigne ainsi l'égalité de traitement entre les femmes et les hommes en termes d'accès à l'emploi, à la formation, à la mobilité et à la promotion ou en termes d'égalité salariale.

D'après « 15 actions pour une égalité professionnelle réelle entre les femmes et les hommes », ministère du Travail

**1** **Souligner** en rouge dans le **DOC. 3** la définition de l'égalité professionnelle.

**2** **Justifier** d'après le **DOC. 3** l'obligation légale de l'égalité professionnelle femmes-hommes.

**3** **Surligner** en vert, dans le **DOC. 3**, les risques encourus par les entreprises qui ne respectent pas l'égalité professionnelle femmes-hommes.

**4** **Indiquer** sous chaque encadré A, B et C l'inégalité professionnelle présentée et la **relier** à une des solutions proposées par le ministère du Travail (mai 2018).

A

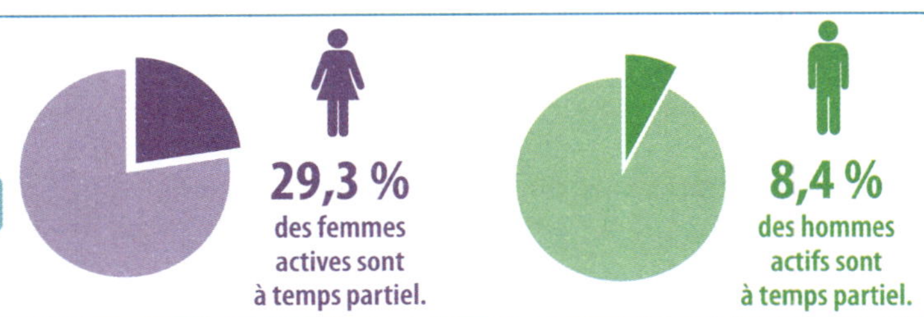


B

C

**1** Appliquer le principe « à travail égal salaire égal » en passant par une obligation de résultat afin de supprimer les écarts à poste et âge équivalents.

**2** Tous les salariés à temps partiel, qui sont en majorité des femmes, auront davantage de droits à formation.

**3** Favoriser un meilleur équilibre des temps en valorisant les bonnes pratiques (gestion des temps, télétravail) et en examinant les modalités de prise des droits à congés maternité, paternité et parental.

## DOC. 4 Le cas de l'inégalité salariale femmes-hommes

Tout employeur doit prendre en compte les objectifs en matière d'égalité professionnelle et prendre les mesures permettant de les atteindre (loi pour la liberté de choisir son avenir professionnel de 2018). Dès 50 salariés, un accord relatif à l'égalité professionnelle entre les femmes et les hommes doit être conclu avec les membres du CSE. Un outil pratique et commun, l'index de l'égalité salariale femmes-hommes, est aussi mis en place pour pallier l'écart de salaire entre les femmes et les hommes.

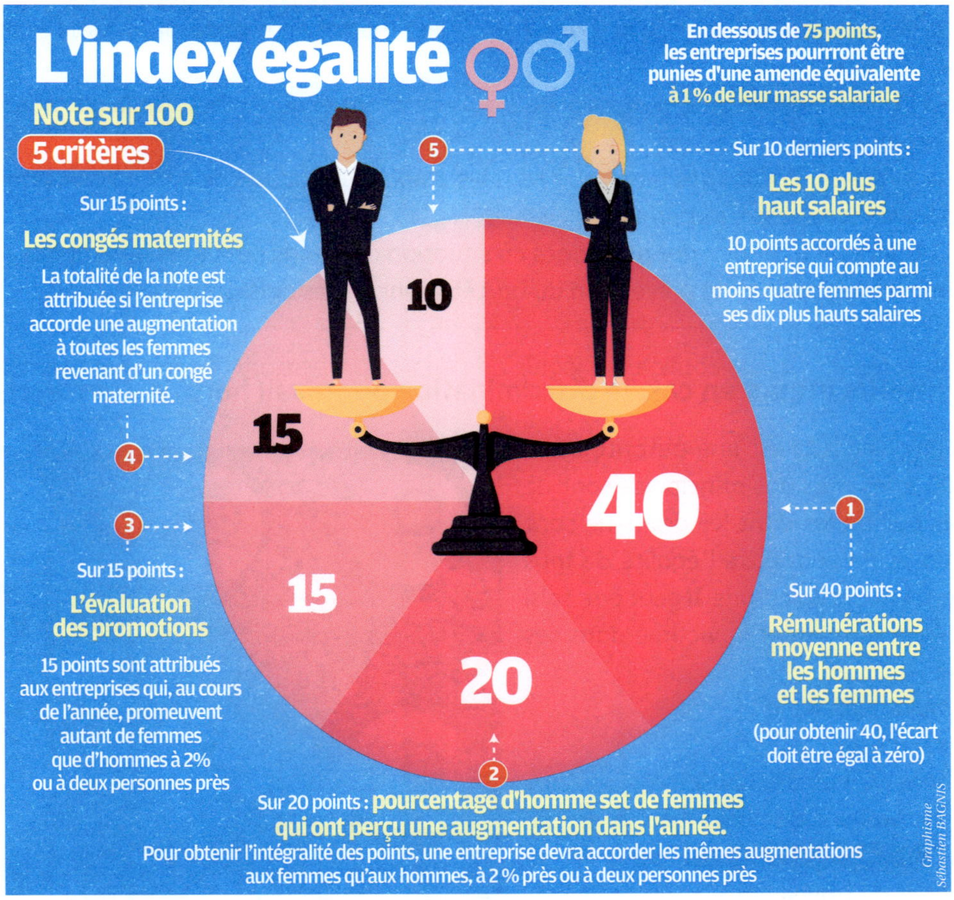


Source : www.laprovence.com

**5** **Indiquer**, à l'aide du **DOC. 4**, l'effectif minimum d'une entreprise à partir duquel l'index d'égalité professionnelle doit être calculé.

...................................................................................................................

**6** **Relever** dans le **DOC. 4** l'obligation faite aux entreprises d'au moins 50 salariés permettant d'atteindre l'égalité professionnelle femmes-hommes.

...................................................................................................................

...................................................................................................................

**7** **Souligner** dans le **DOC. 4** les critères servant à calculer l'index égalité.

WWW **8** À l'aide du **DOC. 4** et de la vidéo ci-contre, **donner** le principe de fonctionnement de l'index de l'égalité salariale femmes-hommes.

**Vidéo**
L'index de l'égalité professionnelle femmes-hommes (3'00)
lienmini.fr/4607-c1202

...................................................................................................................

...................................................................................................................

...................................................................................................................

# ACTIVITÉ 3 Les interlocuteurs à solliciter

Objectif : identifier les interlocuteurs à solliciter en cas de discrimination au travail.

## DOC. 5 Les interlocuteurs en cas de discrimination au travail dans l'entreprise

Au travail, toute victime de discrimination peut avoir comme interlocuteur un membre d'une organisation syndicale ou un membre de la délégation du personnel au comité social économique (CSE), qui saisira l'employeur afin de procéder sans délai à une enquête et mettre fin à cette situation. Les attributions du CSE sont multiples :

- il procède à l'analyse des risques professionnels auxquels sont exposés les travailleurs, notamment les femmes enceintes ;
- il contribue à faciliter l'accès des femmes à tous les emplois, à l'adaptation et à l'aménagement des postes de travail (grossesse, maternité…) ;
- il facilite l'accès et le maintien des personnes en situation de handicap à tous les emplois ;
- il peut proposer des actions de prévention du harcèlement et des agissements sexistes.

## DOC. 6 Les interlocuteurs en cas de discrimination au travail hors de l'entreprise

Le Défenseur des droits est une autorité indépendante dont les missions principales sont de défendre les personnes dont les droits ne sont pas respectés et de permettre l'égalité de tous et toutes dans l'accès aux droits. Il peut être saisi gratuitement pour orienter la victime dans ses démarches :

- par le formulaire en ligne : www.defenseurdesdroits.fr ;
- par téléphone : 09 69 39 00 00.

Pour faire constater une discrimination, la victime peut saisir l'inspection du travail, qui veille au respect du droit du travail dans les entreprises.

**1** **Surligner** dans le DOC. 5 les rôles du CSE vis-à-vis des personnes en situation d'handicap.

**2** **Indiquer** pour chaque situation ci-dessous, à l'aide des DOC. 5 et 6, l'interlocuteur à privilégier.

| Situations | Interlocuteurs |
|---|---|
| **1.** Sarah, 18 ans, souhaite avoir des informations sur les aménagements proposés par son entreprise dans le cadre du handicap. | …………………… |
| **2.** Killian, 20 ans, est victime de discrimination liée à son origine. Il désire s'informer et souhaite qu'une enquête soit menée par une personne extérieure à l'entreprise. | …………………… |
| **3.** Fatima, 58 ans, désire avoir des informations sur les discriminations liées à l'âge, que ce soit au travail ou dans la vie quotidienne. | …………………… |

## PROPOSER DES SOLUTIONS

**Indiquer** à Lucie les démarches qu'elle peut entreprendre pour faire valoir ses droits.

……………………………………………………………………………………………

……………………………………………………………………………………………

## Activité de synthèse

**NOTIONS CLÉS ASSOCIÉES ET MOTS-CLÉS**

- Code du travail
- Comité social économique (CSE)
- Critères
- Défenseur des droits
- Discrimination
- Égalité professionnelle
- Inspection du travail
- Législation
- Obligation
- Organisation syndicale

**Compléter le texte avec les notions clés ou mots-clés ci-dessus.**

### Les différentes formes de discrimination au travail

Sévèrement punie, la .............................. au travail consiste à traiter différemment une ou plusieurs personnes, par rapport à la majorité du personnel, et à partir d'éléments énumérés par la loi. Ainsi, le .............................. indique les différents domaines de discrimination (embauche, promotion, rémunération...) et les vingt-cinq motifs ou .............................................. pouvant générer celle-ci (âge, ethnie, apparence physique...). La discrimination positive (parité femmes/hommes, l'obligation d'employer 6 % de travailleurs en situation de handicap dans les entreprises de plus de 50 salariés...) favorise légalement certains groupes pouvant faire l'objet de discriminations.

### Obligations des entreprises en termes d'égalité professionnelle femmes/hommes

Les entreprises doivent respecter les principes d'.............................. et de non-discrimination en raison du sexe, inscrits dans la Constitution française et dans de nombreux textes légaux. Cette égalité de traitement concerne l'accès à l'emploi, à la formation, à la mobilité, à la promotion et à l'égalité salariale. Les entreprises d'au moins 50 salariés ont l'.................... de mettre en place un index d'égalité salariale femmes-hommes. Celles qui ne respectent pas cette .................... se verront infliger des sanctions économiques et financières.

### Les interlocuteurs à solliciter en cas de discrimination au travail

Pour faire constater toute discrimination, un salarié peut saisir l'.............................. . Le .................................... peut aussi être saisi gratuitement pour l'assister et l'orienter dans ses démarches, y compris celles concernant des faits de discrimination dans la vie quotidienne.

Au travail, il peut aussi solliciter un membre de la délégation du personnel au .................................................., ou bien le membre d'une ...................................

## L'essentiel en image

### DISCRIMINATIONS AU TRAVAIL

=

Inégalités de traitement interdites par la loi basées sur des **MOTIFS** et des **DOMAINES** cités par la loi

### DOMAINES

- Embauche
- Promotion
- Formation
- Intéressement
- Salaire
- Affectation
- Mutation
- …

### MOTIFS

| | | | | |
|---|---|---|---|---|
| Apparence physique | Age | Etat de santé | Appartenance ou non à une prétendue race | Appartenance ou non à une nation |
| Sexe | Identité de genre | Orientation sexuelle | Grossesse | Situation de famille |
| Handicap | Caractéristiques génétiques | Moeurs | Patronyme | Activités syndicales |
| Origine | Lieu de résidence | Appartenance ou non à une ethnie | Opinions politiques | Domiciliation bancaire |
| Perte d'autonomie | Capacité à s'exprimer dans une langue étrangère | Religion | Vulnérabilité résultant de sa situation économique | Opinions philosophiques |

**La discrimination est punie par la loi**

### CAS PARTICULIERS DES DISCRIMINATIONS POSITIVES

=

Inégalités de traitement tolérées par la loi (personnes en situation de handicap, femmes, jeunes actifs…)

### INTERLOCUTEURS

à solliciter en cas de discrimination au travail :

#### DANS L'ENTREPRISE

#### HORS DE L'ENTREPRISE

DIRECCTE

Défenseur des droits – République Française

Le Défenseur des droits peut être saisi pour tout type de discriminations.

### ÉGALITÉ DE TRAITEMENT AU TRAVAIL

= **Égalité professionnelle femmes-hommes**

Obligation de l'employeur

**Exercices**

Tester ses connaissances en ligne
lienmini.fr/4607-c1203

**Approfondir**

Vidéo : Discrimination – témoignage de Nantais (2'12)
lienmini.fr/ 4607-c1204

Nom ............................................................

Prénom .................................... Date ..........................

## SITUATION

Suite à un grave accident de la route, Simon se déplace en fauteuil roulant. Reconnu comme travailleur handicapé, il est à l'essai pour trois mois sur un poste de secrétaire dans une entreprise de transport de 25 salariés. Quinze jours avant la fin de la période d'essai, le patron lui annonce qu'il met fin à celle-ci. Il précise qu'il préférerait avoir une femme valide à ce poste, que l'entreprise n'arrive pas à s'adapter à son handicap qui, de plus, obligerait à changer le mobilier de bureau. Seul handicapé dans l'entreprise, Simon est victime de discrimination en raison de son handicap et de son sexe. Il a des difficultés à accepter cette décision et déprime. Plusieurs de ses collègues lui conseillent de se rapprocher d'un membre de la délégation du personnel du CSE.

## ANALYSER LA SITUATION

**1** **Souligner** le problème soulevé dans la situation. ...../1 pt

**2** **Identifier** les éléments de la situation. ...../3 pts

**Qui ?** Qui est concerné ? ..............................................................

**Quoi ?** Quelle est l'origine du problème ? ..............................................................

..............................................................

**Où ?** À quel endroit se situe le problème ? ..............................................................

**Quand ?** À quel moment le problème apparaît-il ? ..............................................................

**Comment ?** Comment se manifeste le problème ? ..............................................................

..............................................................

**Pourquoi ?** Quelle est la conséquence du problème posé ? ..............................................................

## MOBILISER DES CONNAISSANCES UTILES

**3** **Définir** la discrimination au travail. ...../2 pts

..............................................................

..............................................................

..............................................................

**4** **Citer** six motifs de discrimination au travail. ...../3 pts

..............................................................

..............................................................

## DOC. 1 Handicap, une inégalité face à l'emploi

Le Code du travail précise que toute société d'au moins 20 salariés doit employer des travailleurs en situation de handicap dans une proportion de 6 % de son effectif au risque d'encourir une pénalité financière. Cette mesure vise à faciliter l'inclusion de ces personnes en milieu ordinaire et à réduire les inégalités constatées face à l'accès à l'emploi, comme le précisent les données ci-dessous.

| Personne handicapée | | Tout public |
|---|---|---|
| 35 % | Taux d'emploi | 64 % |
| 18,5 % | Taux de chômage | 8,5 % |
| 28 mois | Ancienneté moyenne depuis l'inscription au chômage | 21 mois |
| 35 % | Niveau bac et plus | 52 % |

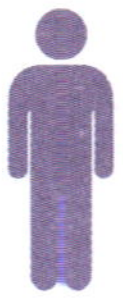

**5** **Justifier** par deux arguments, à l'aide du **DOC. 1**, l'obligation faite aux entreprises d'au moins 20 salariés d'embaucher 6 % de personnes en situation de handicap. ...../3 pts

..........................................................................................

..........................................................................................

**6** **Indiquer**, à l'aide du **DOC. 1** et de la situation, si l'entreprise de Simon respecte son obligation légale au niveau de l'emploi de personnes handicapées. **Justifier**. ...../2 pts

..........................................................................................

..........................................................................................

## DOC. 2 Quel recours en cas de discrimination au travail ?

Une victime de discrimination au travail peut s'informer sur ses droits auprès du Défenseur des droits et de l'inspection du travail. Deux types de recours peuvent être envisagés :
– le recours pénal, en portant plainte au pénal dans un délai de 6 ans maximum après les faits ;
– le recours civil devant le Conseil de prud'hommes* (secteur privé) ou le tribunal administratif (secteur public) pour faire annuler la mesure ou la décision fondée sur un motif discriminatoire et demander réparation au préjudice subi.

**Conseil de prud'hommes : instance juridique qui traite les litiges opposant un employeur et un salarié.*

**7** **Citer**, à l'aide du **DOC. 2**, les recours possibles de Simon. ...../2 pts

..........................................................................................

**8** **Surligner** en vert, dans le **DOC. 2**, le pouvoir du Conseil de prud'hommes. ...../1 pt

## PROPOSER DES SOLUTIONS

**9** **Citer** deux interlocuteurs externes à l'entreprise auxquels Simon pourrait s'adresser pour l'aider à faire valoir ses droits. ...../1 pt

– ..........................................................................................

– ..........................................................................................

**10** **Indiquer** à Simon deux arguments qu'il pourrait exposer à son employeur afin qu'il reconsidère sa décision de rupture de sa période d'essai. ...../2 pts

– ..........................................................................................

– ..........................................................................................

# Se préparer à l'examen

## 1 L'épreuve de PSE au baccalauréat professionnel

Il s'agit d'une **épreuve ponctuelle écrite de deux heures** dotée du **coefficient 1**.

L'épreuve vise à vérifier le niveau de maîtrise des connaissances inscrites dans le programme et des **compétences** mobilisées au cours de la formation :

- C2 : appliquer une démarche d'analyse dans une situation donnée ;
- C3 : expliquer un phénomène physiologique, un enjeu environnemental, une disposition réglementaire, en lien avec une mesure de prévention ;
- C4 : proposer une solution pour résoudre un problème ;
- C5 : argumenter un choix ;
- C6 : communiquer à l'écrit et à l'oral avec une syntaxe claire et un vocabulaire adapté.

## 2 Conseils avant l'épreuve

### PENDANT l'année scolaire

Un bon niveau de connaissances suppose un travail régulier et méthodique tout au long de l'année. Il est important pour chaque module de s'approprier les notions clés et les démarches mobilisées.

Outre les cours dispensés par votre professeur, les méthodes présentées dans les rabats et la fiche « Retenir l'essentiel » sont là pour vous aider. La rubrique « Tester ses connaissances en ligne » permet de s'autoévaluer et d'identifier les points qui nécessitent d'être encore travaillés.

### AVANT l'épreuve

**➔ Revoir les résumés de cours pour en maîtriser les contenus**

- Utiliser la fiche « Retenir l'essentiel » présente à la fin de chaque module, avec notamment l'activité de synthèse, qui mobilise les notions clés, et la page « L'essentiel en images » ;
- Utiliser les documents d'accompagnement produits en classe, ou encore les résumés que vous aurez rédigés ;
- Utiliser le lexique pour bien appréhender toutes les notions clés.

La maîtrise des connaissances et notions clés de chaque module est importante en vue d'une remobilisation dans le traitement de problématiques.

**➔ Revoir les outils méthodologiques à l'aide des rabats de la pochette**

1. La démarche de résolution de problèmes : voir les rabats de l'ouvrage et les situations proposées utilisant cette démarche ; les outils de mise en relation des éléments de la situation (QQOQCP, diagramme causes – effet…) ;
2. L'analyse systémique ;
3. La démarche de projet ;
4. L'analyse des risques professionnels ;
5. L'analyse d'une situation de travail.

Les outils et démarches doivent être maîtrisés, plus particulièrement 1, très souvent mobilisés. La liste des démarches d'analyse n'étant pas exhaustive, il n'est pas exclu que d'autres démarches soient proposées ; dans ce cas, la démarche à mobiliser sera fournie.

**➔ S'exercer**

- Refaire les évaluations réalisées en classe et les fiches « Maîtriser le module ».
- Réaliser les QCM et textes à trous proposés dans la rubrique « Exercices » au bas de la page « L'essentiel en images ».

## 3 Conseils durant l'épreuve

**➔ Lire l'ensemble du sujet**

Le sujet comporte, outre les situations :

– des questions auxquelles il faudra répondre sur feuilles de copies d'examen fournies par le centre d'examen ;

– d'éventuelles annexes (tableaux, schémas, schéma de compréhension de la situation de travail…) à compléter et à rendre avec la copie ;

– des documents et dossiers techniques.

La lecture complète de l'ensemble du sujet (documents et annexes compris) avant de répondre aux questions permet de cibler les informations utiles.

**Conseils pour la lecture**

- **La situation de départ :** sa lecture doit être attentive. Elle présente des éléments qui servent généralement tous à un moment ou à un autre du questionnement. Il faut donc repérer ceux qui semblent importants en les soulignant ou en les entourant au crayon à papier. Mieux vaut éviter le surlignage au cours de cette première lecture car il est parfois demandé de restituer le document, sur lequel des réponses seront attendues.
- **Les questions :** elles débutent toutes par un verbe à l'infinitif, celui-ci indique quel niveau de réponse est attendu (citer, relever, décrire…).

  *Exemple : « Relever » signifie que la réponse se trouve dans un document.*
- **Les documents :** ils servent de support à la question ou à la série de questions posées. Seuls quelques éléments seront utilisés pour formuler la réponse. Il ne faut pas hésiter à les surligner. La question ne renvoie pas forcément à un document, il appartient au candidat de prendre connaissance de ceux-ci avant de traiter le sujet pour voir quelles informations et données il peut en extraire.

**➔ Traiter le sujet, répondre aux questions, rédiger, soigner la forme**

Il faut répondre aux questions posées en veillant à :

- respecter si possible l'ordre des questions ;
- **éviter les hors sujets :** la lecture attentive préconisée ci-dessus doit éviter cette erreur ;
- **soigner l'écriture :** une copie bien écrite facilite la compréhension et est plus agréable à lire pour le correcteur ;
- **soigner l'orthographe, la grammaire et la syntaxe :** ce point est encore plus important lorsque les réponses font appel à des connaissances traitées en classe (termes scientifiques par exemple) ou lorsqu'elles sont rédigées à partir d'éléments d'un document qui, lui, est correctement orthographié. Il ne faut pas oublier que leur maîtrise relève de la compétence C5 qui est évaluée.

→ **Veiller à montrer la maîtrise des compétences**

| Compétences à mobiliser | Conseils pour montrer la maîtrise de la compétence |
| --- | --- |
| C1. Traiter une information.  | Même si cette compétence n'est pas évaluée, elle est mobilisée pour traiter les informations des situations problèmes et les données des documents fournis. La maîtrise des autres compétences repose en grande partie sur celle-ci.<br><br>Pour traiter le sujet, il est indispensable d'exploiter les documents et dossiers techniques fournis en extrayant les informations utiles au regard des questions posées. Il est important de savoir synthétiser ces informations et de les remettre en forme sans recopier, sauf demande spécifique.<br><br>De plus, le sujet ne sera pas spécifique à un baccalauréat professionnel, alors que le programme prévoit pour le module C.6 l'étude d'un seul risque spécifique au baccalauréat préparé. L'exploitation du dossier technique permettra donc, pour des questions en lien avec C.6, de répondre à une problématique pouvant être distincte de celle du secteur du baccalauréat professionnel préparé. |
| C2. Appliquer une démarche d'analyse dans une situation donnée.  | Il faut appliquer la démarche de manière pertinente en respectant les étapes nécessaires. Même si le schéma de la démarche est fourni, avoir connaissance de celle-ci facilite sa mise en œuvre. Faire preuve de logique est la clé pour montrer la maîtrise de cette compétence. |
| C3. Expliquer un phénomène physiologique, un enjeu environnemental, une disposition réglementaire, en lien avec une mesure de prévention. | La maîtrise des connaissances et notions clés est essentielle ici car celles-ci seront mobilisées pour expliquer des phénomènes amenant à des mesures de prévention. |

| Compétences à mobiliser | Conseils pour montrer la maîtrise de la compétence |
|---|---|
| **C4. Proposer une solution pour résoudre un problème.**  | Cette compétence fait suite à la démarche d'analyse qui aboutit toujours à proposer une solution. Dans l'analyse de situation en lien avec le milieu professionnel, la solution réside dans la mise en œuvre de la démarche de prévention mobilisant les trois niveaux de prévention. |
| **C5. Argumenter un choix.** | Le choix d'une ou plusieurs solutions proposées doit être justifié. On peut parfois être amené à indiquer pourquoi un choix n'a pas été fait. |
| **C6. Communiquer à l'écrit et à l'oral avec une syntaxe claire et un vocabulaire adapté.**  | La maîtrise de la langue française, de son orthographe et de sa syntaxe est évaluée dans toute épreuve d'examen, la PSE y compris.<br><br>Des points peuvent être alloués pour cette compétence, il est donc essentiel de se montrer attentif à la rédaction de sa copie et de la relire attentivement pour faire les corrections nécessaires. |



**→ Gérer le temps imparti**

Si une question paraît difficile, il est préférable de passer à la suivante et d'y revenir plus tard, afin de ne pas perdre trop de temps. Il faut aussi réserver quelques minutes pour relire son devoir.

Nom ........................................ Prénom ................................................ Date : ..............................

## PREMIÈRE PARTIE (THÉMATIQUE A)

### SITUATION A

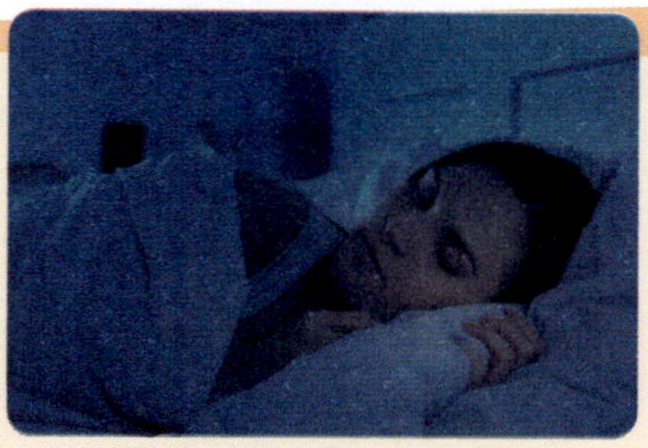

[…] Plus d'un tiers des Français (35,9 %) dorment moins de 6 heures par jour. Or, on sait par de très nombreuses études épidémiologiques, que dormir moins de 6 heures est associé à un risque plus élevé d'obésité, de diabète de type 2, d'hypertension, de pathologies cardiaques et d'accidents […]. Dormir moins de 6 heures réduit aussi la vigilance dans la journée, augmente l'irritabilité et perturbe les relations familiales, ainsi que la qualité de vie et de travail […]. L'une des causes de ce déclin préoccupant du temps de sommeil, qui se répand partout dans le monde, est le travail de nuit. […]

Source : *Futura sciences 2019*

| Consignes | Compétences (Barème) |
|---|---|
| **1.1 Identifier** le problème posé dans la situation ci-dessus.<br>........................................................................................................ | C2 1 pt |
| **1.2 Identifier** les éléments de la situation.<br>• **Quoi ?** Quelle est l'origine du problème ? ..............................<br>• **Qui ?** Qui est concerné ? ..............................<br>• **Où ?** Où le problème est-il apparu ? ..............................<br>• **Comment ?** Quel facteur favorise l'apparition du problème ? ..............................<br>• **Pourquoi ?** Quelles sont les conséquences socio-professionnelles du problème ? (2 réponses attendues)<br>........................................................................................................<br>........................................................................................................ | C2 1,5 pt |
| **1.3 Relever** dans l'article de presse de la situation A quatre maladies directement associées à un manque de sommeil.<br>........................................................................................................ | C2 1 pt |
| **À partir de l'annexe 1 (p. 228) et de vos connaissances** | |
| **2.1 Définir** le rythme circadien.<br>........................................................................................................ | C3 0,5 pt |
| **2.2 Indiquer** si le sommeil est un rythme circadien. **Justifier**.<br>........................................................................................................<br>........................................................................................................ | C3 1 pt |

| Consignes | Compétences (Barème) |
|---|---|
| **2.3 Relever** le nom de l'hormone du sommeil.<br><br>.................................................................................................................................... | C3 1 pt |
| **2.4 Définir** deux rôles du sommeil.<br><br>.................................................................................................................................... | C3 1 pt |
| **2.5 Relever** les horaires de travail considérés comme du travail de nuit.<br><br>.................................................................................................................................... | C3 1 pt |
| **2.6 Identifier** un facteur qui synchronise les rythmes biologiques comme le sommeil et **expliquer** en quoi le travail de nuit est lié à un déficit de sommeil.<br><br>....................................................................................................................................<br>....................................................................................................................................<br>.................................................................................................................................... | C3 2 pts |
| **2.7 Proposer** quatre mesures pour améliorer la qualité du sommeil.<br>**Argumenter** chacune de vos réponses.<br>• Mesure 1 : ..........................................................................................................<br>Argumentation de la mesure 1 : ....................................................................................<br>....................................................................................................................................<br>....................................................................................................................................<br>....................................................................................................................................<br>• Mesure 2 : ..........................................................................................................<br>Argumentation de la mesure 2 : ....................................................................................<br>....................................................................................................................................<br>....................................................................................................................................<br>• Mesure 3 : ..........................................................................................................<br>Argumentation de la mesure 3 : ....................................................................................<br>....................................................................................................................................<br>....................................................................................................................................<br>....................................................................................................................................<br>• Mesure 4 : ..........................................................................................................<br>Argumentation de la mesure 4 : ....................................................................................<br>....................................................................................................................................<br>.................................................................................................................................... | C4/C5 2 + 2 pts |

## SITUATION B

Les bâtiments sont aujourd'hui en France responsables de presque la moitié des consommations d'énergie et d'un quart des émissions de gaz à effet de serre, selon l'agence de l'environnement et de la maîtrise de l'énergie (Ademe). L'habitat résidentiel, à lui seul, consomme 31 % de notre énergie et émet 10 % de nos gaz à effet de serre.

| Consignes | Compétences (Barème) |
| --- | --- |
| **À l'aide des annexes 2 à 4 (p. 229)** | |
| **3.1 Indiquer** l'évolution de la consommation d'énergie des ménages entre 2000 et 2018. ........ | C3 1 pt |
| **3.2 Citer** le poste de consommation énergétique ayant le plus diminué depuis 18 ans dans un foyer. ........ | C3 1 pt |
| **3.3 Relever** :<br>➔ deux types d'énergie non renouvelable : ........<br>➔ un type d'énergie renouvelable : ........ | C2 0,5 pt |
| **3.4 Expliquer** le principe de l'effet de serre amplifié par l'Homme. ........ | C3 2 pts |
| **3.5 Choisir** le chauffage le plus écologique parmi ceux proposés. **Justifier** par deux arguments. ........ | C5 2 pts |

| Consignes | Compétences (Barème) |
|---|---|
| **3.6 Proposer** une mesure individuelle permettant de maîtriser la consommation énergétique au niveau :<br>– du chauffage : ..........<br>– de la cuisson : ..........<br>– de l'eau chaude : ..........<br>– de l'électricité spécifique : .......... | C4 1 pt |

## TROISIÈME PARTIE (THÉMATIQUE C)

### SITUATION C

Les membres du CSE de l'usine « Tuil 3.0 », 12 salariés, spécialisée dans la fabrication de tuiles en terre cuite, viennent d'informer le personnel de l'ordre du jour de la prochaine réunion : analyse du risque lié au triage et à l'empilement des tuiles.

| Consignes | Compétences (Barème) |
|---|---|
| **À partir du dossier ressource (p. 230 à 233) et de vos connaissances** | |
| **4.1 Relever** la problématique posée par l'activité physique de Nadia.<br>.......... | C2 1 pt |
| **4.2 Mettre en relation** les composantes de la situation de travail de Nadia en complétant le schéma de compréhension de la situation situé page 233. **Détailler** les activités réelles uniquement pour la tâche « tri et empilement des tuiles ». | C2 4 pts |
| **4.3 Établir** les liens de causalité de l'effet « lombalgies » en les traçant sur le schéma de compréhension situé page 233. | C2 2 pts |
| **4.4 Justifier** légalement le fait que Nadia puisse porter 18 kg de tuiles en une seule fois.<br>..........<br>.......... | C3 1 pt |
| **4.5 Indiquer** l'obligation initiale de l'employeur au niveau de la manutention manuelle des salariés conformément au Code du travail.<br>..........<br>.......... | C3 1 pt |

| Consignes | Compétences (Barème) |
|---|---|
| **4.6 Proposer** pour chaque niveau de prévention ci-dessous des solutions relatives à l'effet « lombalgie » de Nadia. **Argumenter** vos propositions. | C4/C5<br>3 + 3 pts |

| Prévention | Proposition de solutions |
|---|---|
| **NIVEAU 1**<br>Suppression/réduction du risque | • Solution 1 : ..........<br>Argument 1 : ..........<br>..........<br>• Solution 2 : ..........<br>..........<br>Argument 2 : ..........<br>..........<br>• Solution 3 : ..........<br>..........<br>Argument 3 : ..........<br>..........<br>.......... |
| **NIVEAU 2**<br>Protection collective et/ou individuelle | • Solution 1 : ..........<br>Argument 1 : ..........<br>.......... |
| **NIVEAU 3**<br>Instructions/ formations | • Solution 1 : ..........<br>..........<br>Argument 1 : ..........<br>..........<br>..........<br>• Solution 2 : ..........<br>..........<br>..........<br>..........<br>Argument 2 : ..........<br>..........<br>..........<br>.......... |

## ANNEXE 1 Travail de nuit, travail posté, de quoi parle-t-on ?

**Le travail de nuit** concerne tout travail effectué entre 21 heures et 6 heures. En principe, la durée quotidienne du travail accompli par un travailleur de nuit ne peut excéder 8 heures.

**Le travail posté** correspond à une organisation du travail dans laquelle plusieurs équipes se relaient successivement aux mêmes postes de travail, selon un roulement prédéfini. La forme la plus connue est le 3 × 8, c'est-à-dire trois équipes différentes qui se succèdent sur le même poste pendant 24 heures.

**Les horaires dits « atypiques »** comprennent tous les aménagements du temps de travail qui ne sont pas « standards », c'est-à-dire 5 jours réguliers par semaine du lundi au vendredi, horaires compris entre 5 heures du matin et 23 heures, avec deux jours de repos hebdomadaire. Le travail de nuit et le travail posté font partie des horaires « atypiques ».

### L'Homme, un être rythmique

L'être humain est programmé pour vivre le jour et dormir la nuit. Ce rythme, dit circadien, est contrôlé par des horloges biologiques internes qui régulent de nombreux phénomènes physiologiques (sommeil, digestion, sécrétions hormonales…). Le cycle lumière-obscurité joue un rôle majeur dans la synchronisation journalière des horloges biologiques.

Chez les travailleurs de nuit/postés, l'exposition irrégulière à la lumière du jour désynchronise les horloges internes et perturbe les rythmes biologiques. Associée à une dette chronique de sommeil, cette désynchronisation a des effets sur la santé.

### Des conséquences sur la vie familiale et sociale

Le travail posté et le travail de nuit limitent le temps disponible pour les moments de rencontre et de partage. Cela peut impacter la vie familiale ou sociale des travailleurs concernés.

**Quelques rythmes circadiens**

Le rythme circadien correspond au rythme biologique d'une période d'environ 24 heures ; il est d'origine endogène (le terme vient du latin circa [presque] et dies [jour]).

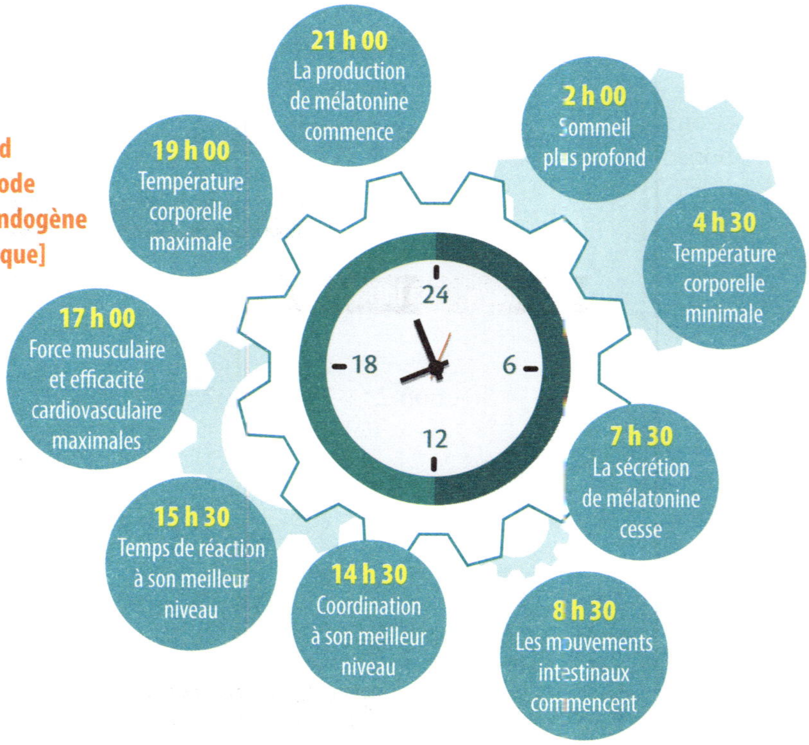


Distribution temporelle de plusieurs fonctions biologiques chez l'Homme

## ANNEXE 2 Répartition par usage des consommations d'énergie des ménages dans leur logement

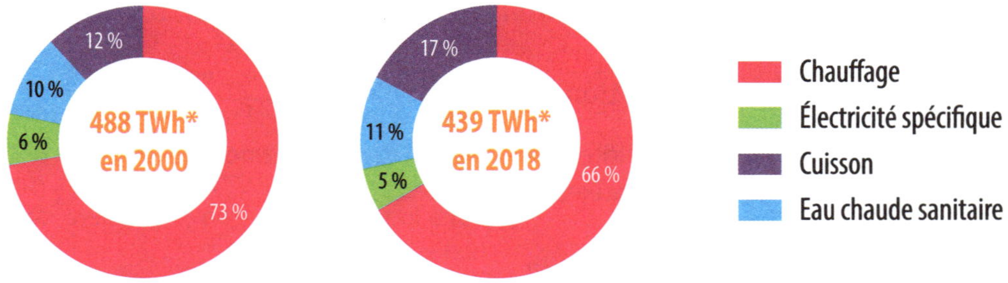


L'électricité spécifique correspond à l'électroménager et au multimédia.

*TWh (térawatt-heure) : unité d'énergie.

Source : www.statistiques-developpement-durable-gouv.fr

## ANNEXE 3 Émission de gaz à effet de serre (en g de $CO_2$) pour la consommation de 1 kW de chauffage en 2018

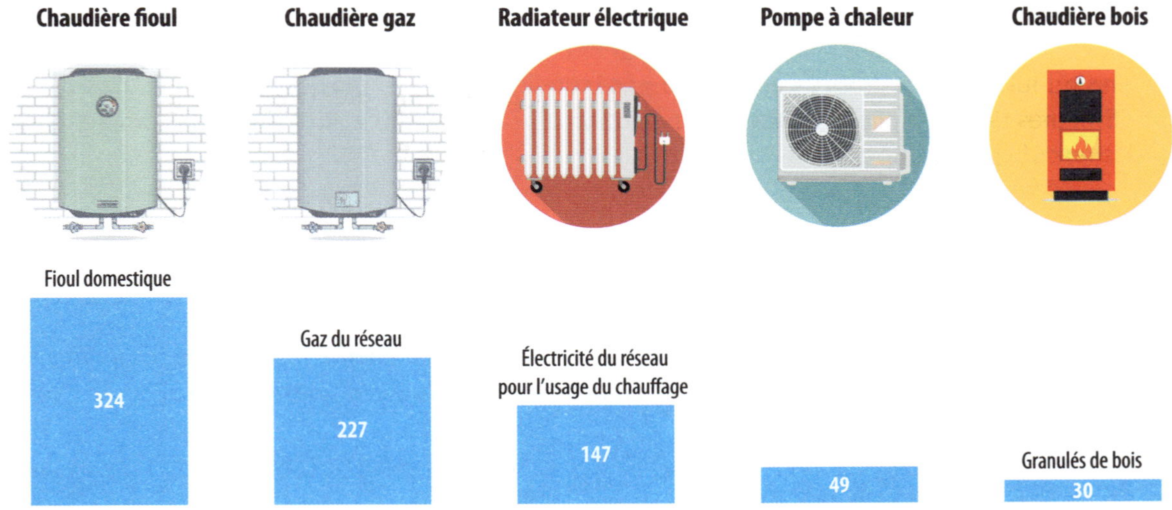


## ANNEXE 4 L'effet de serre amplifié par l'Homme

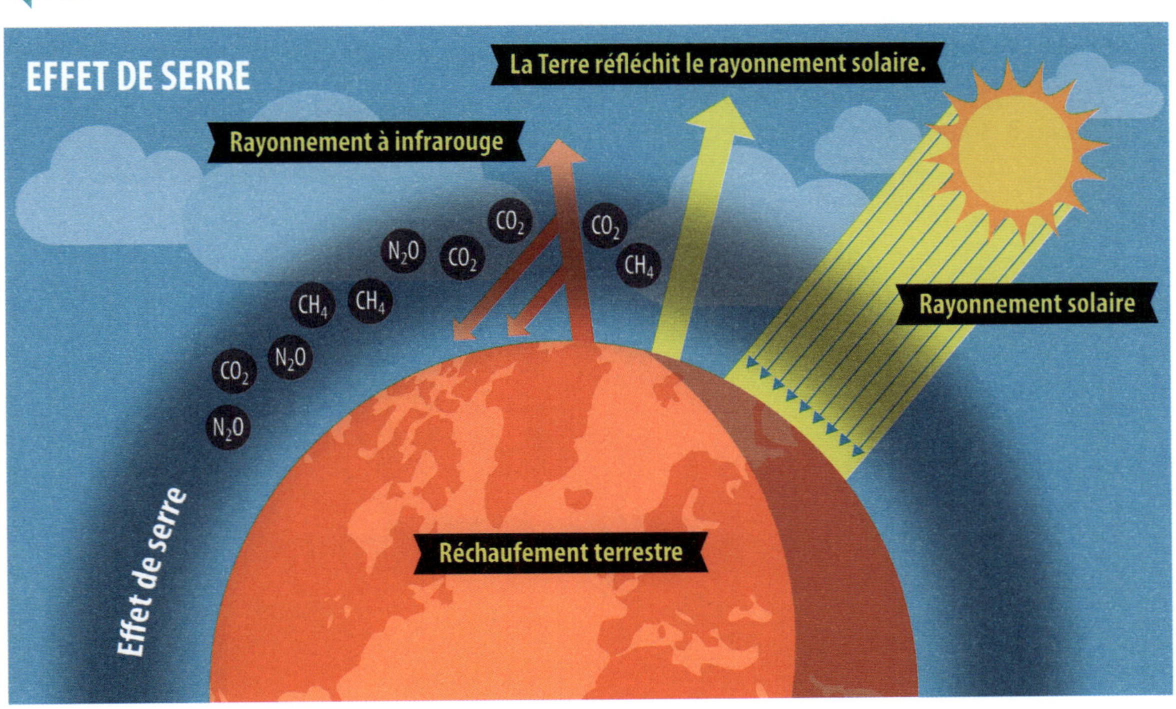

**Ce dossier comporte cinq documents ; le document 4 est à compléter.**

## DOC. 1 Comment analyser une situation de travail ?

L'analyse a pour but de prévenir les atteintes à la santé en permettant de rechercher les risques et de proposer des mesures de prévention adaptées.

### Les composantes d'une situation de travail

Les éléments de la situation de travail sont d'abord identifiés de manière générale :

- les **déterminants « opérateur »** : ce sont les éléments qui caractérisent l'opérateur ;
- les **déterminants « entreprise »** : ce sont les éléments qui caractérisent l'entreprise ;
- la nature du **travail prescrit** : c'est le travail défini par l'entreprise de manière globale ;
- la nature du **travail réel** : c'est le travail mis en œuvre concrètement par le salarié ;
  - Les tâches : ce que fait l'opérateur ;
  - Les activités : comment l'opérateur accomplit la tâche.
- les **effets « opérateur » et « entreprise »** : ce sont les conséquences positives ou négatives.

Ces différents éléments peuvent être mis en relation à partir d'un outil : le schéma de compréhension de la situation de travail.

### Mise en évidence de la relation entre un effet sur la santé et les facteurs de cause

À partir d'un effet négatif sur l'opérateur, les liens de causalité entre les composantes de la situation de travail (déterminants opérateur et entreprise, travail réel) sont mis en évidence.
Les facteurs de cause relatifs à un effet sont multiples (effet multifactoriel). Le schéma de compréhension permet une mise en relation sous une forme schématisée, la formulation d'une hypothèse sous une forme rédigée.

### Proposition de mesures de prévention

Les mesures de prévention dépendent des neuf principes généraux de prévention inscrits dans le Code du travail (article L 4121). Elles sont classées en trois niveaux et sont mobilisées de la plus efficace à la moins efficace :

- **Niveau 1** : suppression et/ou réduction du risque
- **Niveau 2** : protections collectives et/ou individuelles
- **Niveau 3** : informations et/ou formation des opérateurs

## DOC. 2 Situation de travail liée au triage et à l'empilement des tuiles

Nadia, 31 ans, titulaire du CAP conducteur d'installations de production, est employée depuis 3 ans dans une tuilerie artisanale, Tuil 3.0. Les salariés travaillent en trois équipes successives alternantes :

| Horaires | Jours/an | Semaine 1 | Semaine 2 | Semaine 3 |
|---|---|---|---|---|
| 00 h 00 - 8 h 00 | 70 | Équipe 1 | Équipe 3 | Équipe 2 |
| 8 h 00 - 16 h 00 | 70 | Équipe 2 | Équipe 1 | Équipe 3 |
| 16 h 00 - 00 h 00 | 70 | Équipe 3 | Équipe 2 | Équipe 1 |

Nadia travaille dans un atelier bruyant où elle effectue le tri de tuiles de 3 kg. Elle est chargée de séparer manuellement les tuiles défilant sur un tapis roulant et d'assurer un contrôle visuel et sonore. Nadia commence par éliminer les tuiles défectueuses. Elle empile ensuite les tuiles par six et les transporte sur une palette à deux mètres du tapis. Pour réaliser le tri et l'empilement des tuiles, Nadia effectue des mouvements répétitifs avec torsion du dos et rotation du torse ainsi que des flexions des jambes. Nadia a eu plusieurs arrêts de travail pour des lombalgies. La qualité de son travail est reconnue par la direction de l'entreprise. Les clients sont satisfaits de la qualité de la production.

## DOC. 3 Types d'actions envisagées pour réduire les contraintes au poste de Nadia

**➔ Automatisation et/ou mécanisation de la manutention manuelle**
– Matériel de manutention et/ou de déplacement (palans, manipulateur à ventouse).

**➔ Aménagement de la zone de logistique**
– Réduction des distances de déplacements.

**➔ Réduire les contraintes de temps**
– Augmenter les temps de pause.

**➔ Gérer le matériel de manutention**
– Limiter les aléas techniques (pannes, contrôle annuel).

**➔ Gérer le personnel**
– Former le personnel aux gestes et postures (formation PRAP).
– Rotation du personnel aux postes les plus critiques.

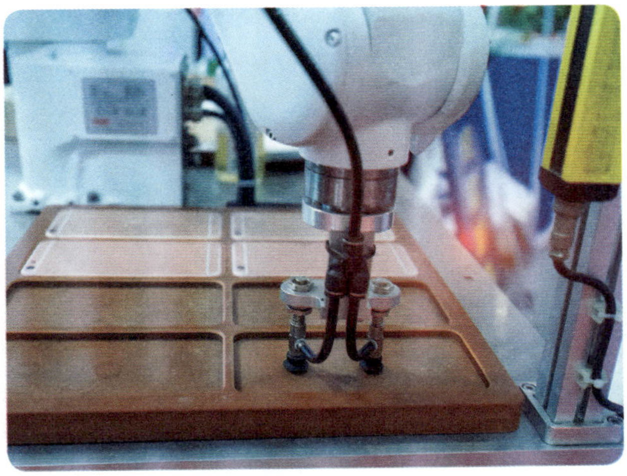

**Manipulateur à ventouse**

**DOC. 4** Schéma de compréhension de la situation de travail de Nadia

Causes

### Déterminants « OPÉRATEUR »

- Nadia
- ……………………………………
- ……………………………………

### Déterminants « ENTREPRISE »

- Tuilerie artisanale
- ……………………………………
- ……………………………………
- ……………………………………
- ……………………………………

**TRAVAIL PRESCRIT :** ……………………………………

**TRAVAIL RÉEL**

### TÂCHES RÉELLES

- Séparer manuellement les tuiles.
- ……………………………………
- ……………………………………
- ……………………………………
- ……………………………………

### ACTIVITÉS RÉELLES

- Mouvements répétitifs
- ……………………………………
- ……………………………………
- ……………………………………

### Effets sur l'OPÉRATEUR

- ……………………………………
- Lombalgies ← Effet
- ……………………………………

### Effets sur l'ENTREPRISE

- Arrêts de travail
- ……………………………………

## DOC. 5 Extraits du Code du travail concernant la manutention manuelle

**Article R4541-3** : l'employeur prend les mesures d'organisation appropriées ou utilise les moyens appropriés, et notamment les équipements mécaniques, afin d'éviter le recours à la manutention manuelle de charges par les travailleurs.

**Article R4541-5** : lorsque la manutention manuelle ne peut pas être évitée, l'employeur :
1° Évalue les risques que font encourir les opérations de manutention pour la santé et la sécurité des travailleurs ;

2° Organise les postes de travail de façon à éviter ou à réduire les risques, notamment dorso-lombaires, en mettant en particulier à la disposition des travailleurs des aides mécaniques ou, à défaut de pouvoir les mettre en œuvre, les accessoires de préhension propres à rendre leur tâche plus sûre et moins pénible.

**Article R4541-6** : pour l'évaluation des risques et l'organisation des postes de travail, l'employeur tient compte :
1° Des caractéristiques de la charge, de l'effort physique requis, des caractéristiques du milieu de travail et des exigences de l'activité ;

2° Des facteurs individuels de risque, définis par arrêté conjoint des ministres chargés du travail et de l'agriculture.

**Article R4541-7** : l'employeur veille à ce que les travailleurs reçoivent des indications estimatives et, chaque fois que possible, des informations précises sur le poids de la charge et sur la position de son centre de gravité ou de son côté le plus lourd lorsque la charge est placée de façon excentrée dans un emballage.

**Article R4541-8** : l'employeur fait bénéficier les travailleurs dont l'activité comporte des manutentions manuelles :
1° D'une information sur les risques qu'ils encourent lorsque les activités ne sont pas exécutées d'une manière techniquement correcte, en tenant compte des facteurs individuels de risque définis par l'arrêté prévu à l'article R. 4541-6 ;

2° D'une formation adéquate à la sécurité relative à l'exécution de ces opérations. Au cours de cette formation, essentiellement à caractère pratique, les travailleurs sont informés sur les gestes et postures à adopter pour accomplir en sécurité les manutentions manuelles.

**Article R4541-9** : lorsque le recours à la manutention manuelle est inévitable et que les aides mécaniques prévues au 2° de l'article R. 4541-5 ne peuvent pas être mises en œuvre, un travailleur ne peut être admis à porter d'une façon habituelle des charges supérieures à 55 kilogrammes qu'à condition d'y avoir été reconnu apte par le médecin du travail, sans que ces charges puissent être supérieures à 105 kilogrammes. Toutefois, les femmes ne sont pas autorisées à porter des charges supérieures à 25 kilogrammes ou à transporter des charges à l'aide d'une brouette supérieures à 40 kilogrammes, brouette comprise.

# RÉSULTATS DE L'ENTRAÎNEMENT

| Récapitulatif des compétences mobilisées et des notes obtenues | | | | |
|---|---|---|---|---|
| Compétence C2 | Compétence C3 | Compétence C4 | Compétence C5 | Compétence C6 |
| 1.1 ....... / 1 pt | 2.1 ....... / 0,5 pt | 2.7 ....... / 2 pts | 2.7 ....... / 2 pts | ....... /3,5 pts |
| 1.2 ....... / 1,5 pt | 2.2 ....... / 1 pt | 3.6 ....... / 1 pt | 3.5 ....... / 2 pts | |
| 1.3 ....... / 1 pt | 2.3 ....... / 1 pt | 4.6 ....... / 3 pts | 4.6 ....... / 3 pts | |
| 4.1 ....... / 1 pt | 2.4 ....... / 1 pt | | | |
| 4.2 ....... / 4 pts | 2.5 ....... / 1 pt | | | |
| 4.3 ....... / 2 pts | 2.6 ....... / 2 pts | | | |
| | 3.1 ....... / 1 pt | | | |
| | 3.2 ....... / 1 pt | | | |
| | 3.3 ....... / 0,5 pt | | | |
| | 3.4 ....... / 2 pts | | | |
| | 4.4 ....... / 1 pt | | | |
| | 4.5 ....... / 1 pt | | | |
| Total .......... / 10,5 | Total .......... / 13 | Total .......... / 6 | Total .......... / 7 | Total .......... / 3,5 |
| **Appréciation :** | **Total ........... / 40 points → Note ........... / 20 points** | | | |

| Remédiation | | |
|---|---|---|
| **Compétences évaluées** | **Si vous avez obtenu …** | **… il est conseillé de :** |
| C2 | Moins de 8/10,5 | Revoir les démarches d'analyse dans les rabats et leur mobilisation dans les situations des différents modules. |
| C3 | Moins de 10/13 | Revoir les fiches « Retenir l'essentiel » et les notions clés : la maîtrise de la compétence C3 nécessite la mobilisation de connaissances scientifiques, environnementales et réglementaires. |
| C4 | Moins de 4/6 | Revoir les fiches « Retenir l'essentiel » et plus particulièrement l'aspect solutions ou prévention : des connaissances et de la logique sont nécessaires pour répondre à la problématique de la situation. |
| C5 | Moins de 5/7 | Faire preuve de logique et de bon sens dans la justification du choix en s'appuyant sur des critères mais aussi des connaissances qu'il faut consolider. |
| C6 | Moins de 2,5/3,5 | Se montrer très attentif dans la rédaction de sa copie, veiller à l'orthographe, à la conjugaison et à la rédaction. Garder du temps pour relire. |

# LEXIQUE - DES NOTIONS CLÉS - DES MOTS-CLÉS

## A

**Absorption intestinale :** passage des nutriments résultant de la digestion, de l'intestin grêle vers le sang et vers la lymphe. ➪ Module A.7 (p. 21)

**Accident du travail :** accident qui survient par le fait ou à l'occasion du travail ; il résulte d'une action soudaine et provoque des lésions. ➪ Module C.5 (p. 89)

**Action chimique :** effet des sucs digestifs sur les aliments lors de leur passage dans le tube digestif ; contribue à la digestion. ➪ Module A.7 (p. 20)

**Action mécanique :** effet des dents et des muscles sur les aliments lors de leur passage dans le tube digestif ; contribue à la digestion. ➪ Module A.7 (p. 20)

**Activité :** action physique, mentale ou sensorielle pour accomplir la tâche ; plusieurs activités sont développées pour mener à bien la tâche réelle (exemple : saisir manuellement les colis). ➪ Module C.11 (p. 201)

**Activité de travail :** description de la tâche, de l'activité, des matériels utilisés et de l'environnement. ➪ Module C.5 (p. 86)

**Activité dynamique :** alternance de contractions et de relâchements musculaires dans le but de se déplacer, de fournir un effort physique. ➪ Module C.10 (p. 184)

**Activité physique :** mise en mouvement des muscles striés squelettiques lors d'activités de la vie quotidienne, professionnelle ou lors de la pratique d'un sport. ➪ Module C.10 (p. 184)

**Activité statique :** état prolongé de contraction musculaire généralement dans le but de maintenir une posture. ➪ Module C.10 (p. 184)

**Adaptation :** ajustement face à un changement. Ainsi, le stress est une réaction d'adaptation de l'organisme pour faire face à ce qu'il perçoit comme une agression. ➪ Module A.8 (p. 32)

**Additif :** substance chimique ajoutée en très petite quantité dans les produits transformés ou ultra-transformés, comme les conservateurs, les colorants, les arômes, les gélifiants. ➪ Module A.7 (p. 24)

**Affection chronique :** trouble qui apparaît progressivement et s'installe dans la durée. ➪ Module C.10 (p. 189)

**Agent chimique dangereux :** produit chimique identifié comme dangereux selon la réglementation. ➪ Module C.6 (p. 115)

**Agent contaminant :** désigne un micro-organisme pathogène ou une substance chimique nocive pour la santé. ➪ Module A.9 (p. 126)

**Aigu :** soudain et de courte durée (exemple : une affection aiguë). ➪ Module C.10 (p. 186)

**Aliment :** nourriture. ➪ Module A.7 (p. 20)

**Aliment ultra-transformé :** aliment qui a subi des procédés industriels de transformations et qui contient un grand nombre d'additifs. ➪ Module A.7 (p. 24)

**Allergène :** substance pouvant provoquer une réaction allergique. ➪ Module A.7 (p. 24) et ➪ Module A.9 (p. 131)

**Antibiotique :** médicament permettant de lutter contre une infection provoquée par une bactérie. ➪ Module A.6 (p. 13)

**Anticorps :** substance produite par l'organisme au contact d'un antigène afin de le détruire. ➪ Module C.7 (p. 156)

**Antigène :** molécule présente dans les micro-organismes qui induit la production d'anticorps complémentaires pour la détruire. ➪ Module C.7 (p. 157)

**Antiviral :** médicament permettant de lutter contre l'infection par un virus. ➪ Module A.6 (p. 13)

**Appareil auditif :** oreille, organe de l'ouïe en anatomie. ➪ Module B.3 (p. 43)

**Appareil digestif :** appareil permettant la transformation des constituants alimentaires en nutriments assimilables par l'organisme. ➪ Module A.7 (p. 20)

**Assurance maladie :** l'une des branches de la Sécurité sociale ; elle prend en charge la maladie, les accidents du travail et les maladies professionnelles. ➪ Module C.8 (p. 165)

**Asymptomatique :** qui ne présente aucun signe visible d'infection ou de maladie. ➪ Module A.6 (p. 10)

**Atteinte à la santé :** lésions ou maladie. ➪ Module B.5 (p. 144)

## B – C

**Barrière cutanéo-muqueuse :** première ligne de défense de l'organisme, comportant la peau et les muqueuses. ➪ Module C.7 (p. 156)

**Besoin nutritionnel moyen :** besoin d'un adulte ayant une activité physique moyenne. On parle aussi de besoin de référence. ➪ Module A.7 (p. 22)

**Bruit :** son perçu comme gênant ou désagréable. ➪ Module B.3 (p. 43)

**Burn-out :** épuisement professionnel. Syndrome résultant de stress chronique au travail qui n'a pas été correctement géré (d'après l'OMS). ➪ Module A.8 (p. 35)

**Cadre législatif :** qui a rapport à la loi. ➪ Module C.4 (p. 79)

**Caisse d'assurance retraite et de la santé au travail :** antenne régionale de la branche AT/MP de la Sécurité sociale qui participe à la prévention des risques professionnels dans l'entreprise et fixe les tarif d'assurances AT/MP en fonction des efforts fournis par l'entreprise au niveau de la prévention. Ses missions sont dévolues aux CRAM (caisses régionales d'assurance maladie) en Île-de-France et aux CGSS (caisses générales de sécurité sociale) dans les départements d'outre-mer. ➪ Module C.3 (p. 70)

**Carence nutritionnelle :** manque d'un nutriment dans l'alimentation. ➪ Module A.7 (p. 22)

**Causalité :** désigne la relation de cause à effet. ➪ Module C.11 (p. 202)

**Chaîne du froid :** cheminement des aliments du producteur au consommateur sans interruption du maintien de la température préconisée. ➪ Module A.9 (p. 129)

**Charge mentale :** ensemble de ce que doit supporter le mental : opérations intellectuelles (charge mentale cognitive) et éléments affectifs tels que l'angoisse, les pressions (charge mentale affective). ➪ Module A.8 (p. 32) et ➪ Module C.9 (p. 175)

**Chronique :** qui s'installe dans la durée (exemple : une affection chronique). ➪ Module C.6 (p. 117) et ➪ Module C.10 (p. 186)

**Circuit urbain de l'eau :** trajet de l'eau dans la ville depuis son captage jusqu'à son épuration avant son rejet dans le milieu naturel. ➪ Module B.4 (p. 55)

**Classification labelling packaging :** classification des produits chimiques selon des normes européennes qui codifient notamment l'étiquetage. ➪ Module C.6 (p. 119)

**Climat social :** degré de satisfaction des salariés au sein d'une entreprise ou d'un pays. ➪ Module C.9 (p. 176)

**Code du travail :** ensemble des lois et règlements qui régissent le monde du travail dans le secteur privé. ➪ Module C.12 (p. 210)

**Comité social et économique :** instance présente dans les entreprises à partir de 11 salariés. Elle permet l'expression des salariés dans les décisions prises au sein de l'entreprise, veille à la santé et à la sécurité au travail et gère les subventions liées aux activités sociales et culturelles ➪ Module C.12 (p. 114)

**Comportement à risque :** comportement ayant des conséquences négatives sur la santé (consommation de substances addictives, rapports sexuels non protégés par exemple). ➪ Module A.6 (p. 13)

**Comportement civique :** comportement d'un citoyen respectueux des valeurs de son pays. ➪ Module B.3 (p. 48)

**Composantes de la situation de travail :** éléments constitutifs de l'activité de travail. ➪ Module C.11 (p. 200)

**Conséquence juridique** : conséquence au regard de la loi. ➪ Module C.8 (p. 168)

**Conséquence pathologique** : effet néfaste sur la santé (troubles, maladies). ➪ Module A.8 (p. 34)

**Conservation** : action de conserver, de garder dans le temps. ➪ Module A.9 (p. 129)

**Consommation directe** : quantité d'eau prélevée et utilisée directement (eau du robinet). ➪ Module B.4 (p. 57)

**Consommation indirecte** : elle correspond à l'empreinte eau (voir définition). ➪ Module B.4 (p. 58)

**Contamination** : envahissement d'un milieu (le corps par exemple) par des micro-organismes ou des substances chimiques nocives. ➪ Module A.6 (p. 9)

**Contamination bactérienne** : contamination par des bactéries. ➪ Module A.6 (p. 10)

**Contamination virale** : contamination par des virus. ➪ Module A.6 (p. 10)

**Coût** : prix de quelque chose, désigne aussi les conséquences fâcheuses d'un fait, comme le coût humain des risques psychosociaux. ➪ Module C.9 (p. 176)

**Critère** : élément utilisé pris en compte pour analyser, juger ou choisir. ➪ Module C.12 (p. 210)

**Curatif** : qualifie ce qui permet de soigner une maladie. ➪ Module A.6 (p. 10)

## D

**Danger** : cause capable de provoquer une lésion ou une atteinte à la santé (= dommages). ➪ Module C.5 (p. 87) et ➪ Module C.6 (p. 99)

**Date limite de consommation** : date au-delà de laquelle il ne faut plus consommer un aliment, qui a perdu sa qualité sanitaire et est dangereux. ➪ Module A.9 (p. 129)

**dB(A)** : niveau sonore établi selon une norme A ; il correspond à la perception d'un individu ayant une audition normale pour des sons d'une intensité moyenne de 40 dB. ➪ Module C.6 (p. 121)

**dB(C)** : niveau sonore établi selon une norme C ; il correspond à la perception d'un individu ayant une audition normale pour des sons d'une intensité élevée. ➪ Module C.6 (p. 121)

**Déclaration** : action de déclarer, de porter à la connaissance. ➪ Module C.8 (p. 165)

**Défenseur des droits** : institution indépendante de l'État, inscrite dans la Constitution ayant pour missions de défendre les personnes dont les droits ne sont pas respectés et de permettre l'égalité de tous dans l'accès aux droits. ➪ Module C.12 (p. 214)

**Déformation** : modification de la forme. ➪ Module C.10 (p. 190)

**Délai** : temps accordé pour faire quelque chose. ➪ Module C.8 (p. 165)

**Dépistage** : recherche des signes biologiques d'une infection. ➪ Module A.6 (p. 12)

**Dépollution** : action d'assainir ou de réduire les particules polluantes dans un environnement. ➪ Module B.4 (p. 56)

**Détérioration** : dégradation. Le tassement discal est par exemple une détérioration du disque intervertébral. ➪ Module C.10 (p. 189)

**Déterminant** : élément caractéristique de l'opérateur et/ou de l'entreprise. ➪ Module C.11 (p. 200)

**Digestion** : action de l'appareil digestif de transformer les constituants alimentaires en molécules plus simples appelées nutriments. ➪ Module A.7 (p. 20)

**Discrimination** : fait de séparer et de traiter un groupe de personnes différemment des autres. Dans le cadre du travail, il s'agit d'actions défavorisant un salarié, un stagiaire ou un candidat à l'embauche selon des critères interdits par la loi. ➪ Module C.12 (p. 211)

**Disque intervertébral** : disque entre deux vertèbres permettant la semi-mobilité de la colonne vertébrale. ➪ Module C.10 (p. 188)

**Dommage** : atteinte des personnes ou des biens. ➪ Module C.5 (p. 87) et ➪ Module C.9 (p. 176)

**Dommage potentiel** : lésion physique et/ou atteinte à la santé probable en cas d'exposition à un danger. ➪ Module C.5 (p. 87)

**Durée d'exposition** : temps pendant lequel une personne est soumise à un environnement (environnement sonore par exemple). ➪ Module B.3 (p. 44)

## E

**Eau douce** : eau ne contenant pas de sel. ➪ Module B.4 (p. 54)

**Eau potable** : eau pouvant être bue sans danger. On parle aussi d'eau destinée à la consommation humaine. ➪ Module B.4 (p. 54)

**Eau salée** : eau contenant du sel. ➪ Module B.4 (p. 55)

**Eau usée** : eau chargée de polluants issus des activités humaines. ➪ Module B.4 (p. 55)

**Éclairement** : grandeur correspondant à la sensation humaine sur la manière dont une surface est éclairée. ➪ Module C.6 (p. 105)

**Économie d'effort** : action de réduire l'effort musculaire nécessaire pour accomplir une tâche. ➪ Module C.10 (p. 191)

**Effet** : conséquence. Par exemple, conséquence du travail réel sur l'opérateur et l'entreprise. ➪ Module C.11 (p. 200)

**Effet auditif** : conséquence du bruit sur l'appareil auditif. ➪ Module B.3 (p. 46)

**Effet de serre** : phénomène naturel provoquant une élévation de la température à la surface de la terre ; il est accentué par les activités humaines. ➪ Module B.5 (p. 141)

**Effet extra-auditif** : effet du bruit sur des organes autres que l'appareil auditif ; effet psychologique, conséquence sociale. ➪ Module B.3 (p. 46)

**Égalité professionnelle** : désigne l'égalité de traitement entre les femmes et les hommes dans l'accès à l'emploi, à la formation, à la mobilité, à la promotion ou dans l'égalité salariale. ➪ Module C.12 (p. 212)

**Empreinte carbone** : indique la quantité de gaz à effet de serre (GES) émis pour un produit ou une activité. ➪ Module B.5 (p. 142)

**Empreinte eau** : volume total d'eau utilisé pour produire et utiliser un produit ou un service. ➪ Module B.4 (p. 58)

**Énergie épuisable** : énergie dont les réserves sont en cours d'épuisement, énergie non renouvelable. ➪ Module B.5 (p. 138)

**Énergie fissile** : énergie issue de la fission (qui se fend) d'un atome (uranium en général). ➪ Module B.5 (p. 138)

**Énergie non épuisable** : énergie renouvelable, comme l'énergie solaire ou l'énergie éolienne. ➪ Module B.5 (p. 138)

**Énergie non renouvelable** : énergie dont les réserves s'épuisent car leur temps de reconstitution est largement supérieur au temps d'utilisation par l'activité humaine. ➪ Module B.5 (p. 138)

**Énergie renouvelable** : énergie non épuisable, comme l'énergie solaire ou l'énergie éolienne. ➪ Module B.5 (p. 138)

**Épuisement** : diminution d'une ressource jusqu'à sa disparition. ➪ Module B.5 (p. 139)

**Épuisement des ressources** : diminution des ressources en énergie jusqu'à leur disparition. ➪ Module B.5 (p. 142)

**Épuration** : action de dépolluer ou d'assainir. ➪ Module B.4 (p. 55)

**Ergonomie** : adaptation du travail à l'Homme. ➪ Module C.11 (p. 200)

**Événement déclencheur** : événement extérieur capable de causer un dommage. ➪ Module C.5 (p. 187)

**Examen médical d'aptitude** : visite médicale lors de l'embauche sur un poste présentant des risques particuliers. ➪ Module C.7 (p. 152)

**Excès alimentaire** : trop grande quantité d'aliments ou de certains constituants alimentaires (lipides, sucres…) pouvant générer des pathologies. ➪ Module A.7 (p. 22)

## F

**Facteur de stress** : facteur qui déclenche le phénomène physiologique du stress (danger, imprévu, situation incontrôlée…). ➪ Module A.8 (p. 32)

**Fatigue musculaire** : état d'un muscle trop sollicité qui n'a plus la capacité de répondre correctement à un ordre ; elle résulte notamment de l'accumulation d'acide lactique. ➪ Module C.10 (p. 186)

**Faute inexcusable** : manquement de l'employeur à son obligation de sécurité lorsqu'il a ou aurait dû avoir connaissance d'un danger et qu'il n'a pas pris les mesures nécessaires pour le prévenir. ➪ Module C.8 (p. 168)

**Fiche de données de sécurité** : document à l'usage des entreprises qui complète l'étiquetage des produits chimiques. ➪ Module C.6 (p. 119)

**Flore de décomposition** : ensemble de micro-organismes non-pathogènes présents en abondance dans un aliment et qui s'y multiplient en entraînant sa décomposition. ➪ Module A.9 (p. 128)

**Formation** : action de former (niveau 3 de la prévention des risques professionnels). ➪ Module C.5 (p. 94), ➪ Module C.9 (p. 178) et ➪ Module C.10 (p. 193)

**Fréquence** : nombre de fois où un phénomène se reproduit sur un temps *t*. On parle aussi du nombre de vibrations (oscillations) par seconde. Celle du son se mesure en hertz. ➪ Module B.3 (p. 43)

## G

**Geste écocitoyen** : action réalisée par les individus visant à préserver la planète. ➪ Module B.5 (p. 146)

**Gravité du dommage** : conséquences sur la santé de l'opérateur (arrêt de travail, hospitalisation, incapacité permanente, décès). ➪ Module C.5 (p. 90)

## H – I

**Hormone** : substance biologique sécrétée par des glandes dites glandes endocrines et déversée dans le sang ; elle transmet un signal chimique sur certains organes, agissant sur leur fonctionnement. Par exemple, l'adrénaline et le cortisol sécrétés par les glandes surrénales sont responsables du phénomène physiologique du stress. ➪ Module A.8 (p. 33)

**Immunité** : résistance développée ou acquise face à une maladie. ➪ Module A.6 (p. 11)

**Immunité non-spécifique** : ensemble de défenses présentes dès la naissance (immunité innée) efficaces contre un grand nombre de micro-organismes sans distinction d'espèces. ➪ Module C.7 (p. 156)

**Immunité spécifique** : défenses actives contre un seul micro-organisme contre lequel auront été synthétisés, à l'issue d'un premier contact, des anticorps spécifiques. On parle aussi d'immunité acquise car elle se construit lors des contacts avec les micro-organismes. ➪ Module C.7 (p. 156)

**Impact environnemental** : conséquences pour l'environnement affectant principalement la qualité de l'air, la qualité de l'eau, les ressources et la santé humaine. ➪ Module A.7 (p. 23)

**Infection** : envahissement puis multiplication d'agents pathogènes dans le corps. ➪ Module A.6 (p. 9)

**Influx nerveux** : activité électrique transmise le long d'un nerf suite à une stimulation. ➪ Module B.3 (p. 45)

**Information** : action d'informer – mesure de prévention de niveau 3. ➪ Module C.5 (p. 94), ➪ Module C.9 (p. 178) et ➪ Module C.11 (p. 204)

**Ingrédient** : denrée entrant dans la composition d'une préparation culinaire. ➪ Module A.7 (p. 24)

**Inspection du travail** : instance de contrôle composée principalement d'inspecteurs et de contrôleurs du travail qui ont pour mission de veiller à la protection des salariés et au respect du droit du travail dans les entreprises. ➪ Module C.12 (p. 214)

**Instruction** : consigne donnée et à suivre. ➪ Module C.10 (p. 193)

**Intégrité mentale** : absence d'altération de la santé mentale de l'individu. ➪ Module C.9 (p. 176)

**Intégrité physique** : absence d'altération de la santé physique de l'individu. ➪ Module C.9 (p. 176)

**Intensité** : amplitude d'une vibration. Celle du son se mesure en dB(A). ➪ Module B.3 (p. 43)

## L

**Lavage des mains** : élimination des salissures sur les mains. ➪ Module A.9 (p. 130)

**Législation** : ensemble des lois et des règlements relatifs à un domaine particulier. ➪ Module C.12 (p. 212)

**Lux** : unité d'éclairement. ➪ Module C.6 (p. 108)

**Lymphocyte** : cellule du système immunitaire, responsable des réactions de défense de l'organisme contre des substances qu'elle considère comme étrangères. ➪ Module A.6 (p. 11)

## M

**Maladie professionnelle** : maladie qui résulte d'une exposition chronique plus ou moins longue à un danger dans le cadre de son travail. ➪ Module C.5 (p. 87)

**Matériel** : outils de travail, une des composantes de l'outil ITAMaMi. ➪ Module C.5 (p. 86)

**Matière organique** : matière d'origine animale ou végétale. ➪ Module A.9 (p. 128)

**Mémoire immunitaire** : l'organisme garde en mémoire les antigènes rencontrés et peut déclencher, s'ils reviennent, la production d'anticorps pour les détruire. ➪ Module C.7 (p. 157)

**Mesure collective** : action qui cible un grand nombre de personnes. ➪ Module B.4 (p. 60) et ➪ Module B.5 (p. 145)

**Mesure individuelle** : action qui concerne une seule personne. ➪ Module A.8 (p. 36) et ➪ Module B.4 (p. 59)

**Micro-organisme** : être vivant microscopique. On en distingue quatre familles : les bactéries, les virus, les champignons unicellulaires et les protozoaires. ➪ Module A.6 (p. 9)

**Milieu** : environnement, une des composantes de l'outil ITAMaMi. ➪ Module C.5 (p. 86)

**Multifactoriel** : plusieurs facteurs de cause. ➪ Module C.11 (p. 202)

## N – O

**Nature du risque** : type de risque professionnel selon la classification INRS. ➪ Module C.6 (p. 101)

**Nerf** : filament qui transmet des informations sensitives et motrices. ➪ Module C.10 (p. 188)

**Noyau** : désigne une partie centrale, le noyau gélatineux au centre du disque intervertébral par exemple. ➪ Module C.10 (p. 188)

**Nutriment** : substance résultant de la simplification des constituants alimentaires en molécules assimilables par l'organisme. ➪ Module A.7 (p. 20)

**Obligation** : ce qui contraint une personne à donner, à faire ou à ne pas faire quelque chose. ➪ Module C.12 (p. 212)

**Onde mécanique** : vibration. ➪ Module B.3 (p. 45)

**Onde sonore** : oscillation mécanique perceptible par l'appareil auditif. ➪ Module B.3 (p. 43)

**Opérateur** : individu qui réalise une tâche. ➪ Module C.5 (p. 86)

**Organisation syndicale** : association pour la défense ou la promotion d'intérêts communs pouvant regrouper des salariés, des employeurs, des entreprises, etc. ➪ Module C.12 (p. 214)

**Organoleptique** : qualifie ce qui peut stimuler les organes des sens ; par exemple, la qualité organoleptique de l'eau peut être appréciée par le goût, la vue (limpidité), l'odorat. ➪ Module B.4 (p. 56)

## P – Q

**Pathogène** : qui est à l'origine de maladies. ➪ Module C.7 (p. 156)

**Pénurie** : manque de quelque chose. ➪ Module B.4 (p. 54)

**Phase** : étape ou temps. Le stress comprend au maximum trois phases. ➪ Module A.8 (p. 33)

**Plan d'évacuation** : représentation graphique des trajets à emprunter lors d'une situation d'alerte. ➪ Module C.4 (p. 76)

**Pollution** : dégradation des milieux naturels par l'introduction de matières n'étant pas présentes initialement. ➪ Module B.4 (p. 55) et ➪ Module B.5 (p. 142)

**Porteur sain** : personne infectée par un agent infectieux sans présenter de signes d'infection mais pouvant toutefois être contagieuse. ➪ Module A.6 (p. 11)

**Poste de consommation** : produits regroupés selon la fonction de consommation des ménages. ➪ Module B.5 (p. 140)

**Posture** : synonyme de position. ➪ Module C.10 (p. 184)

**Pratique alimentaire choisie** : régime résultant d'un choix personnel dicté par des considérations sanitaires, éthiques ou environnementales. ➪ Module A.7 (p. 23)

**Pratique alimentaire subie** : régime alimentaire prescrit médicalement. ➪ Module A.7 (p. 23)

**Préservatif :** système de protection contre les IST. ➪ Module A.6 (p. 12)

**Prestation en espèces :** sommes versées par la caisse d'assurance maladie destinées à compenser la perte de salaire lors d'un accident ou d'une maladie. ➪ Module C.8 (p. 167)

**Prestation en nature :** prise en charge des dépenses de santé ; elle est totale pour les dépenses de santé entraînées par l'AT ou la MP. ➪ Module C.8 (p. 167)

**Prévention :** ensemble des mesures visant à éviter maladies ou accidents ou à réduire leur gravité. ➪ Module A.6 (p. 8) et ➪ Module B.3 (p. 47)

**Prévention collective :** ensemble des mesures qui visent à éviter ou à réduire la gravité des maladies ou des accidents qui concernent plusieurs personnes (collectif). ➪ Module C.9 (p. 178)

**Prévention individuelle :** ensemble de mesures visant à éviter ou à réduire la gravité des maladies ou des accidents. Concerne une seule personne. ➪ Module B.3 (p. 48)

**Principe de précaution :** principe selon lequel des autorités publiques adoptent des mesures pour anticiper les éventuels risques liés à un évènement dont les conséquences sont difficilement maîtrisables. ➪ Module A.9 (p. 132)

**Prise de risque :** fait d'augmenter la probabilité de rencontrer un danger avec des conséquences plus ou moins graves pour la santé. ➪ Module A.6 (p. 13)

**Probabilité d'occurrence du dommage :** possibilité d'apparition de l'atteinte à la santé. ➪ Module C.5 (p. 90)

**Procédure :** ensemble des règles qui doivent être respectées. ➪ Module C.4 (p. 76) et ➪ Module C.8 (p. 165)

**Processus d'apparition du dommage :** enchaînement d'éléments conduisant au dommage. ➪ Module C.5 (p. 89)

**Prophylaxie pré-exposition :** traitement préventif contre le Sida destiné aux personnes à hauts risques. ➪ Module A.6 (p. 12)

**Protection :** action de protéger, de défendre quelqu'un ou quelque chose. ➪ Module A.6 (p. 12)

**Protection collective :** mesure de prévention de niveau 2 consistant à protéger plusieurs salariés (balisage, hottes d'aspiration des fumées d'échappement…). ➪ Module C.5 (p. 94), ➪ Module C.7 (p. 155), ➪ Module C.10 (p. 193) et ➪ Module C.11 (p. 204)

**Protection individuelle :** mesure de prévention de niveau 2 consistant à protéger un seul salarié (EPI : casques, chaussures de sécurité, gants…). ➪ Module C.5 (p. 94), ➪ Module C.7 (p. 155), ➪ Module C.10 (p. 193) et ➪ Module C.11 (p. 204)

**Provenance :** origine géographique. ➪ Module A.7 (p. 24)

**Qualité chimique :** qualité d'un aliment dépourvu de substances chimiques nocives ou dont la teneur est inférieure au seuil toléré. ➪ Module A.9 (p. 126)

**Qualité microbiologique :** qualité d'un aliment dépourvu de micro-organismes pathogènes ou dont la teneur est inférieure au seuil toléré. ➪ Module A.9 (p. 126)

## R

**Réchauffement climatique :** augmentation globale de la température liée aux émissions de gaz à effet de serre. ➪ Module B.5 (p. 141)

**Reconnaissance :** acceptation. ➪ Module C.8 (p. 166)

**Recrudescence :** réapparition avec une augmentation. ➪ Module A.6 (p. 8)

**Réglementation :** ensemble de lois et règlements. ➪ Module A.9 (p. 132), ➪ Module B.3 (p. 47) et ➪ Module B.5 (p. 145)

**Rente d'incapacité :** indemnités versées par la caisse d'assurance maladie à une victime d'invalidité liée à un AT/MP. ➪ Module C.8 (p. 167)

**Répartition inégale :** distribution qui n'est pas égale. ➪ Module B.5 (p. 139)

**Représentant du personnel au comité social et économique :** personnel de l'entreprise, élu pour quatre ans pour siéger au CSE. ➪ Module C.3 (p. 66)

**Responsabilité :** obligation de répondre de ses actions ou de celles des autres. ➪ Module C.4 (p. 79)

**Responsabilité civile :** obligation de réparer financièrement les dommages causés à autrui. ➪ Module C.8 (p. 168)

**Responsabilité pénale :** obligation de répondre des infractions commises et de supporter la peine prévue par la loi. ➪ Module C.8 (p. 168)

**Risque :** éventualité d'une rencontre entre l'Homme et un danger auquel il est exposé. ➪ Module C.5 (p. 90)

**Risque microbiologique :** risque lié à la présence de micro-organismes pathogènes. ➪ Module C.7 (p. 155)

**Risque professionnel :** famille de dangers (risque lié à l'électricité, risque lié aux agents biologiques…). ➪ Module C.5 (p. 89)

**Risque psychosocial :** situation de travail où sont présents, combinés ou non, du stress, des violences internes et des violences externes. ➪ Module C.9 (p. 176)

**Risque spécifique :** risque professionnel particulièrement important dans le secteur professionnel. ➪ Module C.6 (p. 101)

## S

**Salarié compétent :** personnel expert en sécurité désigné par l'employeur conformément à la réglementation pour l'assister dans la mise en œuvre de la sécurité au sein de l'entreprise. ➪ Module C.3 (p. 66)

**Sanction :** punition. ➪ Module B.3 (p. 47)

**Sauveteur secouriste du travail :** personnel détenant une certification lui permettant d'assurer la protection, l'alerte et les premiers secours en cas d'accident et ayant aussi un rôle de prévention. ➪ Module C.3 (p. 66)

**Séropositivité :** présence dans le sang d'anticorps spécifiques à une infection. ➪ Module A.6 (p. 11)

**Service de santé au travail :** souvent interentreprises (SSTI), il accompagne l'employeur dans la mise en œuvre de l'hygiène et de la sécurité dans l'entreprise. Il est coordonné par le médecin du travail qui assure aussi le suivi de la santé des salariés. ➪ Module C.3 (p. 69)

**Seuil :** limite. ➪ Module B.3 (p. 44)

**Signalisation :** ensemble des signaux par lesquels on est renseigné. ➪ Module C.4 (p. 76)

**Situation dangereuse (ou situation à risques) :** situation de travail dans laquelle l'opérateur est en présence d'un ou de plusieurs dangers. ➪ Module C.5 (p. 87)

**Son :** vibration mécanique (onde sonore) se déplaçant de proche en proche dans tous les milieux ambiants et à laquelle l'appareil auditif est sensible. ➪ Module B.3 (p. 43)

**Sources de bruit :** bruits de voisinage, bruits des transports, bruits liés à l'activité. ➪ Module B.3 (p. 42)

**Stress :** réaction essentiellement physiologique de l'organisme pour faire face à ce qu'il perçoit comme une agression. ➪ Module A.8 (p. 32) et ➪ Module C.9 (p. 174)

**Stress aigu :** réaction physiologique de courte durée pour faire face à ce qui peut être perçu comme une agression. On parle de stress positif dans certaines situations (examen par exemple). Il correspond à la phase d'alarme. ➪ Module A.8 (p. 34)

**Stress chronique :** réaction physiologique qui s'installe pour lutter contre un environnement perçu comme agressif en générant des troubles et des pathologies. On parle alors de stress négatif. Il correspond aux phases de résistance et d'épuisement. ➪ Module A.8 (p. 34)

**Stress hydrique :** situation dans laquelle la demande en eau dépasse la quantité disponible. ➪ Module B.4 (p. 54)

**Suivi médical :** suivi de l'état de santé des personnes. ➪ Module C.7 (p. 152)

**Suppression ou réduction du risque :** mesure de prévention de niveau 1 consistant à supprimer ou à diminuer le danger (automatisation d'une opération, réduction de l'exposition du salarié au danger). ➪ Module C.5 (p. 94) et ➪ Module C.10 (p. 193)

**Surdité de perception :** surdité due à l'absence de perception de l'onde sonore par les cellules nerveuses ou par le nerf auditif. ➪ Module B.3 (p. 46)

**Surdité de transmission :** surdité liée à une mauvaise transmission de l'onde sonore, généralement par le tympan ou les osselets. ➪ Module B.3 (p. 46)

**Symptôme :** signe d'une maladie. ➪ Module A.6 (p. 10)

**Symptomatique :** qui présente des signes visibles d'une infection ou maladie. ➪ Module A.6 (p. 11)

**Système auditif** : appareil auditif ou oreille. ➪ Module B.3 (p. 45)

## T – V

**Tâche** : ce que l'opérateur fait. Elle se décrit en termes d'actions sur les objets et l'environnement (exemple : décharger une palette). ➪ Module C.5 (p. 86) et ➪ Module C.11 (p. 201)

**Tâche réelle** : activité réelle engagée par l'opérateur. ➪ Module C.11 (p. 201)

**Toxine** : substance liée aux bactéries responsable de certaines pathologies dites intoxications ou intoxinations. ➪ Module C.6 (p. 112)

**Traumatisme physique** : blessure ou dommage physique. ➪ Module C.10 (p. 186)

**Travail prescrit** : formulation générale du travail attendu par l'entreprise. ➪ Module C.11 (p. 201)

**Travail réel** : travail mis en œuvre concrètement par l'opérateur. ➪ Module C.11 (p. 201)

**Trouble circulatoire** : atteinte de la circulation sanguine telle qu'insuffisance veineuse, varices. ➪ Module C.10 (p. 186)

**Trouble musculo-squelettique (TMS)** : atteinte des tissus mous au niveau des articulations. ➪ Module C.10 (p. 186)

**Vaccin** : traitement préventif visant à protéger l'organisme contre une maladie infectieuse grave. ➪ Module A.6 (p. 12)

**Valeur énergétique** : apport d'énergie pour 100 grammes d'aliment, exprimé en kilojoules (unité officielle) et en kilocalories. ➪ Module A.7 (p. 24)

**Vertèbre** : os dont l'empilement constitue la colonne vertébrale. ➪ Module C.10 (p. 188)

**Violence externe** : dans le contexte des risques psychosociaux, violence exercée par des personnes extérieures à l'entreprise à l'encontre des salariés. ➪ Module C.9 (p. 174)

**Violence interne** : dans le contexte des risques psychosociaux, violence commise par des travailleurs tels que conflits, harcèlement moral ou sexuel. ➪ Module C.9 (p. 174)

**Visite d'information et de prévention** : visite médicale réalisée lors de la prise d'un poste sans risques particuliers. ➪ Module C.7 (p. 152)

**Vulnérabilité** : désigne le degré de fragilité ou de sensibilité ; par exemple la vulnérabilité au stress varie selon les individus. ➪ Module A.8 (p. 32)

## SIGLES

**ACD** : agent chimique dangereux. ➪ Module C.6 (p. 115)

**AES** : accident d'exposition au sang. ➪ Module C.6 (p. 113)

**ANSES** : agence nationale de sécurité sanitaire de l'alimentation, de l'environnement et du travail. ➪ Module A.9 (p. 132)

**ARS** : agence régionale de santé. ➪ Module C.7 (p. 155)

**AT** : accident du travail. ➪ Module C.8 (p. 164)

**CACES** : certificat d'aptitude à la conduite en sécurité. ➪ Module C.7 (p. 152)

**CARSAT** : caisses d'assurance retraite et de la santé au travail. ➪ Module C.3 (p. 70)

**CDI** : contrat à durée indéterminée. ➪ Module C.11 (p. 199)

**CeGGID** : centre gratuit d'information, de dépistage, de diagnostic. ➪ Module A.6 (p. 14)

**CEI** : communauté des états indépendants comprenant notamment la Russie et douze autres pays. ➪ Module B.5 (p. 139)

**CLP** : classification labelling packaging ou classification étiquetage et emballage. ➪ Module C.6 (p. 115)

**CMI** : certificat médical initial. ➪ Module C.8 (p. 165)

**CMR** : cancérogène, mutagène, toxique pour la reproduction (ou reprotoxique). ➪ Module C.6 (p. 119) et ➪ Module C.7 (p. 152)

**COP** : conférence des parties. ➪ Module B.5 (p. 145)

**CPEF** : centre de planification et d'éducation familiale. ➪ Module A.6 (p. 14)

**CRRMP** : comité régional de reconnaissance des maladies professionnelles. ➪ Module C.8 (p. 166)

**CSE** : comité social et économique. ➪ Module C.3 (p. 66) et ➪ Module C.12 (p. 214)

**DAT** : déclaration d'accident du travail. ➪ Module C.8 (p. 165)

**dB(A)** : décibel A. ➪ Module C.6 (p. 121)

**dB(C)** : décibel C. ➪ Module C.6 (p. 121)

**DDPP** : direction départementale de protection des populations. ➪ Module A.9 (p. 132)

**DIRECCTE** : direction régionale des entreprises, de la concurrence, de la consommation, du travail et de l'emploi. ➪ Module A.9 (p. 132)

**DLC** : date limite de consommation. ➪ Module A.9 (p. 129)

**DUER** : document unique d'évaluation des risques. ➪ Module C.5 (p. 85)

**EMA** : examen médical d'aptitude. ➪ Module C.7 (p. 152)

**EPI** : équipement de protection individuelle. ➪ Module C.6 (p. 114)

**EvRP** : évaluation des risques professionnels. ➪ Module C.5 (p. 85)

**FDS** : fiche de données de sécurité. ➪ Module C.6 (p. 119)

**GES** : gaz à effet de serre. ➪ Module B.5 (p. 141)

**HPV** : human papillomavirus (virus du papillomavirus). ➪ Module A.6 (p. 12)

**IJ** : indemnités journalières. ➪ Module C.8 (p. 167)

**INRS** : institut national de recherche pour la sécurité. ➪ Module C.6 (p. 104)

**IST** : infection sexuellement transmissible. ➪ Module A.6 (p. 9)

**ITAMaMi** : individu, tâche, activité, matériel, milieu. ➪ Module C.5 (p. 86)

**MP** : maladie professionnelle. ➪ Module C.8 (p. 164)

**OiRA** : online interactive risk assesment. ➪ Module C.5 (p. 85)

**OMS** : organisation mondiale de la santé. ➪ Module B.4 (p. 56)

**PAD** : principe d'apparition du dommage. ➪ Module C.5 (p. 89)

**PFMP** : période de formation en milieu professionnel. ➪ Module C.5 (p. 91)

**PICB** : protecteur individuel contre le bruit. ➪ Module C.6 (p. 122)

**PRAP** : prévention des risques liés à l'activité physique. ➪ Module C.10 (p. 193) et ➪ Module C.11 (p. 204)

**PrEP** : prophylaxie pré-exposition. ➪ Module A.6 (p. 12)

**RPS** : risques psychosociaux. ➪ Module C.9 (p. 173)

**SI** : suivi individuel. ➪ Module C.7 (p. 152)

**Sida** : syndrome d'immunodéficience acquise. ➪ Module A.6 (p. 11)

**SIR** : suivi individuel renforcé. ➪ Module C.7 (p. 152)

**SST** : sauveteur Secouriste du Travail. ➪ Module C.3 (p. 66) et ➪ Module C.4 (p. 75)

**SSTI** : service de santé au travail interentreprises. ➪ Module C.3 (p. 69)

**TMS** : trouble musculo-squelettique. ➪ Module C.10 (p. 186) et ➪ Module C.11 (p. 204)

**TPE** : traitement post exposition. ➪ Module A.6 (p. 13)

**VAI** : valeur d'exposition inférieure. ➪ Module C.6 (p. 121)

**VAS** : valeur d'exposition supérieure. ➪ Module C.6 (p. 121)

**VHB** : virus de l'hépatite B. ➪ Module A.6 (p. 10)

**VIH** : virus de l'immunodéficience humaine. ➪ Module A.6 (p. 11)

**VIP** : visite d'information et de prévention. ➪ Module C.7 (p. 152)

**VLCT** : valeur limite d'exposition à court terme. ➪ Module C.6 (p. 118)

**VLEP** : valeur limite d'exposition professionnelle. ➪ Module C.6 (p. 118)

**VLEP 8 h** : valeur limite d'exposition professionnelle sur 8 heures. ➪ Module C.6 (p. 118)

**Crédits**

p. 12 : Plateforme Prévention Sida – www.preventionsida.org – p. 18 : Autotest VIH® – p. 22 : Thibault Fiolet, Quoidansmonassiette.fr – p. 47 : agi–son.org – p. 93 : Santé au Travail 72 – p. 104 : Eva Minem/INRS – p. 120 : Serge Morillon/INRS – p. 122 : www.mecart.com – p. 126 : LeParisien / Infographie C Têche – p. 131 : Visactu – p. 136 : fleurymichon.fr – p. 142 : LP/Infographie – p. 154 : Santé au Travail 72 – p. 155 : © ARS Bretagne – conception YOUZ – p. 158 : Santé Publique France – p. 162 : U.S. National Library of Medicine – p. 182 : hmstop.com/DR – p. 215 : LaProvence / Sébastien Bagnis – p. 232 : Photo12/Alamy/Sergio Azenha

Pour les autres photographies © Adobe Stock, iStock ou Shutterstock.

Vous utilisez un **Manuel connecté Delagrave**, qui propose des QR codes et/ou des liens hypertextes permettant d'accéder en ligne à des ressources numériques complémentaires.

Les éditions Delagrave font leurs meilleurs efforts pour sécuriser la consultation et l'utilisation des ressources en ligne qu'elles éditent, produisent ou hébergent, conformément aux règles d'usages de l'Internet. Delagrave ne saurait être tenu responsable des interruptions de services dues aux caractéristiques et limites du réseau Internet, notamment dans le cas d'interruption qu'elle qu'en soit la cause, des performances techniques et des temps de réponse pour consulter ou interroger les ressources proposées. L'accès aux ressources associées au Manuel connecté Delagrave est garanti pour une période maximum de deux ans, à compter de la date de parution de cet ouvrage indiquée en page 2. Au terme de cette période, l'utilisateur du Manuel connecté Delagrave ne saurait exiger le maintien du service proposé.

Dans le cas où les QR codes et liens hypertextes permettent d'accéder à des sites internet tiers, la responsabilité des éditions Delagrave n'est pas engagée, notamment quant à leur éventuel dysfonctionnement ou à leur indisponibilité d'accès.

**Couverture :** Studio Piaude
**Maquette intérieure :** Frédéric Jély
**Mise en pages :** Facompo, Rouen
**Iconographie :** Aurélie Teisseire
**Illustrations et infographies :** Marie-Christine Liennard, Valérie Goncalves, Christel Parolini
**Droits textuels :** Sara Demazure
**Édition :** Virginie Maillart, Océane Richard, Léa Letord



ISBN : 978-2-206-10459-1


Éditions Delagrave – 5, allée de la 2e D.-B. – 75015 Paris
www.editions-delagrave.fr

IMPRIM'VERT Votre imprimeur agit pour l'environnement

Achevé d'imprimer en septembre 2020
par La Tipografica Varese Srl, Varese en Italie
N° éditeur : MAGSI20200757 – Dépôt légal : juin 2020

Certifié PEFC
Ce produit est issu de forêts gérées durablement et de sources contrôlées
PEFC/18-31-264
www.pefc-france.org